AF617829

Derecho Urbanístico de Cataluña

Derecho Urbanístico de Cataluña

Duodécima edición

Joan Manuel Trayter
Catedrático de Derecho Administrativo

Colección: Manuales universitarios

Este libro se ha hecho en el marco del proyecto de investigación PID2021-123838OB-C21 «Soluciones a los problemas de vivienda a través del urbanismo». Forma parte también del «pla de recerca» del Centro de Innovación y Gestión de las Administraciones Públicas. Parc Científic i Tecnològic. Universidad de Girona (Joan Manuel Trayter, Director; Albert Lladó, Director Tècnic i Director de Recerca).

Santa Dorotea 8, 08004 Barcelona
e-mail: atelier@atelierlibros.es
www.atelierlibrosjuridicos.com
Tel.: 93 295 45 60

I.S.B.N.: 978-84-10174-79-5
Depósito legal: B 15498-2024

Impresión: Safekat

ÍNDICE

Al meu pare, qui em va ensenyar el valor del treball, l'esforç i la disciplina.

PRESENTACIÓN A LA DUODÉCIMA EDICIÓN

Ve la luz la duodécima edición de este manual con la aprobación de distintas normas que afectan al urbanismo, la ordenación del territorio, el medio ambiente y la vivienda.

Por un lado, la Ley 3/2023, de 16 de marzo, de medidas fiscales, financieras, administrativas y del sector público para el 2023 que modificó la Ley de Urbanismo de Cataluña en diversas cuestiones y, entre ellas, introdujo cambios en el régimen jurídico del suelo no urbanizable, la tramitación de los planes directores urbanísticos o el procedimiento para otorgar y denegar licencias urbanísticas, entre otros aspectos.

Por otro lado, se aprobó la Ley estatal 12/2023, de 24 de mayo, por el derecho a la vivienda que ha sido validada, excepto en cuestiones puntuales, por la Sentencia del Tribunal Constitucional núm. 79/2024, de 21 de mayo. En esta materia, se siguen aprobando normas qué afectan, en ocasiones, al derecho de propiedad del artículo 33 CE como, por ejemplo, el Decreto ley 3/2023, de 7 de noviembre, de medidas urgentes sobre el régimen urbanístico de viviendas de uso turístico.

Asimismo, a nivel jurisprudencial, señalamos las Sentencias del Tribunal Supremo que abordan el problema de la nulidad de los planes cuando exista algún defecto de forma, aunque sea menor.

En definitiva, novedades que han sido debidamente incorporadas en esta edición.

Joan Manuel Trayter
Catedrático Derecho Administrativo
Presidente Asociación Española Derecho Urbanístico
joan.trayter@udg.edu

PRÓLOGO A LA PRIMERA EDICIÓN

El Profesor Joan Manuel Trayter ha escrito esta exposición del Derecho urbanístico de Cataluña con un dominio pleno del tema, de modo que presenta una de las exposiciones críticas del Derecho urbanístico vigente en una Comunidad Autónoma más construida y con mayor lucidez de todas las que yo conozco en la materia. No se limita, como podrá ver enseguida el lector, a exponer las particularidades del régimen urbanístico de Cataluña señalando sólo sus posibles singularidades, sino que acierta a exponer ese derecho dentro de un cuadro en el que singulariza magistralmente ese régimen dentro de los grandes principios de una teoría general del Derecho urbanístico y de su relevante función social en las sociedades contemporáneas.

Esta manera de proceder parece impuesta por la caracterización del urbanismo como una competencia exclusiva de las Comunidades Autónomas, con la participación municipal, según el art. 148.1.3º de la Constitución y la temprana jurisprudencia del Tribunal Constitucional que así lo interpretó (Sentencias TC de 61/1997, de 20 de marzo, y 159/2001, de 5 de julio especialmente).

Trayter ha podido así ofrecer brillantemente una valiosísima exposición general del Derecho urbanístico no obstante la limitación que parecería resultar de su concreción al sistema catalán.

Debo decir aun más, y es que la supuesta limitación que aparenta la concreción de la exposición al sistema catalán y nada más, lejos de llevar al autor a reducir sus planteamientos y criterios, le ha permitido precisamente lo contrario, huir de una simple exposición enunciativa y descriptiva de normas singulares, como solían hacer los viejos tratados y cursos de Derecho Administrativo del siglo XIX y la primera mitad del XX —digamos más concretamente, antes de la radical revolución de las técnicas de tratamiento del Derecho Administrativo en España que surgió después de la gran revolución de esta disciplina que surgió de los nuevos métodos impuestos por la, ya hoy sexagenaria, «Revista de Administración Pública». Trayter es absolutamente fiel a esta dirección que se concreta en la exposición de «instituciones» en sentido técnico, como propuso genialmente el nuevo método introducido en la ciencia del Derecho por Savigny y extendido ya al nuevo Derecho Público iniciado por los grandes iuspublicistas que acertaron a reconfigurar ese Derecho en los finales del siglo XIX y comienzos del XX, partiendo ya de las grandes novedades que legó a Europa la Revolución Francesa.

Por ello esta obra se abre muy oportunamente con el recuerdo del fundador del urbanismo moderno, el genial Ildefonso Cerdá y su «Teoría general de la urbanización», 1867, que constituye, dice precisamente el autor «el primer tratado del mundo sobre la materia». Es perfectamente legítimo el orgullo por este genial personaje catalán. Más concretamente, la ciudad de Barcelona que fue, sin duda posible, la primera gran ciudad española —y yo creo firmemente que continúa siéndolo por su admirable y desarrollada «cultura urbana», que tanto admiramos los no catalanes que hemos tenido la oportunidad de vivir en la gran ciudad mediterránea.

Los lectores de esta excelente obra se apercibirán de inmediato de que la exposición no se limita, en modo alguno, a destacar las particularidades de un régimen singular por contraste con el que corresponde a otros regímenes autonómicos. El estudio se hace exponiendo la plenitud del sistema urbanístico catalán y su funcionamiento real, con constantes referencias jurisprudenciales a Sentencias tanto del Tribunal Superior de Justicia de Cataluña como del Tribunal Supremo (que el autor, por cierto, identifica con la mención del municipio catalán a que la decisión se refiere).

El lector atento de esta obra encontrará en ella una exposición completa del régimen urbanístico de Cataluña tal como se vive en la realidad, con sus particularidades propias, pero también con las partes en que se aplican instituciones o reglas generales y comunes. Véase, como simple ejemplo, el excelente tratamiento que se hace de las licencias urbanísticas o de la declaración de ruina en el Tema VI o de la demanialidad del suelo y del subsuelo en el tema IV. En este sentido, continúa el brillante trabajo que bajo el título del control del planeamiento urbanístico publicó en 1996, como monografía.

A la cuestión capital del control judicial del urbanismo, dedica Joan Manuel Trayter el tema VIII de su Derecho Urbanístico. Ya en su introducción anuncia que *«gran parte del éxito o fracaso de la nueva legislación (cargada de buenas intenciones) dependerá de un control judicial real y efectivo»*. Es necesario, puntualiza, que nuestros Tribunales «utilicen las medidas cautelares que prevé la ley ante posibles desviaciones de la legalidad, evitando que cuando la sentencia recaiga resulte ser ya inejecutable». «Un uso restrictivo de las medidas cautelares, unido a la duración excesiva de los procesos judiciales, hará fracasar cualquier intento de control judicial del urbanismo». Gran verdad, aunque, lamentablemente, nuestros Tribunales no parece que se sientan demasiado proclives a utilizar con normalidad el sistema de medidas cautelares que la Ley ha puesto en sus manos.

Pues bien, en el Tema VIII del libro, el lector encontrará un acabado desarrollo de esta idea directriz del pensamiento del Profesor Trayter, comenzando, de acuerdo con la lógica impuesta por la regulación del control de la Administración, con una exposición de las «vías de control ante la propia administración urbanística». El Derecho urbanístico, como parte del Derecho administrativo, está sometido a las reglas y principios que derivan de éste, de modo que, además de la legislación urbanística resulta aplicable la LRJPAC, lo que tiene por consecuencia la existencia de «actos administrativos urbanísticos» que pueden ser controlados pro la propia Administración urbanística, bien por la vía de los recursos administrativos, bien por la vía de la revisión de oficio, aunque en este último caso sólo por motivos de legalidad, destacando que aquí no es aplicable la regla del artículo 107.3 LRJPAC que excluye estos recursos cuando se trata de disposiciones de carácter general como lo son los instrumentos de planeamiento, que tienen naturaleza de reglamentos.

El análisis necesario, aunque a veces descuidado por la doctrina, de la cuestión previa de las vías de control ante la propia Administración, conduce al núcleo del tema, es decir, al control por la jurisdicción contencioso-administrativa, tema que Trayter trata con singular rigor y valor general porque, si bien es cierto que deja clara la situación de Cataluña (por ejemplo, los límites del recurso de casación ante el Tribunal Supremo contra las sentencias del Tribunal Superior de Justicia de Cataluña), el peso de su argumentación trasciende de esa referencia y tiene un valor general. La distinción entre la reducción y el control del núcleo de la discrecionalidad, con ejemplos concretos de la jurisprudencia más esclarecedora, y la valoración de las facultades que los jueces tienen para lograr la ejecución de las sentencias, llegando, incluso, a tener poderes de sustitución «si de la anulación deriva una única solución justa», en cuyo caso el juez de lo contencioso, en virtud de la tutela judicial efectiva (artículo 24,1 CE), «deberá fijar el nuevo contenido del plan», muestran la agudeza y finura jurídica de nuestro autor.

El Profesor Trayter, un gran jurista, ha realizado así un espléndido trabajo, que nos ilumina a todos, y que estoy plenamente seguro que se convertirá en la obra de referencia para la interpretación y la aplicación del régimen urbanístico en Cataluña —y, debo decir, en el resto de las Comunidades Autónomas españolas, a las que este libro ofrece un ejemplo especialmente autorizado de cómo debe funcionar y aplicarse un régimen urbanístico singular, tratado y explicado y perfectamente articulado con los principios de la teoría general, sin olvidar una muy cuidada y selecta «bibliografía para ir más lejos», al final de cada tema.

Gracias, pues, querido Joan Manuel Trayter, y enhorabuena cordialísima por este libro excelente y tan cualificado, que pienso que se hará enseguida insustituible no sólo en Cataluña por su magistral contenido.

Eduardo García de Enterría
Madrid, julio 2009

ABREVIATURAS

AJDA.	Actualité Juridique. Droit Administratif.
Ar.	repertorio Aranzadi.
BOE.	Boletín Oficial del Estado.
BOP.	Boletín Oficial de la Provincia.
CE.	Constitución Española.
EAC 2006.	Ley Orgánica 6/2006, de 19 de julio, de Reforma del Estatuto de Autonomía de Cataluña.
DOGC.	Diario Oficial de la Generalitat de Cataluña.
FJ.	Fundamento Jurídico.
INCASOL	Institut Català del Sol.
IVAP.	Instituto Vasco de Administración Pública.
LBRL.	Ley 7/1985, de 2 de abril, de bases del régimen local.
LAC.	Ley 20/2009, de 4 de Diciembre, de prevención y control ambiental de actividades de Cataluña.
LDV.	Ley 18/2007, de 28 de diciembre, del Derecho a la vivienda.
LEA	Ley 21/2013, de 9 de diciembre, de evaluación ambiental.

LOE.	Ley 39/1999, de 5 de noviembre de Ordenación de la Edificación.
LOPJ.	Ley Orgánica 6/1985, de 1 de julio, del poder judicial.
LPAC.	Ley 26/2010, de 3 de agosto de régimen jurídico y de procedimiento de las administraciones públicas de Cataluña.
LPT.	Ley Política Territorial 23/1983, de 21 de Noviembre.
LPACAP	Ley 39/2015, de 1 de octubre, del procedimiento común de las Administraciones Públicas.
LRJCA.	Ley 29/1998, de 13 de julio, reguladora de la jurisdicción contencioso-administrativa.
LRJPAC.	Ley 30/1992, de 26 de noviembre, del régimen jurídico de las administraciones públicas y del procedimiento administrativo común.
LRJSP.	Ley 40/2015, de 1 de octubre, del régimen jurídico del sector público.
LRRR.	Ley 8/2013, de 26 de junio, de rehabilitación, regeneración y renovación urbanas.
NPU.	Normas de Planeamiento Urbanístico.
NS.	Normas complementarias o subsidiarias de planeamiento.
PAUM.	Programa de Actuación urbanística municipal.
PDU.	Plan Director Urbanístico.
PDT.	Plan Director Territorial.
PE.	Plan Especial Urbanístico de desarrollo
PEA.	Plan Especial Urbanístico Autónomo
PERI.	Plan Especial de Reforma Interior.
PGM.	Plan General Municipal.
POUM.	Plan de Ordenación Urbanística Municipal.

PP.	Plan Parcial.
PPD.	Plan Parcial de Delimitación.
PMU.	Plan de Mejora Urbana.
PTG.	Plan Territorial General de Cataluña.
PTP.	Plan Territorial Parcial.
PTS.	Plan Territorial Sectorial.
RAP.	Revista de Administración Pública.
RAAP	Revista Aragonesa de Administración Pública
RDU.	Revista de Derecho Urbanístico y del Medioambiente.
REDA.	Revista Española de Derecho Administrativo.
RJC.	Revista Jurídica de Cataluña.
ROAS.	Decreto 179/1995, de 13 de junio, por el que se aprueba el Reglamento de Obras, Actividades y Servicios de las entidades locales de Cataluña.
RLUC.	Decreto 305/2006, de 18 de julio, por el que se aprueba el Reglamento de la Ley catalana de urbanismo.
RPLU.	Decreto 64/2014, de 13 de mayo por el que se aprueba el Reglamento de Protección de la Legalidad Urbanística.
RUE.	Revista de Urbanismo y Edificación.
RPU.	Reglamento de Planeamiento Urbanístico. (aprobado por Real Decreto 2159/1978, de 23 de junio).
STSJC.	Sentencia del Tribunal Superior de Justicia de Cataluña.
STSJCE.	Sentencia del Tribunal de Justicia de la Comunidad Europea.
STC.	Sentencia del Tribunal Constitucional.

STS.	Sentencia del Tribunal Supremo.
TC.	Tribunal Constitucional.
TEDH.	Tribunal Europeo de Derechos del Hombre.
TJUE.	Tribunal de Justicia de la Unión Europea.
TR76.	Ley del Régimen del Suelo y Ordenación Urbana de 9 de abril de 1976.
TRLS 2008.	Decreto Legislativo 2/2008, de 20 de junio por el que se aprueba el Texto Refundido de la Ley de Suelo.
TRLS.	Real Decreto Legislativo 7/2015, de 30 de octubre, por el que se aprueba el Texto Refundido de la Ley de Suelo y Rehabilitación urbana.
TRLMC.	Decreto Legislativo 2/2003, de 18 de abril, por el que se aprueba el Texto Refundido de la Ley Municipal y de Régimen Local de Cataluña.
TRLUC.	Decreto Legislativo 1/2010, de 3 de agosto, por el que se aprueba la Ley de Urbanismo de Cataluña (modificado en varias ocasiones)
TS.	Tribunal Supremo.
TSJC.	Tribunal Superior de Justicia de Cataluña.

TEMA I
APROXIMACIÓN AL DERECHO URBANÍSTICO EN CATALUÑA. EVOLUCIÓN HISTÓRICA. MARCO CONSTITUCIONAL Y ESTATUTARIO

SUMARIO:
1. El origen del Derecho urbanístico: Ildefons Cerdà. 2. El Derecho urbanístico en Cataluña: Evolución histórica. El Derecho urbanístico, como rama del derecho administrativo que nace tardíamente. 3. La Constitución y el Estatuto de Autonomía de 1979. A) Cuestiones materiales. B) Las competencias en Cataluña. 4. El Estatuto de Autonomía de 2006. El Decreto Legislativo 1/2005, de 26 de julio. Los retos del Derecho urbanístico: urbanismo social, urbanismo ambiental. A) El actual marco normativo. B) El urbanismo social. Las normas de derecho a la vivienda. C) El urbanismo ambiental: la protección del medio ambiente mediante técnicas urbanísticas. D) El control del urbanismo. El Estatuto de Autonomía de 2006. 5. El urbanismo en Italia, Francia e Inglaterra. Algunas preocupaciones actuales en el Derecho comparado. Bibliografía y jurisprudencia. Para ir más lejos.

1. EL ORIGEN DEL DERECHO URBANÍSTICO: ILDEFONS CERDÀ

Con el fin de diseñar una nueva forma de abordar la organización del espacio en las ciudades, un ingeniero catalán, ILDEFONS

CERDÀ (1815-1876), recurrió a un neologismo formado a partir del latín «urbs» construyendo su «teoría general de la urbanización» que fue plasmada en 1867 y que constituye el primer tratado del mundo sobre la materia. Rápidamente, se acuño el termino urbanismo que, en base a esa obra, abordaría con sustantividad propia los problemas que la era industrial planteaba a la ciudad del antiguo régimen. Ese concepto pasa a la legislación francesa («urbanisme»), a la italiana («l'urbanística») y permite que el verbo urbanizar, es decir, ordenar la ciudad desplace a circumloquios que hasta entonces se habían empleado, en particular, «la construcción o edificación de la ciudad» para referirse a lo que hoy denominamos urbanismo.

Pero a este genial personaje, al que el poder no se lo puso fácil y que tuvo que luchar contra los prejuicios de la sociedad de su época, no sólo le debemos la configuración del ensanche de muchas grandes ciudades. También sienta los fundamentos para el establecimiento de los actuales instrumentos legales y conceptos como «vialidad», «zonas de uso público» (es decir, las calles y las plazas) y de «uso particular» (esto es manzanas y viviendas) y pone los mimbres de lo que en la actualidad es la moderna ordenación del territorio: Donde hemos de pasar nuestras vidas, la ciudad, «no puede estar separada del campo que ha de proporcionar los medios para mantenerla».

Esta perspectiva integradora entre el hombre y el territorio donde desarrolla su vida, de la que CERDÀ fue precursor, ha sido objeto de estudio desde la sociología, la arquitectura, la sanidad, la ecología, la economía, el derecho y, todo ello, debe coordinarse y articularse.

El urbanismo, en la actualidad, es un conjunto de reglas que, desde una visión global, regula todos los aspectos de la relación entre el hombre y el medio en el que se desenvuelve. Así mismo, el Derecho urbanístico, a día de hoy, constituye una importante parte del Derecho administrativo que comprende un compendio de normas a través de las que se regula la ordenación del territorio, la propia urbe (la ciudad) y la vivienda. En esa línea, incluye un conjunto de reglas protectoras del medio ambiente que, a su vez, sirven para controlar y regular el proceso urbanizador: el denominado urbanismo ambiental.

2. El Derecho urbanístico en Cataluña: evolución histórica. El Derecho urbanístico, como rama del derecho administrativo que nace tardíamente

Tras unas décadas de constitucionalismo, son las ordenanzas municipales sobre policía urbana y rural los cuerpos normativos que, de forma caótica y fragmentada, regulan algunas cuestiones urbanísticas. Así, la Ordenanza de Barcelona de 11 de noviembre de 1856 sistematiza temas tan importantes como la necesidad de someter todo nuevo edificio que se proyecte al plan de alineaciones aprobado por la municipalidad, estableciendo previsiones sobre la instalación de calderas de vapor, así como regulando un conjunto de temas de policía urbana (riesgo de incendios, mercados, tiendas, transportes), normas que deberán observarse para la construcción de nuevos barrios o fuera del recinto de la ciudad. Con ello, si bien se superaba la concepción de la ciudad medieval, separada de su entorno por una muralla defensiva cuyas puertas se cerraban al caer el sol, no se llegaba a conseguir todavía un «corpus» jurídico urbanístico. Esta idea, tal como explica el profesor Martí Bassols Coma se completaría con el levantamiento de los planos geométricos de las ciudades, la representación cartográfica de calles, plazas y perímetro de población, tanto presente como futura. El ensamble de estos dos instrumentos (ordenanzas y planos geométricos o cartográficos) dará lugar a lo que en la actualidad denominamos plan urbanístico, auténtico origen del urbanismo en Cataluña.

La legislación del ensanche, por su parte, con el fin de superar las centenarias murallas, constituirá la primera normativa urbanística tal y como se entiende en la actualidad. Así, ante el impresionante crecimiento demográfico (Barcelona, por ejemplo, duplica en el s. XIX su población y en los treinta primeros años del s. XX alcanza la cifra del millón de habitantes) se dicta la Ley de 29 de junio de 1864 relativa al ensanche de poblaciones, a caballo de la que se aprueba el plan Cerdà, por Real Decreto de 7 de junio de 1859. Esta normativa incluye, para los nuevos barrios, la necesidad de dictar los proyectos de ensanche, donde se recogen las previsiones sobre obras de urbanización, expropiaciones, planes económicos, sistemas de gestión, alturas máximas de los edificios, además de la memoria que debía acompañar a cada proyecto de ordenanza de la construcción y policía urbana.

El desarrollo posterior de ese esqueleto no sufre modificaciones con las leyes de 26 de julio de 1892, de ensanche para Barcelona y de 18 de marzo de 1895, sobre saneamiento y reforma interior de las grandes poblaciones que contemplaba la Ley de Expropiación Forzosa de 10 de enero de 1879. La misma, recoge la primera técnica de configuración de plusvalías derivadas de la urbanización, al autorizar la expropiación de las zonas laterales de las nuevas vías públicas, así como estímulos fiscales.

En la ciudad de Girona, por su parte, y junto al incommesurable Barri Vell, creció la ciudad de manera armoniosa, derrumbándose los inmuebles pero con una continuidad urbanística. El Pont de Pedra, la avinguda Sant Francesc, La Plaça Sant Agustí o algunos tramos de la calle Santa Clara son sus ejemplos más relevantes. Con posterioridad, en 1909, fue aprobado el Pla de l'Eixample, ideado por el arquitecto EUGENI CAMPLLONCH, plan que tuvo sus claroscuros en la ejecución, produciendo una cierta falta de cohesión que ha sido el caballo de batalla de finales del siglo XX: Conseguir la solidaridad entre los diferentes barrios de Girona.

Mientras tanto, la legislación sanitaria de principios de siglo introduce, en toda Cataluña, algunas novedades significativas. Así, tras otorgar a los ayuntamientos la potestad de aprobar reglamentos de higiene, la Real Orden de 9 de agosto de 1923 puso en marcha las condiciones higiénicas de las viviendas y las condiciones técnico-sanitarias para el ensanche y reforma interior de las poblaciones. Esta norma introduce en nuestro derecho como novedad, pese a su limitado alcance, la técnica de la zonificación y la fijación de los estándares urbanísticos sanitarios que pasarán luego, literalmente, al Reglamento de Obras, Servicios y Bienes Municipales de 14 de julio de 1924.

La citada legislación generaliza la obligación de formular proyectos de ensanche en los pueblos mayores de 10.000 almas que en el período de 1910-1920 hubieran experimentado un aumento de población superior al 20%. Al redactar esos proyectos (que hoy denominaríamos planes de ensanche), se debían observar los preceptos técnico-sanitarios incluidos por cada Ayuntamiento en sus ordenanzas o, en su defecto, los principios recogidos en la declaración de utilidad pública de las obras proyectadas y la necesidad de ocupación de los terrenos y edificios afectados por el trazado de las calles.

En definitiva, se supera la perspectiva técnico-sanitaria de los planes estableciéndose una ordenación integral del territorio contemplando, junto a los proyectos de ensanche, los proyectos de reforma interior y los planes generales de alineaciones, todo ello con constantes llamadas a la regulación legal mediante ordenanzas municipales. El Reglamento de Obras, Servicios y Bienes Municipales, al que nos hemos referido, sistematiza toda la normativa existente hasta entonces y consolida técnicas como la superficie máxima edificable, los índices mínimos de zona verde por habitante, reglas de anchura de las calles, etc.

Con la II República se recogen ya las nuevas concepciones del planeamiento urbanístico como una ordenación racional, abstracta e integral del territorio, superando la concepción técnico-sanitaria. Sin embargo, esas ideas no llegan a plasmarse en ninguna legislación concreta pues todos los proyectos son frustrados por la Guerra Civil. Únicamente se ha destacar que la Generalitat acordó, la formulación de un anteproyecto de «*Pla de distribució de zones del territori català*», encargado a los arquitectos (y hermanos) RUBIÓ-TUDURÍ que, publicado en 1933, constituyó el primer plan regional de Europa.

Tras la Guerra Civil, la Ley de Bases de Régimen Local, de 17 de julio de 1945, da un paso más en la concepción de nuestro actual derecho urbanístico como un conjunto de normas de derecho público y prevé el denominado Plan General de Urbanización, como plan conjunto de la ciudad que tuvo su reflejo en el Plan General de Barcelona de 1953. En él, aun sin llegar a ser un instrumento de ordenación integral del territorio, por cuanto se refería únicamente al núcleo habitado («la aglomeración humana»), se constituye una coordinación de los planes de reforma interior y ensanche, con la finalidad de reconstruir las zonas destruidas por la guerra civil.

La necesidad de dictar una Ley para cada plan no podía perpetuarse y, por ello, se dicta la *Ley del Suelo y Ordenación Urbana, de 12 de mayo de 1956*. En nuestro sistema de Derecho público es esta Ley la que certifica el acta de nacimiento del derecho urbanístico, incorporando las grandes ideas que aún hoy presiden la actual regulación: la responsabilidad de las Administraciones Públicas en la ordenación urbanística del territorio, tanto en la planificación como en el régimen jurídico del suelo; la gestión urbanística; las reglas de intervención y uso del suelo; y un nuevo estatuto del derecho de la propiedad, no basado en la concepción romana del derecho a gozar de los bienes sin más limitaciones que las previstas en las leyes, para convertirse en un derecho limitado en su contenido que viene determinado en cada caso concreto por las leyes urbanísticas y los planes.

No obstante, esta Ley, fruto del trabajo del profesor MANUEL BALLBÉ, topó con su fracaso aplicatorio, con una Administración autoritaria, lenta, opaca y con poca capacidad de gestión, que, en 20 años, únicamente fue capaz de aprobar 600 planes generales provocando la disociación entre norma y realidad: «*law in book, law in action*», en clásica referencia anglosajona. No podemos olvidar que la idea de remitir al plan la ordenación de la ciudad y no a la Ley aprobada por el Parlamento continua siendo la base del sistema, pues permite, respetando la jerarquía de normas, regular y ordenar cada territorio de manera más adecuada a sus características físicas y su entorno.

En 1972 se inicia con la publicación del documento *«el porqué de una reforma»* la justificación de lo que sería la Ley de 2 de mayo de 1975. Su objetivo, dice T.R FERNÁNDEZ, era, manteniendo el esqueleto de la Ley del 56, flexibilizar la aprobación de los planes, establecer unos criterios materiales de planeamiento forjando, de esta manera, los denominados estándares urbanísticos o índices numéricos mínimos que han de respetar todos los planes (tanto por ciento de zonas verdes, aparcamientos, etc.) asegurando así unos objetivos de calidad de toda nueva construcción y edificación. Asimismo, profundizó las cesiones obligatorias y gratuitas llamadas a garantizar una participación mayor de la sociedad en las plusvalías generadas por la urbanización, mejoró las técnicas de obtención de beneficios y cargas en la ejecución del plan y reforzó los mecanismos preventivos y sancionadores para lograr una mejor disciplina urbanística.

El problema de esta norma fue que su entrada en vigor coincidió con el inicio de la crisis económica y, para entonces, la perspectiva de ensanche y producción de suelo urbano no casaba con la nueva realidad pero fue la que mantuvo el *Texto Refundido de la Ley de Régimen del Suelo y Ordenación Urbana de 9 de abril de 1976*, aprobado por el Real Decreto 1346/76, de 9 de abril (TR 76), resultado de la reforma y de la refundición de las dos normas(la Ley del 56 y la del 75). Esta Ley, técnicamente buena, chocó con dos problemas añadidos: Por un lado, la carencia de instrumentos ágiles para operar en suelo urbano; por otro, un incorrecto control en la aplicación tanto por las Administraciones Públicas, como por la jurisdicción contencioso-administrativa que, en demasiadas ocasiones, denegó la suspensión de planes urbanísticos o de los actos aplicativos de los mismos (cuando eran claramente ilegales) y que todavía en menos ocasiones ejecutó las sentencias que ordenaban la demolición de lo ilegalmente construido, a pesar que, desde el 27 de diciembre de 1956, la Ley de la Jurisdicción Contenciosa-Administrativa encargaba a los jueces de lo contencioso la labor de control del urbanismo en Cataluña.

3. La Constitución y el Estatuto de Autonomía de Cataluña de 1979

A) Cuestiones materiales

La aprobación de la Constitución es lógico que produjera a corto o medio plazo importantes cambios en el derecho urbanístico catalán, en dos aspectos: material y competencial.

Desde el punto de vista del contenido del derecho urbanístico, varios preceptos han puesto la semilla que ha ido extrayendo y cultivando la doctrina, el legislador y los propios tribunales de justicia.

Así, en el art. 33 de la Carta Magna se reconoce el derecho a la propiedad privada en el marco de la función social que ésta cumple. Dicho precepto, además de impedir la acumulación pura y simple de la propiedad o su confiscación (sin pago alguno a cambio), asegura el retorno a la comunidad de los aumentos de valor que ella misma genera por el proceso urbanizador. Esa es su mayor virtualidad: La de proporcionar, con la técnica que, en cada caso, la leyes urbanísticas dibujen, el retorno de las plusvalías a la comunidad que genera con el proceso urbanizador. Por ello, el apartado segundo del precepto señala que la función social de derecho de propiedad delimitará su contenido, de acuerdo con las leyes. La Ley, salvo su contenido esencial (art. 53.1 CE) debe concretar las facultades que lo componen (así art. 4.1 TRLS 2015).

Así mismo, el art. 47 CE obliga a los poderes públicos a regular la utilización del suelo de acuerdo con el interés general con el fin de evitar la especulación.

Estos preceptos, —dice T.R Fernández— dibujan un límite mínimo (la participación de las plusvalías generadas por las decisiones de estos) y otro máximo (el obligado respeto al contenido esencial del derecho de propiedad). Además, ese art. 47 CE impone hacer efectivo el derecho a disfrutar de una vivienda digna y adecuada, una vivienda como hábitat, como residencia habitual; de ahí las leyes del derecho a la vivienda (Ley Catalana 24/91, de 24 de diciembre, substituida por la Ley 18/2007, de 28 de diciembre, del derecho a la vivienda, LDV). Este precepto constitucional, junto con los artículos 45 y 46, contemplan la denominada constitución ambiental y el derecho urbanístico ambiental, frente al urbanismo desarrollista volcado en la creación de la ciudad.

En la misma línea, se exige un deber de conservar el patrimonio histórico heredado, sobre todo en la ciudad donde se encuentran los bienes culturales que constituyen un patrimonio colectivo. Esta línea, cuya idea acabada se encuentra en la STC 102/1995, de 26 de junio y en la STC 119/2001, de 24 de mayo, concibe el medio ambiente urbano en permanente interacción con el rural. A ello nos referiremos con posterioridad ya que es, desde 2002, la apuesta del derecho urbanístico catalán.

B) Las competencias en Cataluña

El urbanismo, tradicionalmente, ha sido una competencia municipal. Al Estado se le atribuían las facultades de tutela municipal (la aprobación definitiva de los planes y las potestades en materia de subrogación en la disciplina urbanística). Ese esquema venía completado por las políticas sectoriales en diversos ámbitos (usos públicos, información y turismo, patrimonio histórico) y por la corporación metropolitana de Barcelona que servía a la idea de planificar conjuntamente los distintos municipios del denominado «cinturón rojo» de Barcelona.

De ese modo, la Generalitat empezó a ejercer las competencias en materia de urbanismo en fecha 1 de octubre de 1978, con el Real Decreto 1385/1978, de 23 de junio, de traspaso de las competencias de la Administración del Estado, en el marco de una legislación urbanística preconstitucional constituida por el Texto Refundido de 1976, y por los reglamentos de desarrollo.

El Estatuto de Autonomía de 1979, concretamente el art. 9.9, de conformidad con lo dispuesto por el art. 148 CE, otorgó a la Generalitat competencia exclusiva en materia de urbanismo, más específicamente, sobre la ordenación del territorio y del litoral, urbanismo y vivienda.

En desarrollo de este marco competencial, se han ido aprobando un conjunto de leyes con la finalidad de configurar un ordenamiento jurídico urbanístico propio de Cataluña. Inicialmente, en el marco de la citada legislación preconstitucional, se aprobaron la Ley 4/1980, de 16 de diciembre, de Creación del Institut Català del Sòl y la Ley 9/1981, de 18 de noviembre, sobre Protección de la legalidad Urbanística, esta última con la finalidad de poder disponer de los instrumentos necesarios para velar por la prevalencia del orden jurídico urbanístico, sin menospreciar la seguridad jurídica de los administrados y, en particular, para afrontar la gravísima problemática derivada del fenómeno de las urbanizaciones ilegales. Posteriormente, se aprobó la Ley 3/1984, de 9 de enero, de Medidas de Adecuación del Ordenamiento Urbanístico de Cataluña, que tenía por objeto la adaptación del ordenamiento urbanístico a las particularidades de Cataluña, en cumplimento de la que se elaboró el impropiamente denominado código urbanístico catalán.

Este marco normativo se mantuvo hasta 1990, que se aprobó el *Decreto Legislativo 1/1990, de 12 de julio, de refundición de los textos legales vigentes en Cataluña en materia urbanística*.

La aplicación de esta Ley en Cataluña evitó la vigencia de la *Ley estatal* (básica) *8/1990, de 25 de julio, de Reforma del Régimen urbanístico y valoraciones del suelo*, Ley que establecía un extraño proceso de adquisición gradual de derecho de propiedad y que culminaba, después de múltiples obstáculos, con la del derecho a la edificación. Esta última Ley fue impugnada ante el TC, impugnación a la que posteriormente se añadió el Decreto Legislativo 1/1992, de 26 de junio, que refundía los aspectos vigentes de la Ley de 1976 y que fue declarada inconstitucional por la STC 61/1997, de 20 de marzo, que, por razones estrictamente competenciales, anuló más de doscientos artículos (ahora derogada).

La doctrina de esa Sentencia unida a la STC 164/2001, de Cataluña de 11 de julio, configura la competencia exclusiva de la Generalitat en materia urbanística y por ende, la legislación urbanística en Cataluña.

De ese modo, y en síntesis, la doctrina constitucional es sencilla:

La Carta Magna no reserva al legislador estatal competencia alguna en materia de ordenación del territorio y urbanismo, por lo que ni siquiera puede promulgar normas con carácter supletorio. Le queda, por tanto, regular los aspectos que afectan a las condiciones básicas que garantizan el ejercicio de los derechos y deberes y, en concreto, el derecho de propiedad, es decir, el estatuto jurídico de la propiedad del suelo (art. 149.1.1 CE). En esta línea debe regular la responsabilidad patrimonial de la Administración pública, las garantías generales de la expropiación forzosa y el régimen de valoración (art. 149.1.18 CE). Asímismo le corresponde la legislación básica sobre protección del medio ambiente (art. 149.1.23 CE) y algunas otras cuestiones como la que deriva de la competencia sobre las bases y coordinación de la planificación general de la actividad económica (art. 149.1.13 CE).

Al Estado le corresponde, además, la competencia en materia de aguas, costas (parcialmente), puertos y marina mercante. Asimismo, es necesario recordar la doctrina del «interés general» o actuación que afecta a más de una Comunidad Autónoma, doctrina que sirve, según la jurisprudencia constitucional, para atribuir al Estado la competencia en determinadas materias (así, por ejemplo, obras públicas de interés general o que afectan a más de una Comunidad Autónoma, art. 149.1.24 CE), cuando sobre un mismo espacio físico deba realizarse una actuación sobre la que confluyan competencias de diferentes Administraciones Públicas.

Por el contrario, queda vedado al legislador estatal la imposición de un concreto modelo urbanístico a las Comunidades Autónomas, la imposición de técnicas urbanísticas, incluso las facultades urbanísticas de los propietarios, temas todos ellos que deben ser regulados por la Comunidad Autónoma a través de sus normas (STC 164/2001, de 11 de junio, FJ 32).

En base a todo lo anterior fue aprobada la *Ley estatal 6/1998*, de *20 de julio, de valoraciones del suelo*. Este esquema sirvió para la aprobación de la *Ley 2/2002, de 26 de mayo, de urbanismo de Cataluña*, dictada durante la última parte de la legislatura en la que

CIU ocupó el Gobierno, ley innovadora que inicia el camino del urbanismo ambiental y de cohesión social en Cataluña.

Esta Ley fue perfilada por la Ley 10/2004, de 24 de diciembre, de modificación de la Ley 2/2002, de 14 de marzo, para el fomento de vivienda asequible, de la sostenibilidad territorial y de la autonomía local. Posteriormente, ambas normas fueron refundidas por el Decreto Legislativo 1/2005, de 26 de julio, por el que se aprueba el Texto Refundido de la Ley de Urbanismo de Cataluña, y desarrollada por el reglamento aprobado por Decreto 305/2006, de 18 de julio (en adelante, RLUC), éste último aun vigente.

4. El Estatuto de Autonomía de 2006. El Decreto legislativo 1/2010, de 3 de agosto. Los retos del Derecho urbanístico: urbanización social, urbanismo ambiental

A) El actual marco normativo

El Estatuto de Autonomía de Cataluña, aprobado por Ley Orgánica de 2006 establece, como competencia exclusiva de la Generalitat de Cataluña, la ordenación del territorio, del paisaje del litoral y el urbanismo (art. 149.5 EAC). Estatuto de Autonomía cuya interpretación por la STC 31/2010 no ha afectado a la esencia de la competencia autonómica en la materia que abordamos.

El reconocimiento de esta competencia no impide, como ya hemos visto, la existencia de legislación estatal básica en relación a determinadas cuestiones que afectan al urbanismo. A nivel estatal, la Ley de Valoraciones del Suelo de 1998, de carácter liberalizador, fue sustituida con el cambio de gobierno por la Ley 8/2007, de 28 de mayo, de suelo, mucho más intervencionista. Esta legislación, en la actualidad, se encuentra recogida en el Real Decreto Legislativo 7/2015, de 30 de octubre, por el que se aprueba el Texto Refundido de la Ley de Suelo y Rehabilitación Urbanas (TRLS 2015). Esta norma, con la finalidad de evitar la dispersión normativa y el fraccionamiento de la legislación estatal supuso refundir en un solo texto las siguientes normas: el Decreto Legislativo 2/2008, de 20 de junio, por el que se aprueba el Texto Refundido de la Ley de Suelo (TRLS 2008), que incorpora la legislación citada anteriormente de 2007 con algunos preceptos que quedaban vigentes del Decreto Legislativo 1/1992, de 26 de junio y que no habían sido declarados inconstitucionales y la Ley 8/2013, de 26 de junio, de rehabilitación, regeneración y renovación urbanas, conocida como la «Ley de las tres erres».

Estas disposiciones deben ser tenidas en cuenta por la legislación catalana, actualmente recogida en el Decreto Legislativo 1/2010, de 3 de agosto, por el que se aprueba el Texto Refundido de la Ley de Urbanismo de Cataluña (TRLUC), ley que ha sido objeto de diversas modificaciones.

La legislación urbanística de Cataluña ha intentado abordar una serie de cuestiones como son la inmigración, la vivienda y el cambio del modelo de uso del suelo. Veamos genéricamente las grandes líneas de su filosofía: El urbanismo social y el urbanismo ambiental.

B) El urbanismo social. Las normas del derecho a la vivienda

Un conjunto de estudios tanto a nivel europeo como en el ámbito catalán han detectado cuáles son los nuevos problemas de las ciudades, que tanto el legislador como las administraciones públicas encargadas de planificar y aplicar la norma han de afrontar, dando un carácter marcadamente social a esta función pública que es el urbanismo.

Diferentes circunstancias han provocado, en Cataluña y el resto de Europa, una serie de fenómenos que pueden comprometer tanto la cohesión social como el desarrollo sostenible en el uso del territorio. Estas circunstancias se pueden sintetizar en tres:

a) El elevado precio de la vivienda que, a pesar del impacto de la crisis derivada del COVID-19, va en aumento.
b) El fenómeno de la inmigración.

c) El lento cambio en el modelo de uso del suelo y los fenómenos derivados del denominado problema de «la mancha de aceite», es decir, de la urbanización progresiva y desordenada del territorio.

Algunos datos sobre las cuestiones señaladas, obtenidos a partir de las informaciones publicadas por el Instituto de Estadística oficial de Cataluña (IDESCAT); la Asociación de Promotores de Cataluña (APCE); y el Observatorio Metropolitano de la vivienda (Informe 2020: «El impacto del COVID-19 en el sistema residencial de la metrópoli de Barcelona»), resultan sumamente reveladores:

a) En cuanto al precio de la vivienda en Cataluña, durante los años posteriores a la crisis financiera internacional del año 2007, se produjo un descenso de las transacciones de compraventa y la contracción significativa de los precios. Especialmente, entre los años 2017 y 2019, aumentó de forma significativa el precio de la vivienda, tanto en el mercado de compra de obra nueva como de segunda mano. En el año 2020, con el impacto de la crisis generada por el COVID-19, el precio medio de las viviendas siguió aumentando, pero a un ritmo más pausado.
A modo de ejemplo, en el año 2020 en la ciudad de Barcelona el aumento del precio de la vivienda de segunda mano fue del 0,2% y en las viviendas de obra nueva del 6%. En el resto del área metropolitana, el precio de la vivienda se incrementó un 3,5% en las viviendas de segunda mano y un 10,4% en las viviendas de obra nueva. Además, el precio medio de las viviendas de obra nueva en Barcelona durante el año 2020 se situó en 4.952,80 €/m^2 construido.
A la hora de analizar estos datos, no obstante, debe tenerse en cuenta que, de acuerdo con los informes emitidos por el Banco de España, el aumento de los precios no es uniforme por regiones ni por ciudades, sino que se concentra en las

grandes capitales, como es el caso de Barcelona, y en algunas zonas costeras.

Por su parte, el mercado de alquiler también ha reflejado una importante evolución en los últimos años. De acuerdo con los datos del Ayuntamiento de Barcelona, en el año 2021 se firmaron un total de 57.158 contratos de alquiler en la ciudad de Barcelona (16.742 más que en el año 2020). A su vez, en el segundo trimestre de 2021, el precio medio de alquiler era de 713,15€ en Cataluña, de 812,94€ en el ámbito metropolitano de Barcelona y de 903,28€ en la ciudad de Barcelona. En este contexto, en la ciudad de Barcelona, los gastos destinados al pago de la vivienda en alquiler durante los años 2020 y 2021 superaban el 40% de los ingresos de la unidad familiar.

b) Respecto a la inmigración, en el año 2000, en la ciudad de Barcelona había empadronadas 74.772 nacidas en el extranjero (un 5% de la población) y en el año 2009 se llegó a 335.652 (el 20,7% de la población).

Coincidiendo con la crisis social y económica existente a nivel internacional, en el año 2021 se contabilizan un total de 871.758 extranjeros en la ciudad de Barcelona (el 15,25% de la población). No obstante, estos porcentajes medios ocultan muchas diferencias entre los distintos barrios; pues en distritos como Ciutat Vella, la población nacida en el extranjero en el año 2021 representa el 50,99% del total.

c) Estas dos circunstancias (problemas de la vivienda, inmigración) provocan un constante avance del territorio urbanizado que se extiende como una «mancha de aceite» desordenada, a veces caótica, desintegrada, que provoca una progresiva desestructuración de la ciudad, donde están apareciendo nuevos suburbios o guetos urbanos, fenómeno que se ha frenado no gracias a las leyes urbanísticas sino a las crisis sociales, económicas e inmobiliarias que se han ido sucediendo.

No obstante, todo ello se ha de poder evitar mediante las técnicas urbanísticas que seguidamente iremos apuntando. Previamente, queremos hacer un breve repaso del entorno europeo para constatar que no vamos errados, desencaminados con los planteamientos de los problemas citados. Después daremos algunas ideas sobre la aplicación de ciertas técnicas urbanísticas que realiza, a modo de filosofía general, la legislación catalana.

En primer lugar y en el ámbito de la Unión Europea, ya desde la década de los 90, se han aprobado una serie de documentos que forman parte del *soft low*, del derecho débil pero que indican cuáles son las líneas de solución de problemas comunes. Desde el *Libro verde sobre el medio ambiente urbano*, elaborado por la Comisión, pasando por la nueva Carta de Atenas del Consejo europeo de urbanistas o el Programa Agenda 21 de la Conferencia de Naciones Unidas sobre medio ambiente y desarrollo del Río, se quiere superar el enfoque sectorial en el trato de problemas de la ciudad, dando entrada a las opciones sociales y económicas que se encuentran en la base de los mismos. Recogiendo la tradición medieval, las ciudades se identifican con la cohesión social, las oportunidades de progreso, la capacidad de elección y la participación en los asuntos públicos. Ante esto, se constata el avance constante de la urbanización que, en la época contemporánea, determina el surgimiento de guetos urbanos. En consecuencia, se propone el establecimiento de un compromiso con las auténticas y originales esencias urbanas. Como alternativa al crecimiento suburbano indiferenciado, que segrega al individuo, se busca restablecer «la ciudad diversa y multifuncional de la Europa de los ciudadanos» (López Ramón).

En tal contexto, no resultan sorprendentes las críticas hacia el monofuncionalismo urbanístico y sus modernas concreciones, como la construcción de grandes centros comerciales y de oficinas de la periferia o la especialización del centro, que tiende a ser convertido, a través de la peatonalización, en una gran superficie de comercio elegante, servicios financieros y equipamientos turísticos. Se trata de crear ciudades que proporcionen un entorno atractivo para sus habitantes, mediante la técnica de la planificación urbanística y de la mezcla de usos.

Como veremos, la potenciación de una planificación ordenada y coordinada da como resultado unos planteamientos multiculturales, plurifuncionales y conservacionistas respecto a la depredación del territorio.

Si concretamos un poco más, a nivel de los ordenamientos de nuestro entorno, citaríamos como ejemplo el urbanismo francés. Las *Lois de la solidarité et renouvelement urbains* y *L'Urbanisme et Habitat*, de 2 de julio de 2003, nos dan una pista de las medidas a adoptar en nuestro país, dado que para luchar contra la denominada «*maladie du banlieu*» o enfermedad de los suburbios o guetos urbanos, se han tomado tres tipos de medidas: a) se establecen unos principios generales del derecho que necesariamente han de contemplar los planes y que son susceptibles de control judicial, obligando a prever una diversidad de usos urbanísticos en todas las zonas planificadas, principio trascendental para conseguir la integración social y evitar la disgregación; b) se establecen las grandes directivas en materia de cohesión social en los planes supramunicipales, en concreto los *shema de coherence territorial*; c) se recogen los denominados programas locales del hábitat, donde se fijan las necesidades de la vivienda así como las previsiones para conseguir el 20% de viviendas de protección oficial entre los municipios que reúnan unas determinadas características *¿Qué se ha hecho en nuestro ordenamiento?*

En Cataluña, tanto el TRLUC como su reglamento de desarrollo, como veremos, intentan incorporar las ideas europeas referidas. Empiezan diciendo que la articulación del territorio catalán como una realidad ambientalmente sostenible, funcionalmente eficiente, económicamente competitiva y socialmente cohesionada ha de ser el principal objetivo de la acción de los poderes públicos y de la normativa en materia de urbanismo y de ordenación del territorio. Para avanzar hacia estos fines, imprescindibles a la hora de garantizar el bienestar de las generaciones presentes y futuras, es necesario promover un modelo de urbanización que se caracterice, en términos generales, por la compacidad de los asentamientos, la diversidad de sus funciones y el carácter socialmente integrado de su población.

Los mecanismos para conseguir estos objetivos son:

a) La elaboración de planes directores urbanísticos o planes territoriales, para la programación de políticas supramunicipales del suelo y la vivienda, que se incorporen a los planes municipales con la finalidad de conseguir la cohesión social;
b) El establecimiento de una reserva de viviendas de protección pública para el uso residencial de nueva implantación, tanto en el suelo urbano como en el suelo urbanizable (artículo 57.3 TRLUC) evitando su concentración y previendo plazos para el inicio y finalización de estas construcciones; asimismo se crean con esa finalidad las denominadas áreas residenciales estratégicas;
c) Con la finalidad de garantizar la sostenibilidad territorial y, por tanto, la mejora de la gestión del suelo no urbanizable, la protección del paisaje y el uso racional del territorio, se establecen una serie de medidas objetivas, de obligatorio cumplimiento por parte de las Administraciones públicas y exigibles por los ciudadanos ante los tribunales: la prohibición de edificar en terrenos de pendiente superior al 20%, prohibición de reclasificar el suelo como consecuencia de un incendio forestal y la necesaria exclusión del proceso urbanizador de los terrenos que, por razones paisajísticas, arqueológicas, históricas o de otro tipo, se hayan de preservar como suelo no urbanizable;
d) El marco legal en materia urbanística se completa con la legislación relativa al derecho a la vivienda y, en particular, con la Ley 18/2007, de 28 de diciembre, del Derecho a la vivienda; la Ley 24/2015, de 29 de julio, de medidas urgentes para afrontar la emergencia en el ámbito de la vivienda y la pobreza energética y la Ley 4/2016, de 23 de diciembre, de medidas de protección del derecho a la vivienda de las personas en riesgo de exclusión residencial. Estas normas han sido objeto de múltiples modificaciones en los últimos años. La más reciente se ha efectuado por la Ley 1/2022, de 3 de marzo, que

introduce cambios para afrontar la emergencia en el ámbito de la vivienda, frente a la que se interpuso un recurso de inconstitucionalidad admitido a trámite por parte del Tribunal Constitucional pues recupera determinadas cuestiones del Decreto Ley 17/2019, de 23 de diciembre, de medidas urgentes para mejorar el acceso a la vivienda (como la obligatoriedad de ofrecer un alquiler social o el incumplimiento de la función social y sus consecuencias) que fueron declaradas inconstitucionales por Sentencia 16/2021, de 28 de enero, del Tribunal Constitucional. Finalmente, el Decreto Ley 5/2022, de 17 de mayo, actualizó determinadas medidas adoptadas durante la pandemia del COVID-19 en relación con la mediación social en el alquiler de las viviendas.

Así pues, la tendencia del legislador catalán en materia de vivienda ha consistido en ir aprobando normas para intentar mejorar el acceso a la vivienda, debido a la necesidad que tienen las Administraciones públicas catalanas de ampliar el parque público de viviendas. Esta necesidad surge del bajo nivel de promoción de vivienda protegida en contraposición a su elevada demanda.

De acuerdo con los datos de la Generalitat de Catalunya, en el año 2021 había un total de 84.442 inscripciones vigentes en el Registro de Solicitantes de Viviendas de Protección Oficial mientras que se acabaron, únicamente, un total de 1.529 viviendas de protección oficial en todo el territorio catalán. Por tanto, es necesario obtener un conjunto de medidas que permitan incrementar el parque público de vivienda para poder garantizar el derecho de acceso a la vivienda.

En el ámbito urbanístico, para conseguir todo lo anterior, que constituye un conjunto de normas imperativas que vinculan al planificador y que, por lo tanto, como decimos, son susceptibles de control jurisdiccional, el legislador da gran importancia a uno de los documentos que deben incorporar los planes, la memoria social, que es vinculante para el planificador tal y como ya se indicó en la célebre Sentencia de la «Plaza de la memoria vinculante», del Tribunal Supremo (STS de 16 de junio de 1977) respecto a la tradicional memoria que, a modo de justificación del plan, debe incluirse como un documento de inexcusable observancia en los distintos instrumentos de ordenación urbanística.

C) El urbanismo ambiental: la protección del medio ambiente mediante técnicas urbanísticas

El derecho a gozar de un medio ambiente digno, como es sabido, está recogido en el Texto Constitucional (artículo 45). El mismo forma parte, como declaró el Tribunal Europeo de Derechos Humanos en la Sentencia López Ostra (STDH de 9 de diciembre de 1994), del derecho a la inviolabilidad del domicilio (artículo 18 CE, art. 8, derecho al respeto a la vida privada en el CEDH) como consecuencia de la inactividad municipal para impedir las molestias producidas por una depuradora instalada sin licencia. Entre las consecuencias que algunos entrevimos de esta Sentencia en el ámbito urbanístico, señalaríamos que el plan no puede establecer compatibilidades de usos entre actividades molestas (bares, restaurantes, discotecas) y viviendas, pues éste es un límite a la potestad discrecional del planeador, de acuerdo con la actual jurisprudencia del Tribunal Constitucional y la nueva Ley 37/2003, de 17 de noviembre, del ruido. Esa idea del urbanismo ambiental ha sido consagrada a partir de la Ley de suelo de 2007 (hoy TRLS 2015).

Dicha interrelación entre derecho urbanístico y medio ambiente también ha sido la filosofía, a nivel comunitario europeo, para solucionar muchos problemas de la utilización racional del territorio y del medio ambiente con el fin de preservar los recursos naturales, paisajísticos, históricos y arqueológicos de generaciones presentes y futuras, así lo recoge la Ley 16/2017, de 1 de agosto, de cambio climático de Cataluña y la más reciente, estatal, Ley 7/2021, de 20 de mayo, de cambio climático y transición energética.

A nivel de derecho europeo, la protección del medio ambiente ha pasado por tres hitos fundamentales, por tres etapas. Una primera, donde las políticas comunitarias han incidido de manera indirecta en la protección del medio ambiente de los diversos territorios de los Estados miembros. Así ocurría cuando se redactaban normas sobre política agrícola común, transportes, o energía, regulando algunos aspectos de su protección. Una segunda fase, que se inicia después del Acta Única Europea, donde el medio ambiente, además, pasa a ser una competencia de la Unión Europea. De esta manera, se dictan normas que inciden directamente en el medio ambiente, como la Directiva de protección y conservación de hábitats naturales y de la flora y la fauna silvestre, la Directiva de impacto ambiental que, como sabemos, exige a determinados proyectos concretos la denominada evaluación de impacto ambiental. Una tercera, la actual, donde la Unión Europea ha decidido proteger el medio ambiente mediante la planificación urbanística de los Estados miembros. Esta decisión, que persigue una uniformización en la protección ambiental, utiliza técnicas mucho más incisivas a nivel europeo.

Con esta idea, los pilares fundamentales en la protección del medio ambiente, a partir de ahora, son los siguientes:

1. Todas las políticas y acciones comunitarias deben tener en cuenta las exigencias de protección del medio ambiente, con el objeto de garantizar un desarrollo sostenible: es la denominada técnica o principio de integración. A este principio se le ha de añadir el bloque normativo específico que, en materia de derecho ambiental, dicte la Unión Europea, particularmente el acervo comunitario compuesto por las directivas europeas y la jurisprudencia del Tribunal de justicia.
2. No obstante lo anterior, se ha comprobado la necesidad de dar un paso más, evitando, por ejemplo, que determinadas industrias o actividades tóxicas, insalubres o nocivas, se instalen en otros países de la Unión más permisivos. Por esto, a partir de ahora, las exigencias normativas a nivel europeo

referidas a la protección del medioambiente se tendrán que incorporar a los planes urbanísticos, pasando a protegerse de esta manera el territorio y haciendo realidad, así, el principio de subsidiariedad, pues la aplicación de esta normativa será hecha por las Administraciones internas más cercanas al ciudadano, preferentemente por la Administración autonómica y la local. Este salto cualitativo que, además, tiende a proteger de manera integral el territorio de la Unión, insisto, mediante las técnicas urbanísticas de cada país, es el que prevé la Directiva 2001/42 del Parlamento Europeo y del Consejo, de 27 de junio, relativa a la evaluación de los efectos de determinados planes y programas sobre el medio ambiente y que, en la actualidad, a nivel estatal, ha sido traspuesta por la Ley 21/2013, de 9 de diciembre, adaptada provisionalmente por la disposición adicional octava de la Ley 16/2015 que modifica la Ley catalana 6/2009, de 28 de abril de evaluación ambiental de planes y programas.

En síntesis, la norma recoge de manera integrada la necesidad que los planes urbanísticos y la planificación urbanística recojan estudios previos para analizar los efectos ambientales que la aprobación y ejecución o puesta en práctica de los mismos puede comportar, con la finalidad de alcanzar la mejor elección y las medidas correctoras pertinentes en cada caso. Es la técnica de la evaluación ambiental estratégica de planes y programas (EAE) con una finalidad claramente preventiva sobre el futuro impacto en el medioambiente. De este modo, cuando el planificador territorial o urbanístico posea diversas opiniones, fruto de la propia discrecionalidad que permita la ley, debe elegir la que menos incidencia tiene en el medio ambiente, contemplando incluso el impacto cero. Junto a ella, la ley prevé la evaluación de impacto ambiental (EIA), posterior en el tiempo y complementaria de la anterior, que actúa sobre los actos de aplicación concretos de esos planes y programas y, por tanto, va referida a obras, proyectos o instalaciones de gran envergadura, con el propósito de minimizar o suprimir su impacto sobre el medioambiente (la EIA estaba recogida en la Directiva 85/337/CE del Consejo, de 27 de julio de 1985). Aquí la finalidad es preventiva pero también reparadora.

Como veremos (temas II y III), la declaración ambiental estratégica o memoria ambiental es un proceso de evaluación que se incluye en los planes y programas, y que es preceptivo y determinante (es decir, para nosotros vinculante) del posterior contenido del plan, contenido que será controlado por el juez de lo contencioso.

D) El control del urbanismo. El Estatuto de Autonomía de 2006

El nuevo Estatuto de Autonomía atribuye en su artículo 149 la competencia exclusiva a la Comunidad Autónoma en la ordenación del territorio y del paisaje, del litoral y el urbanismo. Sobre esta materia el apartado 5 del citado precepto dice:

> «Corresponde a la Generalitat, en materia de urbanismo, la competencia exclusiva, que incluye en todo caso:
>
> La regulación del régimen urbanístico del suelo, que incluye, en todo caso la determinación de los criterios sobre los diversos tipos de suelo y sus usos.
>
> La regulación del régimen jurídico de la propiedad del suelo, respetando las condiciones básicas que el Estado establece para garantizar la igualdad del ejercicio del derecho de propiedad.
>
> El establecimiento y la regulación de los instrumentos de planeamiento y gestión urbanística, y también de su procedimiento de tramitación y aprobación.
>
> La política del suelo y vivienda, la regulación de los patrimonios de suelo y vivienda y el régimen de la intervención administrativa en la edificación, la urbanización y el uso del suelo y el subsuelo.
>
> La protección de la legalidad urbanística, que incluye, en todo caso, la inspección urbanística, las órdenes de suspensión de obras y licencias, las medidas de restauración de la legalidad física alterada, y también la disciplina urbanística.»

Asimismo recoge el derecho a un medioambiente sostenible y un equilibrio territorial (art. 46 y 137) y el derecho a la vivienda (art. 47). Sobre los preceptos que el Estatuto de 2006 dedica a la cuestión, han sido declarados conforme a la Constitución en la STC de 28 de Junio de 2010 los referidos a las distintas competencias autonómicas que afectan, de manera directa o indirecta, al urbanismo, la ordenación del territorio y del paisaje o del litoral (art. 148 y 149 EAC). De ese modo y en primer término es declarado ajustado a la Constitución el informe preceptivo (no vinculante) de la Comisión bilateral Generalitat-Estado para la determinación de la ubicación de las infraestructuras y los equipamientos de titularidad estatal en Cataluña (art. 149.2 EAC). En segundo lugar, es conforme a la Constitución el art. 149.3 b) EAC que atribuye la competencia a la Generalitat de las funciones ejecutivas de ordenación del litoral (autorizaciones y concesiones) cuyo ejercicio se somete expresamente al régimen general del domino público, que corresponde al Estado.

También, en tercer lugar, es correcto jurídicamente hablando atribuir a la Generalitat la gestión de las obras de interés general cuando estas se sitúen en el litoral catalán (art. 149.4), precepto que debe ser interpretado en relación con el art. 148.2 EAC que habilita la participación de la Generalitat en la planificación y programación de las obras de interés general, de conformidad con lo dispuesto en la legislación estatal y el propio Estatuto, respetando el art. 149.1. 24, 2 CE. Así, por último y en relación a lo anterior, las obras públicas de interés general pueden ser objeto de informe previo de la Generalitat, pues dicho informe afecta a la propia declaración de interés general de esas infraestructuras.

En consecuencia, la globalidad de preceptos son constitucionales.

En todo caso, los retos que tiene planteados el urbanismo en Cataluña son además de los ya apuntados, el de un adecuado control: un control político efectivo realizado tanto por los propios Plenos de los ayuntamientos como por la Comunidad Autónoma en la aprobación definitiva de algunos instrumentos de planeamiento respetando, eso sí, los límites referidos al control de la legalidad estricta y a las determinaciones que afectan a intereses supramunicipales. También se requerirá, a nuestro juicio, una potenciación del control social del urbanismo mediante una adecuada participación ciudadana en el procedimiento de elaboración de planes (y un también adecuado castigo cuando ello no ocurra), así como la inestimable función que ejercen las asociaciones de vecinos, grupos ecologistas y medios de comunicación.

En tercer lugar, gran parte del éxito o fracaso de la nueva legislación (cargada de buenas intenciones) dependerá de un control judicial real y efectivo. Es necesario que, a falta de más medios, nuestros tribunales de lo contencioso-administrativo, en primer término, utilicen las medidas cautelares que prevé la Ley ante posibles desviaciones de la legalidad, evitando que, cuando la sentencia recaiga, ésta sea inejecutable. La Ley 29/1998, de 13 de abril, reguladora de la jurisdicción contencioso-administrativa (LRJCA), impone sin vacilaciones esa solución al decir en su artículo 130:

> «1. Previa valoración circunstanciada de todos los intereses en conflicto, la medida cautelar podrá acordarse únicamente cuando la ejecución del acto o la aplicación de la disposición pudieran hacer perder su finalidad legítima al recurso.
>
> 2. La medida cautelar podrá denegarse cuando de ésta pudiera seguirse perturbación grave de los intereses generales o de tercero que el Juez o Tribunal ponderará en forma circunstanciada».

Un uso restrictivo de las medidas cautelares, unido a la duración excesiva de los procesos judiciales, hará fracasar cualquier intento de control judicial del urbanismo. En esa línea y en segundo lugar, los tribunales deben declararse inflexibles con las deficiencias en la documentación de los planes. Atrás deberían quedar, para siempre, algunas justificaciones que se han hecho cuando faltaba o era incompleto el estudio económico-financiero del plan o la memoria justificativa. A esos documentos esenciales la nueva legislación les añade la memoria social, los procedimientos de evaluación ambiental y los informes obligatorios (art. 86 bis TRLUC y 115 RLUC). Ninguno de esos documentos están previstos por el legislador de forma caprichosa y, por tanto, su ausencia o insuficiencia debería ser castigada severamente por la jurisdicción contenciosa.

En cuarto lugar, es necesario que los tribunales de lo contencioso profundicen en el control judicial de la discrecionalidad urbanística. A los tradicionales límites del respeto a la competencia legalmente establecida, la desviación de poder, el respeto al procedimiento, no puede olvidarse ya el control que deriva de una correcta motivación del contenido del plan, incluida en la memoria, explicando las razones de la elección de la solución prevista entre las distintas posibles, siendo en caso contrario una decisión arbitraria, arbitrariedad proscrita por el artículo 9.3 de la Constitución.

Asimismo, el control del núcleo de la discrecionalidad que resulta de los principios de coherencia, racionalidad, proporcionalidad no puede ser ya discutida. En esa línea deben concretarse jurisprudencialmente las consecuencias que se extraen del principio del desarrollo urbanístico sostenible, pasando de la metafísica a la técnica en palabras del profesor GARCÍA DE ENTERRÍA, es decir, dando contenido claro a ese principio.

Por último, el sangrante problema de la inejecución de las sentencias urbanísticas no puede durar ni un día más.

Esas deben ser las líneas fundamentales del control en la aplicación de la legislación urbanística, dejando para la jurisdicción penal las cuestiones más graves tipificadas en los artículos 319 y siguientes del vigente Código Penal. Pero en ningún modo debemos olvidar que el medio natural de control del urbanismo es la jurisdicción contenciosa. Ella es la encargada de restablecer la realidad física alterada, hacer cumplir las normas y ordenar el derribo de lo ilegalmente construido.

5. El urbanismo en Italia, Francia e Inglaterra. Algunas preocupaciones actuales en el Derecho comparado

Los planteamientos y preocupaciones de los países de nuestro entorno son similares. Así, *en Italia*, la Ley de 17 de agosto de 1942, nº 1150, (legge urbanística) continua vigente, aunque con múltiples modificaciones. El ordenamiento italiano, cuyos principios y reglas son comunes a las nuestras ya que no en vano forma parte, junto con el derecho francés, del sistema continental de derecho público (en contraposición al «*rule of law*» anglosajón) distingue las normas que permiten un uso racional del territorio (*il governo del territorio*) y la planificación urbana. La Ley 30/99, dispuso la reordenación de las normas en este ámbito (en diversos textos únicos) y así se dictaron: El Código de los bienes culturales y del paisaje, regulados por Decreto Legislativo 490/1999, de 29 de octubre, que agrupaba las normas urbanísticas de protección del paisaje y que se imponen a los planes urbanísticos, dando así cabida al Derecho ambiental. En este sentido la Ley de 14 de enero 2013, nº 10, que regula la norma para el desarrollo del espacio urbano verde, obliga a que se plante un árbol cuando nazca un niño en el municipio o un menor sea adoptado y obliga a que los Alcaldes den cuenta, al acabar su mandato, del estado y número de árboles del municipio; el Texto Único en materia expropiatoria cuya última modificación en materia de indemnizaciones (*indennità di espropio)* deriva la Ley de 24 de diciembre de 2000, nº 244, y que agrupa también todas las cuestiones en la materia.

Desgajándose de los anteriores textos legales, se ha dictado el Texto Único en materia de Edificación (*Edilizia*), aprobado por el Decreto del Presidente de la República de 6 de junio de 2001, nº 380, adquiriendo así el derecho de la construcción una cierta autonomía ordenando las numerosas normas y procedimientos que se han dictado desde 1942. No olvidemos que en este ámbito y desde la *Ley Bucalossi* de 28 de enero de 1977, se substituyó la licencia por la concesión administrativa, desvinculando el derecho a edificar del de propiedad, que se condiciona al previo pago de una cantidad determinada, calculada en base a la indemnización de los gastos de urbanización y los costes de la construcción.

Por último, y ya en el plano organizativo, destacar la modificación del art. 117. 1 de la Constitución en el año 2001, atribuyendo a las regiones con autonomía especial (y a las provincias de Trento y Bolzano) competencia legislativa exclusiva en materia urbanística, quedando por el contrario como competencia exclusiva del Estado la tutela del medio ambiente y de los bienes culturales.

Así pues, prescindiendo de los matices, las preocupaciones materiales y organizativas son similares a las de nuestro ordenamiento.

En Francia, por su parte, las bases del actual urbanismo son tributarias de Haussman (1853-1869). El prefecto de la Seina realizó una acción global sobre la ciudad: «para los hombres», calles anchas y rectas, nutridas de grandes «*Boulevards*» o paseos; «para el aire», creación de parques y jardines públicos, con árboles en las arterias principales; en fin para «los fluidos» instalación de redes de agua potable y alcantarillado. Esta será su filosofía.

La primera Ley de urbanismo, de 14 de marzo de 1919 (*Ley Cornudet,* que fue el diputado encargado de defenderla) estableció un régimen de planificación urbana para los municipios de más de 100.000 habitantes. La misma impedía que cualquier construcción pudiera hacerse sin permiso del Alcalde. Esta técnica, después de diversas modificaciones, se perfecciona en la Ley de «*orientacion foncière*» de 30 de diciembre de 1967. De ella surge la planificación urbanística (entre ellos los planes de ordenación de suelos (POS) también escasamente utilizados en los inicios, como pasó en nuestro ordenamiento) cuya reforma, el 31 de diciembre de 1975, introdujo la conocida fórmula del «plafond *legal de densité*» según la cual el propietario de los terrenos tiene derecho a construir 1,5 m cuadrados de techo por cada metro cuadrado de superficie y, a partir de ahí, debe pagar una tasa a la Administración. De ese modo, se combatía la especulación y la densificación de los cascos antiguos de las ciudades.

La década de los ochenta da paso a un cambio en las preocupaciones urbanísticas. Después de años de crecimiento se inaugura el urbanismo ambiental, la protección del «*environnement*». La Ley de 7 de enero de 1983, aglutina la nueva visión del urbanismo, centrando su objeto en la gestión ordenada «*del territorio francés, patrimonio común de la nación*», incorporando ya la planificación u ordenación territorial, la atribución a los ayuntamientos de ciertas competencias urbanísticas intentando simplificar los procesos urbanísticos y, en general, sienta las bases de la gestión urbanística mediante la introducción de mecanismos como la «*concertación prealable*» o la participación de las asociaciones de vecinos para realizar operaciones de urbanización.

La crisis de los «*banlieu*» (barrios periféricos) estalla por primera vez en 1981 con los graves sucesos de Venissieux, en el barrio de Minguettes y marca otra de las facetas del urbanismo francés actual. La Ley 2000-1208, de 13 de diciembre de 2000, relativa a la «*Solidarité et au renovellement*» urbanos, SRU, (modificada en 2003 por la Ley sobre urbanismo y hábitat) da un marcado giro social al urbanismo francés siendo sus hitos fundamentales: la simplificación de planes e instrumentos urbanísticos; el aseguramiento de la necesaria cohesión social de la ciudad («*mixité*»); la multifuncionalidad de los espacios en cada barrio de la ciudad; la renovación urbana. En fin, la modificación reciente del código de la «*construcción et de l'habitation*», que recoge el derecho subjetivo a reclamar una vivienda ante los tribunales, no hace más que ahondar en esas ideas.

En concreto se reconoce en la Ley de 2007, DALO, *Droit au Logement oppossable,* que toda persona que resida de manera regular y estable y que no sea capaz de acceder por sus propios medios a una vivienda digna («decent») el Estado (o en caso de convenio, la Administración local) le ha de proporcionar una, pudiendo, en caso de negativa, ser el juez administrativo quien realice esa declaración. Aunque los problemas son muchos, el camino es ese: Hacer efectivos los derechos constitucionales.

Por otro lado, la convergencia entre el medioambiente y el urbanismo ha culminado con las leyes *Grenelle* del medioambiente 1 (962-2009 de 3 de agosto) y 2 (788-2010 de 12 de julio), referidas respectivamente a los principios básicos y al conjunto de reglas y restricciones en el urbanismo provenientes del derecho ambiental. Continuando por la senda de la ley SRU, el urbanismo francés sigue los principios fundamentales iniciados en la década del 2000: la diversidad de funciones urbanas, la misticidad social, la renovación urbana y su densificación (construir la ciudad en la ciudad), la necesidad de una urbanización compacta y la referencia a un urbanismo ambiental en el que, por ejemplo, los procedimientos ambientales y los documentos medioambientales se integren en los procedimientos de elaboración de planes. Y todo ello bajo el atento control del contencioso-administrativo. Las principales reglas se encuentran recogidas en la versión consolidada a 1 de enero de 2015 del *Code d'urbanisme*.

En el Reino Unido, por su parte, con la Revolución Industrial, la realidad social cambió y las nuevas ciudades se caracterizaron por tener unas condiciones de calidad de vida mínimas, sin ningún tipo de control sobre las edificaciones y las condiciones de salubridad. Por ello, lo primero que hizo el Parlamento fue promulgar, en 1848, dos leyes relativas a la salud pública: la *Public Health Act* y la *Nuisance Removal and Disease Prevention Act*.

Sin embargo, hasta el año 1909 no se dictó la primera ley urbanística, la *Housing and Town Planning Act 1909*, que facultaba a la Administración Local para preparar proyectos urbanísticos con el fin de asegurar que en un futuro aquellos terrenos fueran desarrollados urbanísticamente, asegurando las condiciones sanitarias, los servicios y medios con relación a su trazado o diseño, así como la conexión con las zonas vecinas. La discrecionalidad administrativa para hacer uso de esta facultad resultó ser una obligación para aquellos distritos municipales que en el año 1923 tenían una población superior a los 20000 habitantes (*Housing and Town Planning Act 1919*). La legislación existente fue consolidada por la *Town Planning Act 1925*, que además separó por primera vez el derecho urbanístico de la legislación de vivienda.

Otro paso adelante tuvo lugar con la *Town and Country Planning Act 1932*, que permitió que los proyectos urbanísticos también fueran preparados para zonas no residenciales, entrando de esta forma en el juego de la planificación tanto las áreas urbanas como las rurales.

Durante todo este periodo surgieron distintos problemas como el de la compensación y mejora (denominado *compensation and betterment problem*), es decir, cómo debían de ser tratados aquellos propietarios que veían como decrecía el valor de su propiedad (y por tanto debía compensarse) y aquellos que lo incrementaban (mejora) a consecuencia de la ordenación urbanística. Otro de los graves inconvenientes fue el lento proceso de elaboración de planes. Todo ello conllevó un fracaso del sistema planificador, y como tal, de la *Act 1909*.

Para hacer frente a dicha situación se crearon distintos Comités, cuya finalidad era estudiar las distintas variables que se producían en el uso del suelo, donde destacaron tres informes: *Barlow Report; Scott Report; y Uthwatt Report*. Sus conclusiones más destacadas fueron la necesidad de crear una autoridad urbanística central, llevar a cabo un control inmediato de la ejecución urbanística en todo el territorio, así como la formulación de un plan urbanístico de ámbito nacional.

El Parlamento inglés fue promulgando distintas leyes, pero no fue hasta el 1947 cuando se estableció el sistema urbanístico moderno por la *Town and Country Planning Act* (entró en vigor el 1 de julio de 1948), que introdujo una nueva concepción del urbanismo —a raíz de los tres informes comentados anteriormente— y dio la oportunidad de volver a planificar muchas zonas urbanas que habían quedado devastadas por la guerra. Dicha Ley tuvo gran importancia en nuestro ordenamiento jurídico, ya que sus fundamentos, valores y principios fueron adoptados por la primera ley urbanística española, la Ley de 12 de mayo de 1956, de Régimen del Suelo y Ordenación Urbana.

Los principales rasgos de dicha norma, y que a su vez permitieron paliar los problemas surgidos por la legislación anterior, fueron los siguientes:

a) Se creó la figura de la autoridad urbanística local, adquiriendo dicho papel los *County Councils* y los *County Boroughs*.
b) El problema de la compensación y la mejora se solucionó atribuyendo el desarrollo urbanístico al Estado y estableciendo un fondo de £300 millones, para hacer frente a las correspondientes indemnizaciones.
c) Estableció que todo el suelo tenía que estar sometido a control urbanístico y que cualquier operación urbanística restaba sujeta a la previa concesión de una licencia urbanística, otorgada por la autoridad urbanística local.
d) Se otorgaron amplios poderes a la Administración urbanística local para asegurar la conservación y preservación de aquellos edificios o monumentos con especial interés arquitectónico, histórico o cultural.
e) La Administración urbanística también podía designar aquellas zonas que serían objeto de expropiación forzosa, estableciéndose nuevas directrices para satisfacer la compensación que debían de recibir los particulares afectados por ella.

La preocupación del Gobierno Inglés por la ordenación territorial o urbanística quedó perfectamente plasmada en su Libro Blanco *Land*, que posteriormente dio lugar a la *Land Comunity Act 1975*, donde estableció que «*de todos los recursos materiales de los que se pueden disponer en estas islas, el suelo es el único que no puede incrementarse… Vivimos en un país pequeño y densamente poblado, por lo que la oferta del suelo no sólo está determinada, sino que es escasa. Eso hace singularmente importante el deber de planificar correctamente el uso del nuestro suelo… el suelo se debe de utilizar en interés de todo el pueblo*».

La legislación urbanística y de ordenación del territorio era difusa por las refundiciones que se habían realizado en 1962 y

1971 y por las enmiendas que seguían produciéndose. Así, en 1989, el Gobierno solicitó a la *Law Commission* que elaborara un nuevo texto refundido, lo que supuso la promulgación de cuatro leyes, que recibieron sanción real el 24 de mayo de 1990: a) *Town and Country Planning Act 1990;* b) *Planning (Listed Buildings and Conservation Areas) Act 1990*; c) *Planning (Hazardous Substances) Act 1990*; y d) *Planning (Consequential Provisions) Act 1990.* Sin embargo, el año siguiente se dictó la *Planning and Compensation Act*, para modificar los errores contemplados en la ley refundida.

Dicha legislación se ha visto afectada por la promulgación de nuevas leyes como la *Environment Act 1995; la Human Rights Act 1998; o la Greater London Authority Act 1999.* Ahora bien, el régimen urbanístico se ha visto especialmente alterado por la *Planning and Compulsory Purchase Act 2004*, que recibió sanción real el 13 de mayo 2004. Con ella se ha llevado a cabo una reformulación total del sistema planificador, así como importantes cambios en el control de la ejecución urbanística y en la expropiación forzosa.

Así, por ejemplo, a nivel local el sistema planificador está formado por los *Local Development Schemes* y los *Local Development Documents*, que son elaborados y aprobados por las autoridades urbanísticas locales, aunque el Secretario de Estado goza de amplios poderes sobre dichos documentos o proyectos. Por otro lado, a nivel regional, se ha establecido la *Regional Spatial Strategy*, que es aquel documento que regula las estrategias relativas al desarrollo urbanístico, así como las políticas que tendrá que seguir cada región. Dicho documento se basará en las *regional planning guidance* y será revisado y controlado por un órgano expresamente creado en cada región y compuesto por distintos representantes de la región (*Regional Planning Body*). Finalmente, a nivel nacional, siguen rigiendo las directrices ministeriales que fijan las políticas urbanísticas (*National Planning Policy Guidance Notes*).

A pesar de las grandes reformas instauradas por la Act 2004, el 21 de mayo de 2007 el Gobierno publicó un Libro Blanco titulado «*Planning for a Sustainable Future*», donde proponía una transformación de la legislación urbanística y de la ordenación del territorio, teniendo en cuenta el impacto ambiental en la toma de decisiones sobre el uso del suelo.

Bibliografía y jurisprudencia. Para ir más lejos

El Derecho urbanístico en Cataluña es analizado en el libro de Joan Manuel Trayter (Dir.). «Comentarios a la Ley de urbanismo de Cataluña», Ed. Thomson-Aranzadi, Pamplona. Al respecto es destacable la obra de F. Lliset Borrell. «Comentaris a la Llei d'urbanisme de Catalunya». Hnos Bayer, SA, Barcelona y la de C. Pareja Lozano. «El nou Dret urbanístic», Marcial Pons, Madrid 1998. También véase Sánchez Goyanes (Dir.), *Derecho urbanístico de Cataluña*, Ed. La Ley, Madrid. Asimismo, Judith Gifreu i Font, *L'ordenació urbanística a Catalunya*, Ed. Marcial Pons - ACM Madrid-Barcelona. AAVV, JM Trayter-García Rocasalva, C. (dir.), El desenvolupament de l'autogovern en materia de territori, paisatge i urbanisme, IEA, Barcelona, 2017; Problemas actuales del derecho urbanístico en el mundo global: el ejemplo de cataluña, en Estudios de Derecho Público en homenaje a L. Parejo, vol. 3, 2018, pp. 3.031 a 3.058.

El Derecho urbanístico es un Derecho nuevo cuya historia esta recogida en el libro de M. Bassols Coma. «Genesis y evolución del Derecho urbanístico Español, 1812-1956» (colección de estudios jurídicos, monografías núm 40), Ed. Montecorvo, Madrid 1973.

Sobre Ildefons Cerdà y su obra resulta capital. «Teoria de la construcción de las ciudades aplicada al proyecto de reforma del ensanche de Barcelona y Madrid», Ed. MAP. Ayuntamiento de Barcelona, 1991»

Entre las obras generales de Derecho urbanístico destaca la de E. García de Enterría-L. Parejo Alfonso. «Lecciones de Derecho urbanístico», Ed. Civitas, Madrid; T.R Fernández. «Manual de Derecho urbanístico», Ed. La Ley-El Consultor, Madrid; J. GONZÁLEZ PÉREZ. «Comentarios a la Ley del Suelo», Ed. Civitas, Madrid y comentarios a la Ley de Suelo, Ed. Civitas, Madrid; A. CARCELLER FERNÁNDEZ. «Introducción al Derecho urbanístico», Ed Técnos, Madrid; F. LLISET BORRELL, J. A LÓPEZ PELLICER y F. ROMERO HERNÁNDEZ. «La Ley del suelo comentarios al Texto Refundido de 1992, 3 volumenes, El Consultor, Madrid; TOMÁS QUINTANA (Coord.). «Derecho urbanístico estatal y autonómico», Ed. Tirant lo Blanch, Valencia; J. BERMEJO VERA. «Derecho administrativo. Parte especial», Ed. Thomson-Civitas, Navarra; F. LÓPEZ RAMÓN. Introducción al Derecho Urbanístico, Marcial Pons,. En particular y de inexcusable referencia ha visto la luz el libro de J.M. BAÑO LEÓN, *Derecho Urbanístico común*, Ed. Iustel, Madrid. Así también, M. VAQUER. (2022). «Derecho del territorio», Editorial Tirant lo Blanch; E. NIETO y V. GUTIÉRRREZ. (2022). «Derecho urbanístico estatal y autonómico», El Consultor.

De la Ley de Suelo, destaca la obra de L. PAREJO ALFONSO y G. ROGER FERNÁNDEZ. «Comentarios a la Ley de Suelo (Decreto legislativo 2/2008, de 20 de junio); Ed. Iustel, Madrid.

También resultan destacables los tres tomos del libro homenaje al profesor M. BASSOLS COMA. Sobre el sistema de distribución de competencias véase A. MENÉNDEZ REIXACH. «Las competencias del Estado y de las Comunidades Autónomas sobre el régimen del suelo. Comentario crítico a la STC de 20 de marzo de 1997», RDU, nº 153, 1997; E. GARCÍA DE ENTERRÍA. «Una reflexión sobre la supletoriedad del Derecho urbanístico español a la vista del S. XXI», REDA, nº 95, 1997; J. BARNES VÁZQUEZ. «La distribución de competencias entre el Estado y la s Comunidades autónomas en materia de urbanismo. Una síntesis de los criterios fundamentales a la luz de la sentencia del TC 61/97 (I y II), La Ley nº 4441-4442, 1997.

Entre los manuales autonómicos destacamos A. BLASCO ESTEVE y J. MUNAR FULLANA (Dir.), «Comentarios a la Ley de Urbanismo de les Illes Balears», Ed. Tirant lo Banch, Madrid. T.R. FERNÁNDEZ-J.R. FERNÁNDEZ, «Derecho Urbanístico de Madrid», Ed.

Iustel, Madrid. F. IGLESIAS GONZÁLEZ y Á. MENÉNDEZ REXACH, *Lecciones de Derecho Urbanístico de la Comunidad de Madrid,* Tirant lo Blanch, Valencia. En Andalucía A. JIMÉNEZ BLANCO y M. REBOLLO (Dirs) *Derecho Urbanístico de Andalucía,* Ed. Tirant lo Blanch. Valencia y M. REBOLLO (Coord.), *Derecho urbanítico y ordenación del territorio en Andalucía,* Iustel, Madrid; Véase T. QUINTANA LÓPEZ, Manual básico de Derecho Urbanístico de Castilla y León, Ed. Tirant lo Blanch, Valencia. F. LÓPEZ RAMÓN, *Lecciones de Derecho Urbanístico Aragonés,* Ed. Universidad de Zaragoza, Gobierno de Aragón, Aranzadi, Navarra, Pamplona. F. VILLAR ROJAS (Dir), *Derecho urbanístico de Canarias,* Aranzadi, Navarra; J. CARRILLO MORENTE y S. JIMÉNEZ IBÁÑEZ, *Derecho de la ordenación del territorio y urbanístico de Castilla-La Mancha,* Aranzadi, Navarra; J.L. MEILÁN GIL, *Comentarios a la Ley de Ordenación Urbanística y Protección del Medio Rural,* Aranzadi, Navarra; I. CARO-PATON y A. MARINERO, *Derecho Urbanístico de Castilla y León,* Iustel, Madrid; F. FERNÁNDEZ y J. FERNÁNDEZ, *Manual de Derecho Urbanístico de Cantabria (Adaptado a la Ley estatal 8/2007, de 28 de mayo, de Suelo),* El Consultor, Madrid. Juan José DIEZ, *Comentarios a la Ley de Ordenación del Territorio, Urbanismo y Paisaje de la Comunidad Valenciana,* Ley 5/2014, de 25 de julio de la Generalitat, Tirant lo Blanch, Universitat d'Alacant, Valencia.

Son importantes la Revista de Derecho Urbanístico y del Medio Ambiente, desde 1967 a razón de 5 números anuales; Y la Revista de Urbanismo y Edificación. Ed. Thomson-Aranzadi a razón de dos números anuales desde el año 2000. También resulta útil el Código de Legislación Urbanística de Cataluña. JOAN MANUEL TRAYTER (Dir.), MARIONA LLEAL y MARTA LLORENS, Ed. Atelier, con concordancias y anotaciones de interés.

En relación a la constitucionalidad de la legislación de suelo, véase: TRAYTER JIMÉNEZ, J.M., "La declaración de inconstitucionalidad de algunos preceptos de la Ley 8/2013, de 26 de junio, de rehabilitación, regeneración y renovación urbanas. Comentario a la Sentencia del Tribunal Constitucional, pleno, 143/2017, de

14 de diciembre", Revista de Urbanismo y Edificación núm. 42, 2018.

Respecto a las tendencias del Derecho urbanístico en Europa, citado en el texto, véase, F. LÓPEZ RAMÓN. «Fundamentos y tendencias del urbanismo supranacional europeo», RUE, nº 9, 2004, p. 71 a 81.

En Derecho comparado destacar, en Francia, los libros de Jacqueline MORAND-DEVILLER, «Droit de l'urbanisme», Dalloz, París; H. JACQUOT y F. PRIET, «Droit de l'urbanisme», Dalloz, París; PIERRE DEYNON-ARMAND FREMONT, «La France et l'aménagament de son territorie (1945-2005, L.G.D.J)», París. Esta obra contiene consideraciones históricas y jurídicas; JEAN PIERRE LEBRETON, «Droit de l'urbanisme», PUF, Paris 1993; J. P. GILLI, H. CHARLES, J. de LANVERSIN. «Les grands arrêts du droit de l'urbanisme», Ed. Sirey, París.

Sobre la Ley DALO véase JÉGOUZO. «Un droit au loggament opposable, AJDA 2006; MARIA CHRISTINE DE MONTELLER. «Quelle efectivité pour le droit opposable au loggament?, AJDA, 22 janvier 2007, p. 116.

En Italia destaca la obra de ALDO FIALE. «Compendio di diritto urbanístico», Ed. Simone, Napoli. Una visión crítica de la excesiva legislación de emergencia y del fenómeno de la deslegitimación del plan urbanístico (denominado «deregulation») puede verse en GUISEPPE CAMPOS VENUTI-FEDERICO OLIVA. «Cincuenta años de urbanismo en Italia» (1942-1992), BOE-Universidad Carlos III de Madrid, 1994.

En relación al paisaje y al medio ambiente véase JOSE LUIS BERMEJO LATRE. «La pianificazione del paisaggio (I piani paesistici e la nuova tutela delle risorse naturali), Maggioli Editore, «Compendio di diritto dell ambiente», Ed. Simone, Napoli, F. LÓPEZ RAMÓN, *Política ecológica y pluralismo territorial. Ensayo sobre los problemas de articulación de los poderes públicos para la conservación de la biodiversidad.* Ed. Marcial Pons, Madrid 2009 y F. LÓPEZ RAMÓN (coord.) *Observatorio de políticas ambientales,* Ed. Aranzadi, Pamplona (anual). Sobre el principio de desarrollo urbanístico sostenible: QUINTANA LÓPEZ, T., «Desarrollo urbanístico sostenible: la evaluación ambiental y económica de las actuaciones urbanísticas», *Revista de Urbanismo y Edificación* núm. 39, 2017, pp. 25-42. LÓPEZ RAMÓN, F., «El urbanismo sostenible en la legislación española», *Revista de Urbanismo y Medio ambiente*, núm. 311, 2017. VAQUER CABALLERÍA, «La consolidación del principio de desarrollo territorial y urbano sostenible en la última década», *Revista de Urbanismo y Medio Ambiente*, núm. 311, 2017.

En el Derecho ingles véase VICTOR MOORE. «Planing law». Oxford University. Oxford. En version castellana un libro imprescindible del professor OMAR BOUAZZA ARIÑO. «La planificación territorial en Gran Bretaña», Ed. Civitas-Thomson, Madrid.

Asimismo véase el número especial de la Revista Catalana de Dret Públic, nº 38, 2009 dedicado al derecho a la vivienda, urbanismo y cohesión social. Más recientemente, sobre derecho a la vivienda: AGUIRRE I FONT, J.Mª, «La reserva d'habitatge de protecció pública en sòl urbà consolidat: El cas de Barcelona», *Revista Jurídica de Catalunya* núm. 1-2019.

En lo referente a las sentencias de nuestros Tribunales de Justicia destacamos la STC 164/2001, de 11 de julio y la anterior STC 61/1997, de 20 de marzo en materia competencial y la STC 141/2014, de 11 de septiembre.

Respecto a las relaciones ante el medioambiente urbano y el rural STC 105/1995, de 26 de junio y STC 119/2001, de 24 de mayo.

Criticando la avalancha normativa en Cataluña y las 85 disposiciones transitorias desde la asunción de las competencias en urbanismo véase STSJCA Sección Tercera, de 22 de noviembre de 2007, Punta Brava, Sant Feliu. Ponente: Manuel TÁBOAS BENTANACHS.

TEMA II
PRINCIPIOS GENERALES DEL DERECHO URBANÍSTICO

SUMARIO:
1. Alcance y contenido de los principios generales del derecho urbanístico. 2. El urbanismo como función pública. 3. La remisión al plan: el planeamiento como definidor del derecho de propiedad y como instrumento de ordenación de la ciudad y del uso del territorio. 4. La participación de la comunidad en las plusvalías generadas por la actuación urbanística. 5. El reparto equitativo de beneficios y cargas. 6. El urbanismo democrático. La participación. a) La participación ciudadana en el procedimiento de elaboración de los planes urbanísticos. b) La influencia del texto constitucional sobre la regulación positiva: la influencia de los artículos 9.2, 23.1 y 105 a) CE. c) La información pública tras el avance del planeamiento, la aprobación inicial y reiteración si se producen modificaciones sustanciales. 7. El principio de publicidad. 8. El desarrollo urbanístico sostenible: el urbanismo ambiental. La cohesión social. a) Planteamiento. b) Desarrollo urbanístico sostenible. c) La evaluación ambiental estratégica de planes y programas. Bibliografía y jurisprudencia. Para ir más lejos.

1. ALCANCE Y CONTENIDO DE LOS PRINCIPIOS GENERALES DEL DERECHO URBANÍSTICO

Como es sabido, los principios generales del derecho son aquellas reglas básicas de un ordenamiento jurídico (de ahí principios) que exceden de la aplicación e interpretación de una concreta norma o precepto para informar la globalidad del ordenamiento (por ello son generales). En el derecho urbanístico muchos de ellos tienen su origen en los principios generales del derecho público, del derecho administrativo.

La virtualidad de los mismos se manifiesta en dos momentos. Por un lado, constituyen un *límite al legislador urbanístico* (estatal, autonómico o incluso local en el ejercicio de sus potestades de planeamiento) para que al elaborar una norma (leyes, reglamentos, planes, estatutos de una entidad urbanística, ordenanzas), se respeten los principios generales del derecho.

Así, por ejemplo, la exigencia de un reparto equitativo de beneficios y cargas en la gestión urbanística (arts. 7 TRLUC y 2. el RLUC), una regla general derivada del principio de igualdad (art. 14 CE); la publicidad de la gestión urbanística (art. 25 TRLS 2015 y 8 TRLUC), que deriva de los principios constitucionales de publicidad de las normas (art. 9.3 CE), la transparencia y participación de los ciudadanos en los asuntos que les afectan (arts. 1.1, 9.1, 23, 103 y 105. b CE). Asimismo, el principio de jerarquía de los planes urbanísticos (art. 13 TRLUC) como expresión del más general de jerarquía normativa (art. 9.3 CE).

Por otro lado, y en segundo lugar, los principios generales en el ámbito urbanístico *constituyen un límite (y una guía) a la Administración urbanística que aplica las normas* (el propio TRLUC, reglamentos o planes urbanísticos).

Así, por ejemplo, los principios del procedimiento sancionador en el ámbito de la protección de la legalidad urbanística (art. 24 CE en relación con el principio de proporcionalidad y el derecho a proponer y practicar pruebas) o los principios sustantivos que derivan del art. 25 CE (reserva de Ley, tipicidad, irretroactividad, non bis in ídem, etc.). Todos esos principios deben impregnar la aplicación e interpretación, en el caso concreto, de las reglas de protección de la legalidad urbanística previstas en las leyes. De ahí su importancia.

Por otro lado, los principios generales del derecho urbanístico se manifiestan de dos maneras, a saber: a) Positivizados, teniendo entonces el rango jerárquico de la norma que los acoge; b) No positivizados.

Entre los primeros destacan los principios constitucionales (así por ejemplo los dedicados a la constitución ambiental, arts. 45 a 47 CE) o estatutarios (así el derecho a la vivienda, arts. 26,47 y 137 EAC), que son principios generales del derecho administrativo con el máximo rango normativo.

Asimismo, los recogidos en la Ley de suelo de 2015 tendrán el carácter normativo que les atribuye la Disposición Final Segunda, en base las reglas competenciales que desarrolla. Así, por ejemplo, tendrá el carácter de condiciones básicas de la igualdad en el ejercicio de derechos (art. 149.1.1 CE) el principio del desarrollo ambiental y urbano sostenible (art. 3), la declaración de la ordenación territorial y urbanística como función pública (art. 4); o el principio de urbanismo democrático como expresión de la regla de participación de los ciudadanos en los asuntos que les afectan; la publicidad de las normas y actos urbanísticos; la acción pública y el acceso a la información (arts. 5 c y f TRLS). Estos últimos también se encuentran recogidos en la Ley catalana (derechos de iniciativa, información y participación ciudadana; derecho de acceso a la información por medios telemáticos; publicidad de los instrumentos de planeamiento y, en general, de los actos urbanísticos, art. 8 TRLUC).

A nivel de planeamiento o incluso de ordenanzas municipales también pueden ser positivizados distintos principios generales del derecho urbanístico.

Por otro lado, los principios generales del derecho puede que no estén positivizados, suponiendo igualmente un límite al legislador o a la Administración urbanística que aplique la norma. En este sentido, por poner un ejemplo, los principios de racionalidad y coherencia en la elaboración de las concretas determinaciones de los planes, de su contenido (STS 4 de marzo de 2003, Ar. 2003, 3459. Ponente: Ricardo ENRÍQUEZ SANCHO), los de proporcionalidad y congruencia (STSJC 19 de junio de 2002, Ar. 2002, 1016. Ponente: Francisco LÓPEZ VÁZQUEZ).

Veamos pues una serie de principios generales del derecho urbanístico en Cataluña, junto a una serie de reglas o técnicas urbanísticas que, sin ser propiamente principios generales, sí que es necesario explicar para entender las siguientes lecciones.

2. El urbanismo como función pública

El urbanismo es una función pública mediante la cual las administraciones competentes configuran el modelo urbanístico de la ciudad y lo desarrollan, con la participación de los propietarios y del resto de operadores públicos y privados. En este sentido, se exige a las Administraciones que fijen las políticas de ordenación que les correspondan, en el marco de los preceptos constitucionales y estatutarios rectores de la política urbanística contenida en los arts. 45 a 47 CE y 26, 47 y 137 EAC (derechos en el ámbito de la vivienda) 27, 46 y 137 EAC (derechos y principios en relación al medio ambiente) y art. 149 EAC (ordenación del territorio, del paisaje, del litoral y del urbanismo). De ese modo, el art. 1.2 TRLUC, recogiendo las pioneras previsiones del mismo precepto de la Ley 2/2002, configura dicha función pública como aquella que abarca la ordenación, transformación, conservación y control del uso del suelo, su urbanización, edificación, y la regulación del uso, la conservación y rehabilitación de las obras, edificios e instalaciones.

Esta concepción tan amplia de la función pública debe ser reinterpretada en un doble sentido: Por un lado, la actividad urbanística está participada también por los propietarios y por el resto de operadores públicos y privados. Sin ellos, el urbanismo es inviable y, por tanto, ciertas actuaciones que son desarrolladas por los particulares (algunos supuestos de gestión urbanística, la solicitud y ejecución de las licencias de edificación, la urbanización), deben ser reconducidas al interés general. Este es el sentido que tiene el urbanismo como función pública: el otorgamiento de unas potestades públicas o poderes a la Administración han de servir para garantizar que cada una de las fases que completa el ciclo urbanístico, sea quien sea el sujeto que la lleve a cabo, serán presididas por la necesaria defensa del interés general, sin sucumbir a iniciativas ajenas al interés de la colectividad.

Así, por ejemplo, en el marco de la legislación catalana (arts. 5 y 12 del Decreto-Ley 1/2007, de 16 de octubre, hoy ya derogado), quedaron delimitados los ámbitos de participación e iniciativa del propietario, restringiendo la facultad de la Administración y excluyendo la figura del agente urbanizador prevista en el art. 8 TRLS 2015 en el ámbito de la gestión urbanística (así art. 116 TRLUC).

En este sentido, por ejemplo, el art. 4 TRLS establece que la potestad de ordenación no es susceptible de transacción, por no serlo tampoco las funciones públicas de las que trae causa. Por ello, los convenios urbanísticos (art. 25 TRLS) que eran, en ocasiones, el origen de un nuevo plan, no pueden preparar de forma vinculante las decisiones de ordenación, ni pueden tener carácter finalizador de los procedimientos que deben ser resueltos mediante tales decisiones. En este sentido, la jurisprudencia ya había declarado que, cuando el plan no recoja el convenio firmado por las partes, el particular tendrá derecho a la indemnización por los daños y perjuicios que se le hubieren causado pero no a la aprobación del plan en los términos previstos en el convenio o contrato. Otra cosa sería transigir en las potestades de planeamiento, cosa que la Ley, como hemos dicho, prohíbe de forma taxativa.

Por otro lado y, en segundo lugar, la ordenación territorial y el urbanismo como función pública requiere la aplicación del conjunto de reglas del Derecho administrativo que sirven para controlar la actuación administrativa, para reducir la discrecionalidad del poder. Así por ejemplo, todo ejercicio de la potestad de ordenación (planes o, en ocasiones, actos administrativos) ha de estar motivada y justificada (así, fundamentalmente, en la memoria de los planes) en la mejor defensa de los intereses generales.

En definitiva, la configuración del urbanismo como función pública exige que la Administración vele por la debida persecución de los intereses generales, tanto cuando es ella misma la que ejercita las potestades (de ordenación, transformación, gestión, etc.) como cuando lo hacen los particulares y ésta se limita a controlar dicha actuación. Es, también, una cláusula de aplicación en bloque del derecho administrativo y sus garantías, una cláusula, por tanto, de control de la discrecionalidad y el reconocimiento de una serie de principios y reglas que derivan del derecho público y que van a presidir las distintas fases del proceso urbanizador y constructivo (respeto al procedimiento, motivación de las decisiones, aplicación de los principios generales, el régimen jurídico, la sumisión a la jurisdicción contenciosa de las controversias que se produzcan, etc.). En fin, el derecho de garantías que ha sido y debe seguir siendo el derecho administrativo.

3. La remisión al plan: el planeamiento como definidor del derecho de propiedad y como instrumento de ordenación de la ciudad y uso del territorio

El eje central de la ordenación urbanística es el plan. La Ley catalana, continuando con el principio recogido en nuestra tradición histórica, se remite al plan para que éste establezca la ordenación del territorio, defina sus usos y, además, concrete el contenido del derecho de propiedad. La razón de esta remisión está en la imposibilidad que una Ley aprobada por el parlamento ordene la totalidad del territorio.

La Ley urbanística concreta unos mínimos que deben de ser respetados por todo planeamiento (entre otras, las directrices de planeamiento, art. 9 TRLUC), pero cada territorio es ordenado de manera distinta atendiendo a su especial morfologia, situación, características (si es o no montañoso; si ya esta urbanizado, si es un territorio costero). Esto sólo lo puede hacer el plan urbanístico, distintos tipos de planes según las diferentes partes que quieran ordenarse y urbanizarse (o incluso rehabilitarse al estar en el centro de la ciudad o tratarse de una porción de territorio ya urbanizado). Así lo declara el art. 3 TRLS cuando afirma que, a través de la ordenación territorial y urbanística, *se organizan y definen el uso del territorio y del suelo de acuerdo con el interés general*».

El plan dibuja y anticipa lo que al cabo del tiempo será la ciudad y el espacio territorial regulado, respetándose unos mínimos de calidad de todos los planes impuestos por Ley (el mínimo de 20 metros cuadrados de espacios libres públicos por cada 100 metros cuadrados de techo residencial, la densidad máxima de 100 viviendas por hectárea en el suelo urbanizable, art. 58 TRLUC).

De ese modo, la primera determinación de los planes, en concreto, de los Planes de Ordenación Urbanística Municipal, (POUM, art. 58 TRLUC) es la clasificación del suelo en urbano, urbanizable y no urbanizable o rústico (art. 25 TRLUC), clasificación que también tendrá importantes consecuencias para el contenido del derecho de propiedad, como veremos.

Una vez realizada la clasificación genérica, le corresponde al plan concretar las determinaciones de cada clase de suelo, lo que la Ley denomina calificación urbanística, especificando los usos y destinos de aquella porción concreta del territorio (así, por ejemplo, en el suelo clasificado como urbano, le corresponde la calificación urbanística de residencial, industrial, sistemas generales, etc).

De ahí la segunda gran consecuencia: que es ese principio de remisión de la Ley al plan el que permite configurar el derecho de propiedad. Es el plan quien define el estatuto del propietario, es decir, el conjunto de derechos y deberes que derivan de su ordenación.

El propietario de un terreno sin plan, en su estado originario o natural, tiene una propiedad con un aprovechamiento que deriva de sus cualidades materiales (uso agrícola, forestal etc.). Partiendo de ese contenido material, es el plan el que define los límites, la extensión de dicho derecho. Así lo afirman los artículos 3 TRLS 2015 (los planes determinan «las facultades y deberes del derecho de propiedad conforme al destino de éste. Esta determinación no confiere el derecho a exigir una indemnización salvo en los casos expresamente establecidos en las leyes») y 11 TRLS («el régimen urbanístico de la propiedad del suelo es estatutario y resulta de su vinculación a diversos destinos»).

Finalmente, el apartado segundo de este artículo 7 acaba señalando que el derecho a edificar no se integra en el derecho de propiedad. Únicamente se adquiere como última fase del proceso urbanizatorio, con el cumplimiento de todos los deberes que la legislación urbanística imponga al propietario (en este mismo sentido, art. 6 TRLUC).

Así, al contenido natural originario del derecho de propiedad, la ordenación urbanística le añade un valor cuando prevé su paso a la situación de suelo urbanizable y en los supuestos en los que está clasificado como urbano. Aquí, el particular posee una propiedad con mayor valor, pues puede llevar a cabo actuaciones que sin el plan no podría. ¿Cómo se beneficia la colectividad de este aumento de valor del suelo del propietario? ¿Cómo se corrige la desigualdad entre propietarios como consecuencia de la ordenación territorial?

4. La participación de la comunidad en las plusvalías generadas por la actuación urbanística

Del aumento del valor (plusvalía) generado por la actuación de las Administraciones públicas y, en ocasiones, de los particulares (cuando son estos los que inician la ordenación urbanística o llevan a cabo la ejecución de la urbanización), sacan provecho los propietarios. La función social del derecho de propiedad impone que la colectividad también salga beneficiada de ese proceso urbanizatorio y ese aumento de valor. El propietario está sujeto a la función social del derecho de propiedad y únicamente podrá entender incorporado a su patrimonio el derecho a edificar cuando haya cumplido con una serie de deberes que vienen recogidos en el art. 18 TRLS.

Más adelante lo veremos con mayor detalle. Por el momento, basta indicar que toda actuación de transformación urbanística del suelo comporta, según ese art. 18 TRLS, los siguientes deberes: ceder gratuitamente los terrenos destinados por el plan a viales, zonas verdes y demás dotaciones públicas adscritas al ámbito correspondiente; ceder igualmente a la Administración el suelo, libre de cargas urbanísticas, correspondiente a un porcentaje de la edificabilidad media ponderada del ámbito no inferior al 5% ni superior al 15%; costear y, en su caso, ejecutar todas las obras de urbanización del ámbito de actuación urbanística, así como las infraestructuras de conexión de éste con las redes generales; garantizar el realojo de los ocupantes de inmuebles que deban ser demolidos e indemnizar a los titulares de derechos sobre las construcciones, instalaciones, obras, plantaciones, etc., que no puedan ser conservadas.

Así, el TRLUC establece, entre otros deberes de los propietarios en suelo urbano no consolidado, la cesión a la Administración urbanística actuante, gratuitamente, del suelo correspondiente al 10% de aprovechamiento del sector sujeto a un plan de mejora urbana o en otros supuestos por la propia Ley regulados (art. 43 TRLUC). Los propietarios de suelo urbanizable delimitado han de ceder el suelo necesario para edificar el techo correspondiente al 10% del aprovechamiento urbanístico del sector, contratar y ejecutar las infraestructuras de conexión con los sistemas urbanísticos municipales (art. 45 TRLUC) entre otras cuestiones. Según la nueva redacción de la legislación urbanística a partir de la Ley 26/2009, en las modificaciones del planeamiento urbanístico general que comporten incremento del techo edificable, de la densidad residencial, de la intensidad industrial o la transformación de usos, el porcentaje de cesión de aprovechamiento urbanístico queda fijado en el 15 %, pudiendo elevarse al 20 % (arts. 40, 43 y 45). En definitiva, las cesiones obligatorias y gratuitas ligadas a los costes de urbanización y su atribución a la comunidad integran ese principio, que veremos para cada tipo de suelo en el tema IV.

5. El reparto equitativo entre beneficios y cargas

La ordenación urbanística es, por definición, desigual. Incluso en una misma clase de suelo (el urbano, por ejemplo), puede ser que a un propietario le corresponda un destino muy favorable (residencial) y a otro uno que no lo sea tanto (zona verde). Es lo que se ha venido denominando «la lotería del planeamiento» y que se trata de corregir con la aplicación, a nivel de ejecución o gestión urbanística, del principio del reparto equitativo de beneficios y cargas (art. 7 TRLUC y art. 15 TRLS), que es la traslación al ámbito urbanístico del principio de igualdad (art. 14 CE). La aplicación de ese principio de justicia distributiva para que todos los propietarios afectados por el planeamiento tengan, en función de su superficie, similares derechos edificatorios con independencia del emplazamiento del solar se lleva a cabo mediante el mecanismo de la reparcelación. Consiste en la agrupación o integración de un conjunto de fincas comprendidas en una superficie (ámbito de gestión), denominada polígono o unidad de actuación, para su nueva división ajustada al plan, con adjudicación de las parcelas resultantes a los propietarios de las primitivas; y de los suelos destinados a sistemas urbanísticos de titularidad pública de cesión obligatoria y gratuita a las Administraciones públicas que han de convertirse en titulares de las infraestructuras relativas a estos sistemas. Como veremos en el tema V (La gestión urbanística), la jurisprudencia ha señalado que si este derecho a una equidistribución de beneficios y cargas del planeamiento no puede hacerse realidad por estar mal dividido el ámbito de gestión puede ser causa de nulidad del plan así diseñado (STSJC de 10 de enero de 2008, nº 14, Ar. 139156, Proyecto Reparcelación Plan Especial Port de Badalona. Ponente: Manuel Táboas Bentanachs). Para ello, la Ley catalana (art. 118) prevé la división del territorio en polígonos, es decir, en porciones de terrenos que han de tener unas características comunes y han de ser lo suficientemente amplias para hacer realidad el principio de equidistribución de beneficios y cargas.

Dos últimos apuntes. Primero, para el caso de infraestructuras que afecten a más de un polígono, debe aplicarse a éstos el principio en cuestión (art. 122 RLUC). Segundo, cuando el plan impone a un propietario una obligación que hace imposible hacer efectivo dicho principio, debe de ser compensado a través de la vía de la reclamación de responsabilidad patrimonial de la Administración pública (art. 48 TRLS). Ello puede ocurrir, por ejemplo, por la construcción de un gran equipamiento o por el deber de conservación de un edificio histórico o cultural. Sobre esta cuestión volveremos en el tema V.

6. El urbanismo democrático. La participación

El principio de participación en el urbanismo se encuentra regulado en los arts. 5 e) TRLS y 8 TRLUC, como manifestación del principio de urbanismo democrático que preside la aplicación e interpretación del sistema urbanístico catalán como concreción también de las cláusulas constitucionales previstas en los artículos 1.1, 9.1, 103, 105.a CE y 29 EAC. Ese principio parte de una premisa clara: La ciudad es de los vecinos, los barrios son de sus habitantes. Por ello, el tránsito de una Administración autoritaria o imperativa a una democrática tiene un fiel reflejo en el principio participativo. Un plan hecho de espaldas a los vecinos es, en esencia, una norma contraria a la filosofía del urbanismo democrático y, por tanto, ilegal. Entre las formas de participación de los ciudadanos en el urbanismo podemos distinguir básicamente tres: La información pública formalizada a lo largo del procedimiento de elaboración de los planes; los referendos locales o consultas populares y, por último, otros medios de control social no institucionalizados y que, en ocasiones, tienen tanta o más importancia que los primeros y que se concretan en las actuaciones de las asociaciones de vecinos, grupos ecologistas y los medios de comunicación, fundamentalmente la prensa. Nos referiremos a la primera.

A) La participación ciudadana en el procedimiento de elaboración de los planes urbanísticos

Como explica entre nosotros T. R FERNÁNDEZ, el proceso de planeamiento en la Ley del Suelo de 1956 estaba configurado a partir de presupuestos exclusivamente técnicos. La elaboración de los planes se realizaba en el silencio de los gabinetes y no transcendía al exterior. Dicho secretismo provocaba trasladar los problemas a momentos posteriores precisamente porque el debate sobre las cuestiones trascendentales había sido ocultado. La reforma de 1975 no modificó substancialmente ese estado de cosas, siendo el Texto Refundido de 1976 el que «*forma un tanto subrepticia y todavía sin demasiada convicción*» introdujo un párrafo que constituyó el artículo 4.4 de la Ley de Suelo de 1992. En él se decía:

> «*En la formulación, tramitación y gestión del planeamiento urbanístico los Órganos competentes deberán asegurar la mayor participación de los interesados y, en particular, los derechos de iniciativa e información por parte de las Corporaciones, Asociaciones y particulares*»

Esa declaración de principios fue articulada por el Reglamento de Planeamiento Urbanístico de 1978 (RPU), largamente aplicado en Cataluña, que invitaba a la participación ciudadana «antes de acordar la elaboración de cualquier plan» (art. 116 RPU), tras el avance de planeamiento (art. 125 RPU), la aprobación inicial y, si se producen modificaciones sustanciales del proyecto antes de la aprobación, deberá volverse a repetir dicha información pública (art. 132.3 b) RPU).

Una de las finalidades de la participación reside en dotar al planeamiento de un «plus» de legitimidad democrática (que ya posee parcialmente pues el pleno del Ayuntamiento, muchas veces, lo tramita y aprueba, art. 22.2 LBRL), fomentando el debate y la puesta en común de ideas del planificador y los vecinos, tal y como ocurre en otros ordenamientos jurídicos de nuestro entorno en donde este trámite participativo posee cada vez mayor importancia.

La información pública es, en este sentido, una ventana abierta por el ordenamiento a fin de que los despachos de la Administración se oxigenen con las sugerencias de los ciudadanos sobre el planeamiento y, con esos elementos de juicio de quienes van a ser los destinatario del proyecto, se decida lo mejor para la colectividad. Es, en definitiva, una regla de higiene democrática.

El planeamiento es una decisión capital que condiciona el futuro desarrollo de las costumbres de los ciudadanos, al trazar el entorno determinante de un cierto nivel de calidad de vida. Por ello, y con el fin de hacer realidad el principio constitucional de eficacia de la actuación administrativa, los destinatarios del plan deben aportar sus ideas antes que éste sea aprobado. Evidentemente, el ciudadano es quien mejor conoce el barrio, el clima, las ventajas y desventajas del terreno que se pretende urbanizar. Por consiguiente, sus opiniones contribuyen sin duda a elaborar un plan útil, adecuado a la realidad, en definitiva, eficaz.

En base a ello, y por el carácter ampliamente discrecional del planeamiento, es necesario que el ciudadano formule propuestas en relación al plan urbanístico que va a ser elaborado o esté a punto de aprobación. Y esas sugerencias pueden ser de cualquier tipo: técnicas, jurídicas o de mera oportunidad. Él y sus hijos son los destinatarios de esa norma y por ello el ordenamiento le proporciona la posibilidad de aportar sus ideas y soluciones.

B) La influencia del texto constitucional sobre la regulación positiva: la influencia de los artículos 9.2, 23.1 y 105 a) CE

El sistema de colaboración del ciudadano en la elaboración del plan se ha visto potenciado por el texto constitucional que, además de configurar la participación de los administrados como un valor constitucional (art. 1.1 CE), impone a los poderes públicos el deber de facilitarla «tanto la vida política, económica, cultural como social» (art. 9.2 CE). En el campo del procedimiento de elaboración de los planes, la discusión se ha centrado principalmente en determinar si, además de esas llamadas genéricas a la participación, el sistema debía articularse en base al cañamazo previsto en los artículos 23.1 CE (derecho fundamental de los ciudadano a participar en los asuntos públicos), 105.a) CE (derecho de audiencia a los ciudadanos en el procedimiento administrativo) y en las reglas establecidas en los artículos 82 y 83 LPACAP.

A nuestro juicio, ese art. 105 a) CE también resulta de aplicación a las Administraciones urbanísticas en el procedimiento de elaboración de los planes. Es cierto que, frente a esta postura, se ha señalado que audiencia e información pública constituyen dos técnicas distintas de participación, pues mientras en la primera, la Administración tiene la obligación de notificar individualmente a los sujetos que tengan la condición de interesado en el procedimiento, cuando se pone en marcha la segunda solamente está obligada a dar publicidad a este trámite, con el fin de favorecer la presencia de la más amplia pluralidad y diversidad de intereses colectivos. En el campo del planeamiento urbanístico, al ponerse en juego principalmente intereses colectivos, presentes y futuros (aunque también existen, obviamente, intereses particulares) ha primado la información pública sobre la audiencia.

A pesar de las opiniones contrarias, a nuestro juicio el artículo 105. a) CE engloba ambas formas de participación, pues utiliza el término «audiencia» (la ley regulará la audiencia de los ciudadanos directamente en el procedimiento de elaboración de las disposiciones administrativas que les afecten) en el sentido etimológico de la palabra, como derivado del verbo oír, significando sencillamente la obligación que contiene la ley al establecer un procedimiento administrativo (en este caso de elaboración de los planes) que a los ciudadanos se les escuche directamente, se les informe de la posibilidad de exponer algo con independencia de los formalismos que se sigan. Prueba de la verdad del aserto que decimos es que el Anteproyecto Constitucional y la redacción de la ponencia utilizaban la palabra participación, que luego fue substituida por audiencia, sin que en la intención de los redactores hubiese intención alguna de excluir la información pública del ámbito de aplicación del precepto.

Dos son las consecuencias que se derivan de este sistema: Por un lado, cualquier Ley o reglamento, estatal o autonómico, que prevea un procedimiento de elaboración de los planes suprimiendo el trámite de información pública resulta inconstitucional; por otro, la participación ciudadana prevista en la legislación del suelo aparece seriamente potenciada en virtud del principio de interpretación conforme a la Constitución de todo el ordenamiento jurídico (art. 5.1 LOPJ).

Sin embargo, la información pública en el procedimiento de elaboración de los planes urbanísticos no forma parte del derecho fundamental de participar en los asuntos públicos (art. 23.1 CE). Esta es la solución que ha acabado consagrando el Tribunal Constitucional en la Sentencia 119/1995, de 17 de julio (Plan Especial de Piscinas y Deportes) al considerar que el mencionado precepto garantiza un derecho de participación que puede ejercerse de dos formas distintas: bien directamente o por medio de representantes. En ambas, lo que se protege, según el TC, es la participación política que englobaría, en el primer caso las formas de democracia directa (referéndum, régimen de concejo abierto, etc.) y en el segundo, el resto de modos de participación por medio de representantes (las elecciones por ejemplo). Por tanto, no incluye el derecho a la participación en la actuación administrativa, derecho que vendría protegido por otros preceptos.

Esta es, en síntesis, la importancia constitucional de la información pública en el procedimiento de elaboración de los planes urbanísticos.

C) La información pública tras el avance de planeamiento, la aprobación inicial y su reiteración si se producen modificaciones substanciales

Antes de analizar el trámite relativo a la información pública, es importante señalar que el Tribunal Supremo ha anulado la aplicabilidad del trámite de consulta pública previa prevista en el artículo 133.1 LPACAP. Así, la STS de 6 de febrero de 2023 (Ar. RJ 2023\1002) dice que *«en el ámbito urbanístico, la legislación sectorial, ahora competencia de las Comunidades Autónomas, contempla una normativa que regula pormenorizadamente la materia, de tal forma que la regulación de un procedimiento específico para la aprobación, modificación o revisión de los instrumentos de ordenación comporta la no aplicación de la normativa general de aprobación de las disposiciones generales»*.

Centrándonos a nivel de planeamiento municipal, el que más afecta al ciudadano, antes de acordar la elaboración de cualquier plan, la Administración puede abrir un período de información pública para recoger las sugerencias u observaciones sobre la necesidad, conveniencia y demás circunstancias de la ordenación.

El RLUC invita a la Administración a celebrar un debate o encuesta previa a la adopción de cualquier decisión susceptible de condicionar la nueva regulación urbanística, incluida la propia elección de la figura de planeamiento a utilizar.

Asimismo, y con el fin de facilitar la participación en el procedimiento de elaboración de todos los instrumentos de planeamiento, prevé la aprobación del denominado *programa de participación ciudadana,* donde se expondrán las medidas y actuaciones previstas para divulgar y facilitar el conocimiento de los objetivos y trabajos realizados para la elaboración del nuevo plan. El acuerdo de aprobación del programa de participación ciudadana se publica mediante edicto en el correspondiente Diario Oficial y podrá ser consultado en las dependencias y horario que el propio edicto señale (arts. 22 y 105 RLUC).

A esa fase le sucede el *avance de planeamiento* donde propiamente, como vimos, se inicia el procedimiento de elaboración del plan. Obligatoria para la formulación o revisión de los Planes de Ordenación Urbanística Municipal (POUM, art. 106.4 RLUC), se produce en el momento en que los trabajos de elaboración del plan han adquirido suficiente grado de desarrollo. Es entonces cuando la corporación u organismo que tuviesen a su cargo la formulación, deberán anunciar en el Boletín Oficial de la Provincia, normalmente, y en uno de los periódicos de mayor circulación de la misma, la exposición al público de los trabajos, al objeto de que durante un plazo razonable (tradicionalmente eran 30 días) puedan formularse sugerencias y, en su caso, otras alternativas de planeamiento por corporaciones, asociaciones y particulares (art. 23 RLUC). Asimismo, para todos los municipios de más de 10.000 habitantes, dicha información se ha de dar a conocer mediante procedimientos telemáticos y garantizar su consulta a través de este sistema.

El organismo o corporación encargado de la formulación de plan, a la vista del resultado de la exposición al público y de los estudios técnicos realizados, acordará «lo procedente en cuanto a los criterios y soluciones generales con arreglo a los cuales haya de culminarse los trabajos de elaboración del plan». Las sugerencias, alternativas o alegaciones presentadas en el trámite de información pública serán analizadas y valoradas por la Administración. Valoración que se expresará en el acuerdo de aprobación inicial (art. 106.3 RLUC).

Una vez concluida esta fase de elaboración del plan, la Administración actuante procederá a la *aprobación inicial del plan*.

Aquí el instrumento de planeamiento está, a diferencia del lo que ocurría con anterioridad, completamente elaborado y, por tanto, el plan que se somete a una nueva información pública contiene toda la documentación establecida por Ley (memoria justificativa, memoria social, plan de etapas, normas urbanísticas, estudio económico-financiero, etc).

Tras la aprobación inicial, el POUM y demás instrumentos del planeamiento deben ser sometidos a información pública, «durante un mes mediante anuncio en el *Diari Oficial de la Generalitat* y en el de la Provincia en su caso» (art. 85.4 TRLUC). Es necesario señalar que, para los planes parciales y especiales, se exige la notificación personal a los propietarios y demás interesados directamente afectados so pena de anulación del plan (STS de 11 de febrero de 1987, Ar. 2962, PERI, Santa Coloma de Gramanet. Ponente: S. GUTIÉRREZ DE JUANA).

En dicho periodo de información pública el expediente debe estar expuesto al público con el fin que pueda ser consultado sin ninguna limitación. Además, puede comparecer cualquier ciudadano aunque no tenga la condición de interesado ni de vecino y deben utilizarse los procedimientos telemáticos en todos los municipios.

A la vista del resultado de la información pública, y de la audiencia a otros entes públicos, la Administración decidirá si introduce o no las modificaciones en relación a las determinaciones previstas en la aprobación inicial. Si no introduce variaciones o éstas no son substanciales, se procederá a la *aprobación provisional*. Si, por el contrario, se introducen modificaciones que significasen un cambio substancial en los criterios y soluciones del plan inicialmente aprobado se abrirá, antes de someterlo a aprobación provisional, un nuevo trámite de información pública y de audiencia a las corporaciones por los mismos plazos (art. 112 RLUC, que concreta cuando se producen o no modificaciones substanciales).

El de substancialidad es un concepto jurídico indeterminado a definir en cada caso atendiendo al tipo de plan, al contenido de las modificaciones, a su transcendencia para el modelo territorial trazado y al contenido discrecional o reglado (STS de 28 de diciembre de 1989. Ar. 9234, Plan General Sant Feliu Guixols. Ponente: F. J. DELGADO. En este sentido, STSJC nº 281, de 10 de abril, de 2008, Revisión del Plan General de les Franqueses, IV Cinturón, Ar. 206640. Ponente: Manuel TÁBOAS BENTANACHS).

Por último, se procede a la *aprobación definitiva* del Plan por parte de la Comunidad Autónoma o del Ayuntamiento, según los casos.

Únicamente si el órgano que debe otorgar la aprobación definitiva detecta deficiencias que obligan a introducir modificaciones substanciales en el Plan, éste se someterá de nuevo a información pública y, en su caso, a audiencia de las corporaciones locales a cuyo territorio afecte, elevándose finalmente, y previo acuerdo del órgano competente, a la aprobación definitiva.

En fin, como hemos visto, el principio de participación en los distintos trámites de elaboración de los diferentes instrumentos de planeamiento obliga al escrupuloso respeto de todos los requisitos formales recogidos por la Ley. Dado que el planeamiento pone en juego el interés de toda la colectividad y es la colectividad misma la destinataria del plan, la inobservancia de cualquiera de esos trámites, dará lugar a la nulidad del plan (art. 62.2 LRJPAC). (Asimismo, STS de 1 de diciembre de 1986, Ar. 415 de 1987, Plan General de Vilafranca del Penedés. Ponente: F. J. DELGADO BARRIO). También cuando introduciendo modificaciones substanciales no se reitera la información pública (SSTS de 22 de octubre de 1986. Ar. 7672. Normas subsidiarias de Calella. Ponente: M. GORDILLO GARCÍA; 28 de octubre de 1988, Ar. 8303. Plan general de Begur. Ponente: F. J. DELGADO BARRIO). La jurisprudencia también señala que los personados en el trámite de información pública, portadores de intereses legítimos, adquieran la condición de interesados y por tanto, la Administración no puede contentarse con la mera publicación de los acuerdos sino que debe notificarles personalmente cada uno de los trámites, so pena de ineficacia de la aprobación del Plan (STS de 16 de diciembre de 1992. Ar. 9845. Plan especial Virgen de la Salud, Barcelona. Ponente: J. BARRIO IGLESIAS). También se exige la notificación personal cuando el plan es de iniciativa particular o los interesados pueden ser identificados por la Administración (STS de 14 de marzo de 1988. Ar. 2156; PERI Avenida Pedralbes. Ponente: P. MARTÍN MARTÍN; STS 27 de diciembre de 1990 Ar. 10271, PERI Centro de Sabadell. Ponente: J. BARRIO IGLESIAS).

Por último, comporta la ilegalidad de la aprobación del plan la no respuesta a las alegaciones o sugerencias o alternativas planteadas por los ciudadanos en las distintas informaciones públicas (STS de 10 de mayo de 1990. Ar. 4059. Revisión Plan General de Pinto. Ponente: P. ESTEBAN ALAMO). Sobre todo ello volvemos en el tema III.

7. El principio de publicidad

Corolario del principio de participación es el de publicidad. No podemos hablar de un urbanismo democrático sin llevar hasta sus últimas consecuencias el principio de publicidad que es una concreción de los principios de participación (art. 1.1 CE), transparencia en la actuación administrativa, derechos de información de los ciudadanos y publicidad de las normas (art. 9.3 CE). Teniendo en cuenta lo anterior, el art. 12 de la Ley catalana 19/2014, de 29 de diciembre, de transparencia, acceso a la información pública y buen gobierno, establece expresamente en su apartado tercero que la Administración tiene que hacer públicos: el plan territorial general, los planes territoriales parciales, los planes directores territoriales, los planes territoriales sectoriales, los planes directores urbanísticos, los planes de ordenación urbanística municipal, los planes de espacios de interés natural y otros planes y programas que se tengan que elaborar en cumplimiento de una norma con rango de ley así como los planes que se han de publicar con carácter obligatorio. Además, también se prevé en el apartado 5 del mismo precepto que la Administración debe hacer públicas las modificaciones de los planes y programas y la información económica, geográfica y urbanística, de elaboración propia o externa, que haya utilizado para elaborarlos y para evaluar su ejecución.

La publicidad respecto a estas informaciones relacionadas con la ordenación territorial y urbanística forma así parte de las obligaciones de transparencia que la Ley 19/2014 impone a las Administraciones Públicas de Cataluña (Irene Araguàs). Es necesario, además, de acuerdo con el art. 5 de la misma Ley, que la información citada se publique de forma telemática y en formatos reutilizables, a través de las sedes electrónicas de las distintas Administraciones, así como del Portal de la Transparencia, instrumento básico y general de gestión de documentos públicos creado para dar cumplimiento y efectividad a las obligaciones de transparencia previstas en la Ley.

Por su parte, y también respecto a la publicidad en materia de urbanismo, el art. 25 TRLS, de carácter básico, incluye una serie de determinaciones, desarrolladas por los artículos 8 TRLUC y 15 a 17 y 23 RLUC, entre las que destacamos:

— La publicación en el DOGC y BOP de los acuerdos de aprobación definitiva de los instrumentos de ordenación territorial y urbanística, así como de las correspondientes normas urbanísticas. Al respecto, el TS tiene declarado que deben publicarse todos los documentos que incluye el plan urbanístico y no únicamente el acuerdo de aprobación definitiva, so pena de la no entrada en vigor del plan (art. 103 TRLUC, así como art. 70.2 LBRL. A nivel jurisprudencial STSJC de 28 de noviembre de 2008 nº 951, Plan Especial de las Hortes de Santa Eugènia, Girona. Ponente: Manuel TÁBOAS BENTANACHS). Este principio de publicidad se ve reforzado gracias al Registro de planeamiento urbanístico de Cataluña (art. 103 TRLUC y 18 RLUC), que tiene por objeto garantizar la publicidad de los instrumentos de planeamiento urbanístico en vigor y permitir su consulta pública, tanto presencial como telemática. En relación con esta última, el art. 103.3 TRLUC exige que se incluya el enlace al Registro en los acuerdos de aprobación definitiva de los planes urbanísticos publicados en el DOGC.

De igual forma, los convenios urbanísticos deberán ser objeto de publicación, dado sus efectos generales y su aprobación, que debe ser hecha ahora por los plenos de los ayuntamientos previo sometimiento a información pública (arts. 25 TRLS, 8.3 TRLUC, 26 RLUC y el art. 22.2 LRBRL). Además, deben ponerse a disposición de los ciudadanos copias de los citados convenios así como de los demás instrumentos urbanísticos y de ordenación territorial (art. 71 LRBRL) y deben ser objeto de divulgación telemática debiendo incluirse en el Registro de

Planeamiento Urbanístico de Cataluña, para su consulta (art. 104 TRLUC).

— Las Administraciones urbanísticas competentes han de garantizar el acceso telemático del contenido íntegro de los instrumentos de ordenación territorial y urbanística en vigor así como su sometimiento al trámite de información pública. El Decreto-Ley de 2007 introdujo, con carácter general (art. 10.2), ese derecho de los ciudadanos, como una manifestación más del principio de publicidad y de la necesidad de proporcionar a las personas interesadas el acceso a la información urbanística. De ese modo, en base a él y al art. 25.4 TRLS, la Disposición Adicional Séptima del TRLUC concreta esa obligación para las diversas administraciones públicas teniendo ésta, como decimos, un carácter más amplio para el contenido de todos los instrumentos de planeamiento aprobados a partir del 1 de julio de 2007, incluso para los municipios de menos de 5000 habitantes que no dispongan de los medios técnicos necesarios, en cuyo caso se utilizará la conexión con el instrumento de divulgación telemática del planeamiento urbanístico de la Administración de la Generalitat.

— Los ciudadanos, en esta línea, tienen derecho de acceso a los proyectos urbanísticos y de ordenación territorial y su evaluación ambiental así como a obtener copia o certificación de las disposiciones o actos adoptados (art. 17.6 RLUC). De este modo, los ciudadanos, con carácter general, deben de ser informados de forma completa por la Administración urbanística de las condiciones urbanísticas de los terrenos mediante la *cédula urbanística* (o certificado de aprovechamiento urbanístico) que deberá ser emitida en el plazo de 1 mes. Asímismo, también tienen derecho a ser asesorados técnicamente (arts. 8.5 y 105 TRLUC y 19 RLUC).

Asimismo señalar que existe una ardua problemática con los planes que en su día fueron aprobados pero únicamente fue objeto de publicación el Edicto por el cual se daba noticia de su aprobación definitiva. Las reglas sobre la entrada en vigor de esos planes están recogidas en la Disposición Transitoria décima TRLUC y en la interpretación que de ella ha hecho la STSJC nº 951 de 28 de noviembre de 2008 (Ar. 2009/161574. Plan Especial de les Hortes de Sta Eugènia. Ponente: Manuel TÁBOAS BENTANACHS ya citada).

En definitiva, la consagración del urbanismo democrático como función pública no es factible sin una real y auténtica publicidad. Deben quedar desterradas actuaciones poco transparentes que han acaecido con más o menos frecuencia y debe imperar el principio de luz y taquígrafos en todo aquello que haga referencia al urbanismo. Sobre la cuestión volvemos posteriormente (Tema III, 5).

8. El desarrollo urbanístico sostenible: el urbanismo ambiental. La cohesión social

A) Planteamiento

El urbanismo, la ordenación del territorio y el medioambiente son conceptos que han avanzado por sendas divergentes, cada uno por su lado, sin formar un ordenamiento mínimamente armonizado. El resultado de ese proceso histórico ha convertido al suelo en un bien maltratado. A ello deben unirse los efectos que su (mal) uso tiene sobre otros recursos: el consumo de agua, la contaminación del aire que genera el transporte urbano, la degradación del litoral y del mar entre otros.

Por ello la realidad actual es la que es. Resulta imprescindible conjugar las técnicas urbanísticas con las medioambientales. Es el derecho a un medio ambiente urbano, que utiliza ya alguna legislación y al que nos hemos referido en el Tema I.

El punto de partida en nuestro ordenamiento ha de ser la incardinación de la regulación de los usos del suelo dentro de lo que podemos calificar como la constitución ambiental (art. 45 derecho a disfrutar de un medio ambiente digno, art. 46 conservación y protección del patrimonio cultural, art. 47 derecho a disfrutar de una vivienda digna) (Luciano Parejo y Gerardo Roger) que debe inspirar la legislación positiva, de acuerdo con el mandato del artículo 53.3 de la Constitución. De igual modo, los preceptos del Estatut dedicados al tema (27, 46, 137) deben impregnar la aplicación de la legislación urbanística y los planes.

Además y desde el punto de vista competencial, la doctrina del TC sobre la exclusividad de la competencia autonómica elaborada en las Sentencias 61/1997 y 164/2001 y recogida en el art. 149 del EAC, como ya dijimos en el tema I, debe ser completada con las previsiones del art. 149.1.23 CE, que atribuye al Estado la legislación básica sobre protección del medioambiente, sin perjuicio que las Comunidades Autónomas establezcan normas adicionales de protección (así, por ejemplo, las leyes estatales 37/2003, de 17 de noviembre, del ruido; la Ley 26/2007, de 23 de octubre, de responsabilidad medioambiental; la Ley 34/2007, de 15 de noviembre, de calidad del aire y protección de la atmósfera; La Ley 5/2007, de 3 de abril, de la red de parques nacionales, La Ley 45/2007, de 13 de diciembre, para el desarrollo sostenible del medio rural; la Ley 43/2003, de 21 de noviembre, de Montes).

La anterior regulación legal debe de interpretarse e integrarse por las previsiones del EAC, que en el art. 149 atribuye a la Generalitat de Catalunya la competencia exclusiva en materia de ordenación del territorio, del paisaje, del litoral y del urbanismo.

La inclusión de la regulación sobre el uso del suelo dentro de la denominada constitución ambiental o medio ambiente urbano es la apuesta de la legislación urbanística en Cataluña, apuesta potenciada por el Estatuto de 2006. El suelo es un recurso escaso, limitado y no renovable cuya urbanización se ha ido acelerando en Cataluña durante las últimas décadas y, por todo ello, afecta a los ecosistemas, al mar mediterráneo, al ciclo del agua y a la contaminación del aire provocada por un mayor número de vehículos, de asentamientos urbanos, de industrias. Es necesario pues, como hace la legislación urbanística catalana, tener en cuenta el concepto constitucional del medioambiente. Así y de acuerdo con la STC 102/95, de 26 de junio, en nuestro derecho existe un concepto estructural de medioambiente que integra el medioambiente urbano, en permanente interacción con el rural, lo que a su vez tiene en cuenta la ecología, la necesidad de analizar los seres vivos desde sus relaciones entre si y con el ambiente, que se condensa a su vez en el concepto de ecosistema cuyo ámbito comprende no sólo el rural sino también el urbano. Esta es la idea también a nivel nacional, europeo e internacional: La protección del medio ambiente se debe realizar mediante técnicas urbanísticas y, por tanto, no puede concebirse sin un nuevo derecho: el urbanismo ambiental (así lo recoge el sexto programa de acción de la Comunidad Europea en materia de medio ambiente, Decisión nº 1600/2002 CE del Parlamento Europeo y del Consejo de 22 de julio de 2002; el art. 175.2 del tratado de la Comunidad Europea y la Comunicación de 2005, 718 de la Comisión, el Consejo y el Parlamento Europeo). A todo ello nos hemos referido en el tema I.

A raíz de la última modificación operada sobre el TRLUC, todas estas previsiones cuentan con nuevos medios pues, en su nueva redacción, la disposición final quinta TRLUC autoriza al Gobierno a regular por decreto la incorporación obligatoria de nuevas tecnologías de la comunicación y del transporte u otras tecnologías vinculadas a la calidad de vida y a la sostenibilidad ambiental urbanas al conjunto de obras de urbanización que se establezcan y ejecuten al servicio de los asentamientos urbanos.

B) Desarrollo urbanístico sostenible

El art. 3 TRLUC, en línea con lo expresado anteriormente, predica como principio general del derecho urbanístico, configurador de toda la actividad urbanística, la necesidad de utilizar racionalmente el territorio y el medio ambiente y comporta la necesidad de combinar el crecimiento con la preservación de los recursos naturales y de los valores paisajísticos, arqueológicos, históricos y culturales en orden a fomentar la calidad de vida de las generaciones presentes y futuras.

Avanzándose a la línea marcada por el art. 2 de la TRLS, los objetivos del desarrollo urbanístico sostenible, de acuerdo con la exposición de motivos del TRLUC, son: la integración y cohesión social, asegurar la calidad de vida del ciudadano y proteger los recursos naturales, evitando malgastar el suelo.

La aplicación de este principio enfrenta dos valores constitucionalmente protegidos (el desarrollo económico y la protección medioambiental) debiendo de ser resuelto el problema en cada caso (así STC 102/1995, de 26 de junio). Por tanto, no debemos confundir este principio con el inmovilismo urbanístico pues la palabra desarrollo invoca cambios, transformaciones, crecimiento pero siempre llevado a cabo en base a los parámetros de la sostenibilidad (STS de 27 de junio de 1990. Ar. 1990/5342. Ponente: P. ESTEBAN ÁLVARO).

De ese modo se distingue:

a) *Un contenido reglado*. Según él, la sostenibilidad viene configurada por una serie de exigencias que son de inexcusable cumplimiento y cuya aplicación impone una única solución justa al destinatario de la norma y, por tanto, es fácilmente controlable por el Juez. Así, en suelo no urbanizable pueden desarrollarse, como excepción, *actividades tasadas de interés público* (art. 47 y 48 TRLUC), pueden realizarse, por ejemplo, instalaciones de carácter deportivo, cultural, de ocio o recreo que se desarrollen al aire libre. Al mismo tiempo, las infraestructuras de accesibilidad o las instalaciones y obras necesarias para servicios tecnológicos como telecomunicaciones, las infraestructuras hidráulicas o las redes de suministros de energía eléctrica. Para ello han de respetarse unas reglas concretas de procedimiento (el proyecto se someterá a información pública por parte del Ayuntamiento por el plazo de 1 mes), documentales (estudio de impacto paisajístico entre otros) y competenciales atribuyéndose, en un plan especial, al Ayuntamiento la aprobación previa del proyecto y a la Comisión Territorial de Urbanismo, en el plazo máximo de tres meses, la aprobación definitiva, pudiendo denegarse por motivos de legalidad o por afectar a intereses supramunicipales (art. 87 TRLUC). También será denegado si el plan especial no tiene cobertura en el planeamiento general.

Asimismo, en suelo no urbanizable, las consecuencias del desarrollo urbanístico sostenible se imponen a los particulares que deseen dar un uso privado del suelo así clasificado (reconstrucción y rehabilitación de masías y casas rurales y otras relacionadas con el destino rústico del suelo, arts. 50 y 51 TRLUC) debiendo, para ello, seguir el procedimiento especial ya descrito en el art. 48 TRLUC, corriendo además con la obligación de construir y ejecutar las infraestructuras y otras medidas previstas en la Ley.

En definitiva, el TRLUC y su reglamento de desarrollo no petrifica las actividades y usos en suelo no urbanizable, pues insiste en la necesidad de armonizar un crecimiento controlado con el respeto al entorno (casas rurales, establecimientos hoteleros). A cambio impone unos trámites, unos documentos y unas reglas competenciales cuya inobservancia comporta la nulidad de lo actuado por aplicación del principio de desarrollo sostenible (art. 47 LPACAP).

También forma parte del contenido reglado del plan las *medidas relativas a la movilidad sostenible,* medidas incluidas necesariamente en la memoria de los POUM, como la obligación de prestar el servicio de transporte público, las cargas legales a los propietarios del suelo urbano no consolidado y en el suelo urbanizable delimitado la obligación de participar en los costes de implantación de las infraestructuras de trasporte público (arts. 44 y 45 TRLUC).

Por otro lado, también es un contenido reglado que deriva del principio analizado la *prohibición de edificar y urbanizar en zonas inundables* y en otras zonas de riesgo para la seguridad y el bienestar de las personas (art. 9 TRLUC), la preservación del proceso urbanístico de los terrenos incendiados (Disposición Adicional

Sexta TRLS y art. 9.5 TRLUC) o los terrenos con pendientes superiores al 20% (art. 9.4 TRLUC).

Asimismo, también integran ese contenido reglado del principio de desarrollo sostenible aquellos *procesos y documentos* que sirven para *controlar el debido respeto al medio ambiente* mediante técnicas urbanísticas, en concreto la técnica de la evaluación ambiental. Así se incluye, entre otros: a) El informe medioambiental (arts. 59.1 f, 59.3 b, 66.1 TRLUC y art. 100 RLUC) como documento ambiental a incluir en los planes derivados; b) El informe de sostenibilidad ambiental que se incluye en la evaluación ambiental estratégica de planes y programas (Directiva 2001/42, de 27 de junio de 2001; LEA, el art. 22 TRLS) y que se prevén en el art. 70 RLUC para los planes de ordenación urbanística municipal y para los planes derivados en ciertos supuestos.

También se prevé una serie de *medidas*, de carácter reglado para *asegurar la sostenibilidad y la cohesión social*. Entre éstas, podemos destacar la necesidad de observar los trámites de revisión de los planes de ordenación urbanística municipal (y no la mera modificación puntual) cuando la nueva actuación urbanizatoria conlleve por si misma, o en unión de las aprobadas en los dos últimos años, un incremento superior al 20% de la población o de la superficie del suelo urbanizado del municipio (Disposición Transitoria Cuarta TRLS); el señalamiento de indicadores de crecimiento de la población y de los recursos en los planes directores urbanísticos vinculados a posteriores actuaciones; las reservas de viviendas de protección pública como mínimo del 30% del techo (en ocasiones el 40%) que se califique como de uso residencial de nueva implantación (art. 57. 3 y 5 TRLUC), evitando la creación de guetos urbanos y fomentando, por el contrario, la compactación social; la incorporación preceptiva en los planes de ordenación urbanística municipal de la memoria social definiendo los objetivos de vivienda protegida y de otros tipos de vivienda asequible.

Forma parte también del contenido reglado que deriva del desarrollo urbanístico sostenible el establecimiento de modelos de ocupación del suelo que evitan la depreciación del territorio, poniendo freno al fenómeno de la mancha de aceite, (es decir, el crecimiento urbanístico desordenado y progresivo a partir de un núcleo urbano a veces ilegal) recogiendo medidas concretas de rehabilitación y renovación del suelo urbano.

b) El desarrollo urbanístico sostenible también incluye *un contenido limitativo de las potestades discrecionales*, pues a las tradicionales formas de control de la discrecionalidad por la vía de la competencia del órgano que tramita y aprueba las actuaciones urbanísticas, el respeto al procedimiento legalmente establecido, las reglas de motivación, con la inclusión de nuevas memorias (la memoria ambiental y la memoria social), mediante el concepto de desarrollo sostenible se profundiza en el control del núcleo de la discrecionalidad. Así, además de la necesidad de respetar los principios generales de coherencia, racionalidad, proporcionalidad e interdicción de la arbitrariedad, se incluyen todos aquellos que derivan de la sostenibilidad. Por tanto, la vulneración de los límites anteriormente descritos puede producir que el plan (o la licencia) sean ilegales por superar o no respetar todas y cada una de estas determinaciones. Así ocurre, por ejemplo, en la determinación de los criterios de lo que es el suelo no urbanizable (art. 32 TRLUC) o en la necesidad de respetar los nuevos parámetros de cohesión social, compactación, rehabilitación, compatibilidad de usos, emplazamiento de zonas verdes ordenación viaria a la hora de determinar la concreta calificación urbanística de un terreno.

En este sentido, sobre la reducción de la discrecionalidad en el contenido de los planes, también es necesario destacar someramente dos cuestiones: Por un lado, que los instrumentos de ordenación territorial están sometidos a evaluación ambiental, es decir, al examen de cuáles serán las consecuencias que para el medio ambiente tendrá la ejecución del nuevo plan y la urbanización de nuevos terrenos.

El TRLS en su art. 22 (de carácter básico) establece un dictamen preceptivo y determinante para el contenido de la memoria ambiental y para la autoridad que elabora el plan y es el informe de la Administración hidrográfica sobre la existencia de agua para satisfacer las nuevas demandas, además del de la Administración de costas sobre el deslinde del dominio público marítimo terrestre y el de las administraciones de carreteras y demás infraestructuras efectuadas, sobre la afectación al medioambiente y el impacto que tiene sobre la capacidad de servicio de tales infraestructuras.

Sobre la existencia de agua para poder proceder a urbanizar y la necesidad de obtener el informe preceptivo y vinculante de la Administración hidrográfica es necesario señalar: a) El art. 117 EAC atribuye la competencia exclusiva a la Administración de la Generalitat sobre las cuencas hidrográficas intracomunitarias (en este sentido STC 227/1988, de 29 de noviembre). Por tanto será la Conselleria de Medi Ambient la que deberá emitir el informe que se incluirá en la memoria ambiental; b) En el caso de las cuencas intercomunitarias, es la Administración del Estado la competente mediante los informes de las Confederaciones hidrográficas (art. 25.4 de la Ley 11/2005, de 22 de junio que modifica la Ley de aguas, de 20 de julio de 2001).

Definitivamente, un plan urbanístico sin agua no podrá prosperar, pues será un plan caprichoso, arbitrario y carente de lógica.

En segundo lugar, y en esa vía del progresivo control de la discrecionalidad del planificador como consecuencia del principio de desarrollo urbanístico sostenible, se recoge el mecanismo de la evaluación ambiental estratégica de planes y programas.

C) La técnica de la evaluación ambiental

La Ley estatal 21/2013, de 9 de diciembre, de evaluación ambiental (LEA) es la norma que, como hemos dicho, recoge por primera vez la evaluación ambiental como un todo unitario, incluyendo, en primer lugar, la realización de estudios previos para analizar los efectos ambientales de la futura aprobación de planes y programas urbanísticos, con la finalidad de elegir la mejor opción desde el punto de vista ambiental (es la evaluación ambiental estratégica, EAE). Una vez aprobados estos, y en fase de ejecución cuando se ha de realizar un proyecto, actividad, una instalación o una gran infraestructura concreta, se trata de elegir la opción menos gravosa para el medioambiente: es el estudio de impacto ambiental (EIA).

La primera es general, tiene una finalidad preventiva; mientras que la segunda, que es para un caso específico, tiene una finalidad o función reparadora. La importancia de la Ley es haber unificado estas dos técnicas. Tanto a la decisión primaria (elaboración de planes o programas) como a la secundaria (acto aplicativo, ejecución de proyecto o instalación), hasta ahora recogidas en normativas separadas, se les da un sentido unitario y se hace con ello realidad el principio del urbanismo ambiental. Toda decisión urbanística, ordenadora del territorio en su conjunto, ha de tener en cuenta la visión ambiental.

En este sentido tres cuestiones queríamos resaltar, a saber:

a) Esta técnica no es un simple proceso de control ambiental, sino que incide en la elección misma del modelo de plan o programa, extiende su fuerza desde el momento previo a su elaboración hasta la adopción y ejecución y exige que el proceso urbanístico sea sostenible y, por tanto, impone la solución urbanística más equilibrada, es decir aquella que mejor responde a los intereses y objetivos perseguidos desde una ponderación, en plano de igualdad, entre las diversas dimensiones social, económica, ambiental. La interrelación urbanismo-medioambiente (el urbanismo-ambiental) es ya inescindible.
b) Una segunda consecuencia, nada desdeñable, va en relación a las competencias Estado-Comunidades Autónomas en materia urbanística. Si bien la STC de 20 de mayo de 1997 declara la competencia exclusiva de las Comunidades Autónomas en materia urbanística, el Estado recupera parte de ese papel a través del medioambiente. Así, mediante los artículos 45 y 149. 1. 23 CE (bases del medio ambiente) el Estado podría volver a incidir en la materia. A partir de la competencia estatal para dictar legislación básica en mate-

ria de sostenibilidad llegamos a una segunda conclusión y es que, siendo el suelo un recurso ambiental y ostentando el Estado la competencia para dictar la legislación básica en materia del protección del medio ambiente y en materia de desarrollo sostenible, el Estado recupera la posibilidad de incidir legislativamente en el urbanismo y la ordenación del territorio desde tales títulos. Y es que, como ha afirmado la Comunidad Europea en sus nuevas estrategias sobre suelo y sostenibilidad, mejorando los resultados ambientales se refuerza la contribución del medio ambiente al desarrollo urbanístico sostenible (Mercedes Cuyás). Por ello, la Ley Catalana 6/2009 es un desarrollo de las bases estatales y deben adaptarse a ellas, operación realizada provisionalmente por la Ley 16/2015, de 21 de julio (disposición adicional octava).

c) Si la evaluación ambiental tiene por finalidad integrar los aspectos ambientales en los planes y programas, esta integración debe constar en la documentación aportada al proceso de evaluación.

Por ello, va a ser un elemento más de reducción de las discrecionalidad del planificador.

Respecto a la evaluación ambiental estratégica de la que deben ser objeto los planes urbanísticos, la Disposición Adicional octava de la Ley catalana 16/2015, según el tipo de plan urbanístico de que se trate, distingue entre aquellos planes que requieren una evaluación ambiental estratégica ordinaria; una evaluación estratégica abreviada; o aquéllos que no requieren ninguna evaluación ambiental estratégica, circunstancia que tiene carácter excepcional.

a) La evaluación ambiental estratégica ordinaria se reserva, como es lógico, para aquellos planes urbanísticos que tienen una mayor incidencia en el medio ambiente, así: los planes de ordenación urbanística municipal; los planes parciales de delimitación; los planes urbanísticos o las modificaciones de planes urbanísticos que prevean futuras autorizaciones de proyectos y actividades sujetos a evaluación de impacto ambiental o que puedan tener efectos apreciables en espacios protegidos desde el punto de vista del patrimonio natural y la biodiversidad (así, aquellos que conforman la Red Natura 2000); o aquellos planes urbanísticos distintos de los anteriores cuando así lo determine el órgano ambiental en el informe ambiental estratégico o lo solicite el promotor.

b) La evaluación ambiental estratégica simplificada, en cambio, resulta aplicable en relación a los siguientes instrumentos de planeamiento: los planes directores urbanísticos y las normas de planeamiento urbanístico; los planes parciales urbanísticos y los planes especiales urbanísticos en suelo no urbanizable que, no debiendo ser objeto de evaluación ambiental estratégica ordinaria, desarrollen planeamiento urbanístico general no evaluado ambientalmente o planeamiento urbanístico general evaluado ambientalmente si éste lo prevé; y, con carácter general, aquellos planes que no han de ser objeto de evaluación ambiental estratégica por la falta de efectos significativos sobre el medio ambiente o porque los efectos ya han sido evaluados en el planeamiento urbanístico general. Asimismo, la modificación de los instrumentos de planeamiento anteriores será objeto también de la evaluación ambiental estratégica simplificada cuando las mismas constituyan variaciones fundamentales de las estrategias, directrices y propuestas o de la cronología del plan que produzca diferencias en los efectos previstos o en la zona de influencia; las modificaciones de los planes urbanísticos objeto de evaluación ambiental.

c) La misma disposición adicional también prevé que hay ciertos planes urbanísticos que no deben ser objeto de evaluación ambiental estratégica (ni ordinaria ni abreviada). Se trata de aquellos planes especiales urbanísticos en suelo no urbanizable que no califican suelo, si su contenido se limita a establecer actuaciones ejecutables directamente y que no requieren el desarrollo de proyectos de obras posteriores, en cuyo caso se seguirá el procedimiento de evaluación de impacto ambiental; y de aquellas modificaciones de planes que no constituyan variaciones fundamentales de las estrategias, directrices y propuestas o de la cronología del plan que produzca diferencias en los efectos previstos o en la zona de influencia. En este último caso, la falta de necesidad de la evaluación ambiental estratégica debe ser determinada de manera expresa por el órgano ambiental, con motivo de una solicitud previa del promotor del plan en la fase preliminar de elaboración de la modificación justificando esas circunstancias.

Mediante la evaluación ambiental, la opción urbanística elegida ha de ser la más coherente y racional con el principio de desarrollo urbanístico sostenible.

Lo importante aquí es destacar que la motivación de la decisión elegida no sólo la lleva a cabo la Administración con competencias urbanísticas, sino también la Administración medio ambiental.

Así pues, un paso más en la reducción de la discrecionalidad de la Administración Pública en el contenido de los planes urbanísticos que, con mayor si cabe, debe justificar por qué, entre las diversas opciones posibles, ha elegido la integrada en el plan, desde los principios generales de racionalidad y del desarrollo urbanístico sostenible.

Así, tanto la autoridad ambiental como, en especial, la jurisdicción contencioso-administrativa deben actuar de manera inflexible, anulando esta última las decisiones que no están directamente justificadas y evitando situaciones que sean ya irreparables tanto para generaciones presentes como futuras. Desde esta perspectiva, importará sin duda lo que hace la Administración pero mucho más preocupa al ordenamiento como lo hace. Y aquí, si queremos frenar el urbanismo descontrolado que padecemos, tenemos una oportunidad, un instrumento que nuestros jueces, en particular, no pueden desaprovechar. (Aplicando esa receta STSJC, 15 de abril de 2008, nº 299, Ar. 206527, Asociación Nuclear Ascó-Vandellós II. Ponente: LÓPEZ VÁZQUEZ. Anula la modificación de un POUM y el subsiguiente plan parcial que no ha incluido el estudio de impacto para la instalación de una central térmica de ciclo combinado).

En esa línea, la LEA califica a la memoria ambiental (ahora denominada declaración ambiental estratégica) como determinante para el órgano promotor del plan, programa o proyecto. Es decir, todos los documentos e informes ambientales realizados por la autoridad ambiental (declaración ambiental estratégica, informe ambiental estratégico, declaración de impacto ambiental, informe de impacto ambiental) deben ser tenidos en cuenta por la autoridad urbanística, ser tomados en consideración, tienen carácter cuasi-vinculante (Mercedes CUYÁS).

Así, como conclusión final, la técnica de evaluación ambiental ha de contribuir a poner coto al urbanismo desaforado, al imperio del tocho sin control. Es necesario compatibilizar el desarrollo humano con un respeto al medioambiente. La evaluación ambiental ha de servir a esos fines. Así lo ha entendido finalmente la jurisprudencia (STJC, Secc 3, de 29 de junio 2010, nº 556, Modificación Plan General Metropolitano. Ponente Manuel Táboas Bentanachs).

BIBLIOGRAFÍA Y JURISPRUDENCIA. PARA IR MÁS LEJOS

Acerca de la virtualidad de los principios generales del derecho administrativo como principios informadores tanto del legislador como de la Administración pública que aplica la norma ver GARCÍA DE ENTERRÍA, «Reflexiones sobre la Ley y los Principios Generales del Derecho», Ed. Civitas, Madrid 1986 (también publicado en la RAP, nº 40, enero-abril de 1963). Véase también MARGARITA BELADIEZ, «Los principios jurídicos», Ed. Técnos, Madrid 1995; F. LÓPEZ MENUDO, «Los principios generales del procedimiento administrativo», RAP nº 129, septiembre-diciembre 1992; GARCÍA MACHO, R. (Ed.), «Derecho administrativo de la información y administración transparente», Ed. Marcial Pons, Madrid; J. C. MARESCA, «Los principios generales del derecho urbanístico en especial el de desarrollo urbanístico sostenible» en Comentarios a la Ley de Urbanismo de Cataluña (Joan M. Trayter, Dir.), op. cit. Pp. 51 y ss., trabajo éste que hemos seguido fundamentalmente en el texto; También JOAN MANUEL TRAYTER, «Principios generales de la Ley 2/2002, de 14 de marzo de Urbanismo de Cataluña en Revista de Urbanismo y Edificación, nº 6, 2002.

— Acerca del impacto del principio de transparencia, Irene ARAGUÀS, *La transparencia en el ejercicio de la potestad reglamentaria*, Ed. Atelier, Barcelona.

Sobre la tendencia ambientalista del derecho urbanístico véase la obra de los siguientes autores:

BASSOLS COMA, M. «El medio ambiente y la ordenación del territorio» en Documentación Administrativa núm. 190, 1991.

— «La protección de espacios naturales a traves de planes especiales de urbanismo» en Revista Jurídica de Cataluña, 1998, nº 3.

— «Urbanismo y Medio Ambiente» Derecho y Medio ambiente CEOTMA. Serie monografías núm 4 Coord. RODRÍGUEZ RAMOS. Madrid 1981.

— «Derecho urbanístico y Medio Ambiente Urbano» en Revista de Derecho Urbanístico, 1981 enero-febrero. Año XV. Núm 71.

BETANCOR RODRÍGUEZ, A. Instituciones de Derecho Ambiental, La Ley Madrid 2001.

— «Debate: ¿es impugnable separadamente la declaración de impacto ambiental?». En Gestión Ambiental núm. 2, 1999.

— «Urbanismo y medio ambiente: la racionalización de la función urbanística por la vía de la evaluación ambiental», en legislación Urbanística de Cataluña. Joan Manuel Trayter dir., Ed. Thomson Aranzadi, Navarra 2007.

CUYÁS PALAZÓN, M. «La evaluación ambiental estratégica de planes y programas» Ed. Atelier, Barcelona 2007. Libro este fundamental en la materia.

— «A vueltas con la evaluación ambiental. Algunas novedades de la Ley 21/2013, de 9 de diciembre», RAUE, nº 31, mayo-agosto 2014.

DOMPER FERRANDO, J. El medio ambiente y la intervención administrativa en las actividades clasificadas. Vol I: Planteamientos Constitucionales. El Justicia de Aragón, prensas universitarias de la Universidad de Zaragoza, Ed. Civitas, Madrid 1992.

ENTRENA CUESTA, R. La competencia administrativa en materia urbanística RJC Núm. 1, octubre-diciembre de 1959.

ESCRIBANO COLLADO, P. Y LÓPEZ GONZÁLEZ, J.I. «El medio ambiente como función administrativa» en REDA, núm. 26, julio-septiembre 1980.

ESTEVE PARDO, J. (Coord.). «Derecho del medioambiente y Administración local». Ed. Democracia y Gobierno Local, 2ª Ed. Barcelona 2006; Del mismo autor véase también. «Principios generales y urbanismo sostenible en la Ley de suelo de 2007, RUE, núm. 116, 2007.

FERNÁNDEZ, T.R. «Derecho, Medio ambiente y Desarrollo», REDA, núm. 24, enero-marzo de 1980.

GARCÍA RUBIO, Fernando, «Urbanismo y campus universitarios: una perspectiva en tiempos de "smart cities" entre la rehabilitación de edificios históricos y la prestación de servicios online en una trama urbana», *Revista de Derecho Urbanístico y Medio Ambiente*, núm. 343, 2021, pp. 25-79.

LLADÓ MARTÍNEZ, Albert., «Responsabilidad social universitaria, campus y ciudades inteligentes: la colaboración entre las disciplinas y entre instituciones como elementos básicos para una ciudad inteligente y sostenible», *Revista de Derecho Urbanístico y Medio Ambiente*, núm. 343, 2021, PP. 81-115.

LÓPEZ RAMÓN, F. «Crisis y renovación del urbanismo español en la última década del siglo XX», REDA, núm 104, octubre-diciembre 1999.

LOZANO CUTANDA, B. «Derecho Ambiental Administrativo», Ed. Dykinson, Madrid.

MORENO MOLINA, Angel M. «Urbanismo y medio ambiente. Las claves jurídicas del planeamiento urbanístico sostenible», Ed. Tirant Lo Blanch, Valencia.

MENÉNDEZ REXACH, A. «Urbanismo sostenible, clasificación del suelo y criterios indemnizatorios: estado de la cuestión y algunas propuestas» en *Revista de Derecho Urbanístico y Medio Ambiente* núm. 200. marzo 2003.

MENÉNDEZ REXACH, Ángel., «La transposición de la Directiva de ordenación del medio marino al derecho interno español: problemas de aplicación de las aguas costeras», *Revista de Derecho Urbanístico y Medio Ambiente,* núm. 342, 2020, pp. 127-167

MONTORO CHINER, M. JESÚS. «Objetivos, naturaleza y límites de la declaración de impacto ambiental», REDA, núm. 110, 2001.

PÉREZ ANDRÉS, A.A. La ordenación del territorio en el Estado de las Autonomías, Madrid. SALOM PARETS, A. «Las limitaciones al crecimiento poblacional y espacial establecidas por la normativa territorial y urbanística». Instituto Nacional de Administración Pública, Madrid.

TRAYTER JIMÉNEZ, J.M., Urbanismo en *Comentarios al régimen municipal especial de Barcelona,* A. BETANCOR - B. NOGUERA (coord.), pp. 195-224; En el mismo libro colectivo y del mismo autor, véase: La participación ciudadana, pp. 143-158.

TRAYTER JIMÉNEZ, J.M; SOCÍAS CAMACHO, Joana M. (dirs.), «Urbanismo ambiental y cambio climático: la ciudad turística sostenible», Atelier, Barcelona, 2021

Específicamen el brillante libro del profesor J. R FERNÁNDEZ TORRES. «La evaluación ambiental estratégica de planes y programas urbanísticos», Ed. Aranzadi-Thomson Reuters, Pamplona 2009.

Asimismo véase PIÑAR MAÑAS, J. LUIS (Dir). «Desarrollo sostenible y protección del medio ambiente», Ed. Civitas Madrid 2002; GALERA RODRIGO, S. «La evaluación ambiental de planes y programas», Ed. Montecorvo, Madrid 2006; LASAGABASTER, HERRATE, I. (Dir.). «Derecho ambiental», IVAP, Oñate 2001; LOPERENA

ROTA, D. «Los principios del Derecho ambiental», Ed. Civitas, Madrid 1998; RODRÍGUEZ CAMPOS, S. «Sobre la necesidad de ordenar y proteger el litoral de Galicia: reflexiones al hilo de la nueva Ley de medidas urgentes»; RUE núm.17, 2008.

Sobre las reservas de suelo para vivienda de protección pública, véase: AGUIRRE I FONT, Josep Mª, «La reserva d'habitatge de protecció pública en sòl urbà consolidat: el cas de Barcelona», *Revista Jurídica de Catalunya*, núm. 1-2019, pp. 101-122

Específicamente a las resoluciones judiciales más destacables nos remitimos al estudio de los otros temas. No obstante interesa señalar: a) Respecto a la invalidez de la modificación de un plan general y el subsiguiente plan parcial sin incluir el consiguiente informe ambiental, cuando se está modificando los aprovechamientos incluyendo un gran centro comercial que sustituye a los usos residenciales hasta ahora previstos, STSJC de 18 de junio de 2007, nº 570, Ar. 311515, Pla Parcial Països Catalans de Malgrat de Mar. Ponente: Manuel TÁBOAS BENTANACHS. b) Respecto al principio de jerarquia de planes, véase STSJC de 25 de marzo de 2009, nº 264, Ar. 411363, Parc Natural Cap de Creus. Ponente: Manuel TÁBOAS BENTANACHS. Vulneración de la Ley de Protección del Cap de Creus por un plan especial. c) Como hemos dicho en el texto, cuando en el transcurso del procedimiento de elaboración del plan se incluyen modificaciones substanciales debe someterse a nueva información pública. La razón es que el plan que pretende aprobarse es distinto, pues se ha variado su economía general. Por ello, la vulneración de este requisito es considerado por la jurisprudencia como una causa de anulación del plan así aprobado (STS 6 de febrero de 1990, Ar. 944, Plan General de Llançà. Ponente: P. ESTEBAN ÁLONSO).

TEMA III
EL PLANEAMIENTO URBANÍSTICO

1. ORIGEN HISTÓRICO Y FUNCIONALIDAD DE LOS PLANES URBANÍSTICOS

De la integración y posterior perfeccionamiento de los denominados *planos geométricos o cartográficos de las ciudades* con los que se establecía una línea que delimitaba las zonas edificables y se definían las calles y plazas (de ahí que también se denominaran planes de alineaciones), con las *ordenanzas municipales*, primero de policía urbana, luego de higiene y sanitarias y posteriormente ya urbanísticas (relaciones de vecindad, normativa de construcción de edificios, servidumbres urbanas, ya en los planes de ensanche) surgen los planes actuales. También entre las determinaciones que necesariamente deben contener, destacan algunas con evidentes antecedentes históricos. Así, por ejemplo, los POUM deben incluir en el suelo urbano el detalle de la ordenación urbanística del suelo, fijar los parámetros urbanísticos necesarios para el otorgamiento de licencias e incluir las alineaciones y ordenar volúmenes (art. 58.3 TRLUC).

Otras características de los planes recientes también han sido fruto de esa evolución histórica. Así, la documentación del plan (con su memoria, planos de información y ordenación urbanística del territorio, la evaluación económico-financiera y las normas urbanísticas), la programación de las obras, los efectos de la aprobación de los planes que conlleva la declaración de utilidad pública y necesidad de ocupación de ciertos bienes.

La Ley de 1956, en su exposición de motivos, ya declaraba que *«el planeamiento es la base necesaria y fundamental de toda ordenación urbana»*, idea que concreta el TRLUC cuando, por ejemplo, incluye entre las determinaciones obligatorias de los planes de ordenación urbanística municipal la clasificación del suelo (y por tanto, la configuración del derecho de propiedad) o el definir el modelo de implantación urbana y las determinaciones del desarrollo urbanístico (art. 58.1 TRLUC). El planeamiento, en definitiva, predetermina y establece lo que será la ciudad en un futuro.

La remisión que hace la legislación urbanística a los planes (artículos 1.3d) y 5 TRLUC) tiene una razón de ser: La técnica de remisión de la Ley urbanística al plan permite que, manteniendo para todos los planes unas reglas mínimas de contenido y procedimiento, sea cada plan, según las características del territorio sobre el que opere (costero, montañoso, plano, sinuoso), el que establezca una concreta regulación, diferente del resto, y en el que se determinen gran parte de los aspectos urbanísticos y por ende del contenido del derecho de propiedad en el marco de su función social(art. 5.1 TRLUC).

2. El plan como norma de rango reglamentario

Los planes urbanísticos son verdaderas normas jurídicas con rango reglamentario. Esta es la postura doctrinal mayoritaria tanto en nuestro país (González Pérez, García de Enterría, Parejo Alfonso, T. R. Fernández) como en ciertos ordenamientos jurídicos de nuestro entorno, entre los que podríamos incluir a Francia (siendo así de forma continuada desde la Sentencia del Conseil d'Etat, ass 23 febrero de 1934, Lainé) y, con mayores discrepancias y contradicciones internas, a Italia (Sentencia Corte Casación, 26 de junio de 1992 nº 7754) y Alemania (W. Ernst-W. Hoppe, que destacan el carácter mixto de norma y acto del Bebauungsplan, más concreto que el POUM y que determina los usos de determinadas zonas del municipio). De ese modo, el planeamiento urbanístico se integra en el ordenamiento y lo innova, creando a lo largo de su vida derechos y obligaciones. Además, determina la futura utilización del suelo (art. 20 TRLS), clasifica el territorio en suelo urbano, urbanizable y no urbanizable (art. 21 TRLS y 25 TRLUC), confiere derechos y otorga deberes (art. 15 TRLS), es decir determina una gran parte del estatuto del derecho de propiedad (artículos 37 y 38 TRLS). Así, a diferencia del acto administrativo que se limita a aplicar el ordenamiento a un supuesto dado, sin innovar nada, el plan crea situaciones nuevas y mediante la técnica de la remisión legislativa, el planeamiento establece *«la utilización futura del suelo»* (art. 20 TRLS).

Así lo reconoce el Tribunal Supremo en sus Sentencias de 30 de junio de 1987, (Ar. 6605, Plan General Sant Cebrià de Vallalta. Ponente: F. J. Delgado Barrio) y 24 de abril de 1989, (Ar. 3226, Plan Especial. Ponente: J. García Estartús) al señalar que los planes urbanísticos tienen el carácter de auténticas normas jurídicas, de normas reglamentarias en cuanto subordinados a la Ley de la que traen causa, los cuales se integran en el ordenamiento de acuerdo con criterios jerárquicos en razón de su funcionalidad y ámbito territorial respectivo, de forma tal que el inferior no puede conculcar el superior. Es la denominada doctrina ordinamentalista. El plan forma parte del ordenamiento jurídico modificando situaciones anteriores de forma general y obligatoria.

Por tanto, el plan urbanístico, como cualquier norma reglamentaria, tiene una multiplicidad de destinatarios. De ahí, como veremos, deriva la posibilidad que cualquiera realice alegaciones en los sucesivos trámites de información pública que se abren a lo largo del procedimiento de elaboración y que, además, se prevea la acción pública para interponer el recurso contencioso-administrativo (artículos 62 TRLS y 12 TRLUC) una vez ya aprobado.

En la misma línea, como normas que son, se predica de ellos una vigencia indefinida, pudiendo ser únicamente alterados a través de dos mecanismos: la modificación o revisión. Asimismo y consecuencia de su esencia normativa es que los problemas de vigencia y sucesión entre planes se reconducen siempre a la cuestión de si un plan ha derogado o no al anterior, clave que identifica al plan como norma, pues si se tratara de un acto administrativo no podría ser modificado, revisado o derogado y menos cuando a través de él se reconocen derechos subjetivos.

Por ello, la jurisprudencia acepta además de la impugnación directa, el denominado recurso indirecto o cuestión de ilegalidad contra los actos de aplicación (así, STS de 24 de junio de 1994 Ar. 7199 Proyecto de urbanización de la Plaza Enrique Granados. Ponente: F.J. DELGADO BARRIO).

En este orden de ideas, también como consecuencia del carácter reglamentario del plan, su ilegalidad comporta la nulidad de pleno derecho (art. 47.2 LPACAP), y no su anulabilidad. Así lo ha confirmado el Tribunal Supremo en la STS de 27 de mayo de 2020 (Ar. 169843; Ponente: Wenceslao Francisco OLEA GODOY), en la que señala que los vicios de procedimiento esenciales en la elaboración de los planes urbanísticos implican la nulidad de pleno derecho de todo el plan impugnado, sin posibilidad de subsanación del vicio apreciado a los efectos de mantener la vigencia del Plan con una ulterior subsanación. Ello no impide, no obstante, la posibilidad de declarar la nulidad parcial en aquellos supuestos en que el vicio apreciado pueda individualizarse respecto a un determinado ámbito territorial del plan o respecto a concretas determinaciones, y no tenga incidencia respecto al resto del plan. En este caso, puede declararse la nulidad del plan solo respecto a la parte viciada, y mantener la parte no afectada por la nulidad.

Ahora bien, dicho lo anterior, y por último, es necesario señalar que no todos los planes poseen idénticas características ni obligan a los ciudadanos por igual. De ese modo, deben distinguirse aquellos planes con una función predominantemente orientadora (planes directores territoriales, planes territoriales sectoriales), de aquellos otros cuyo objeto es primordialmente regulador (POUM, planes parciales, planes especiales). Aunque, a nuestro juicio ambas clases son reglamentos, en estos últimos y debido a su mayor densidad normativa, dicha característica resulta aun más evidente.

3. Principios y reglas de articulación del planeamiento

Además de los principios generales que han sido objeto de análisis en el tema II, existen una serie de reglas y principios derivados de la legislación urbanística que sirven al control de la legalidad de los planes y, por tanto, a la reducción de la discrecionalidad de su contenido. Entre ellos es obligado citar:

a) *El principio de jerarquía entre planes* (art. 13 TRLUC), que presenta un contenido doble: Por un lado, las leyes y los reglamentos ejecutivos se imponen al planeamiento en el sentido que éste no puede contradecirlos, modificarlos o derogarlos. Por otro lado, los planes como normas reglamentarias que son se ordenan de forma jerárquica de manera que los situados en un nivel inferior (planeamiento urbanístico derivado) deben respetar los de rango superior (planeamiento general). Asimismo, los instrumentos de gestión urbanística no pueden vulnerar las determinaciones del planeamiento urbanístico. La sanción por la infracción de dicha regla es la nulidad de pleno derecho del plan (art. 47 LPACAP).

b) *Principio de materias reservadas*, según el cual cada tipo de plan tiene atribuida por ley un conjunto de funciones (un contenido material) que le corresponde en exclusiva y que no puede ser desempeñado por los demas (así por ejemplo, la clasificación del suelo que realizan los POUM). En realidad, se trata de la aplicación del principio de competencia *ratione materia,* al sistema de planeamiento urbanístico.

c) Los planes poseen una *vigencia indefinida* en el tiempo, aunque pueden ser modificados, revisados o derogados por otros posteriores (*lex posterior derogat anterior*).

d) Los *estándares urbanísticos o índices numéricos mínimos* que deben ser respetados por el plan so pena de incurrir en invalidez. Es la legislación urbanística la que establece unas reservas de suelo, que tienen carácter de mínimos y que toman como referencia el número de habitantes de un espacio concreto o el techo edificable. Entre ellos destacamos:

1) La *reserva* para la construcción de *vivienda pública*. En aplicación del art. 47 CE, que insta a los poderes públicos a promover las condiciones necesarias para hacer efectivo el derecho de los ciudadanos a una vivienda digna y adecuada, regulando la utilización de suelo de acuerdo con el interés general (art. 4.1 TRLS), se establece por el TRLS un mandato a las Administraciones públicas para destinar suelo adecuado y suficiente a usos productivos y residenciales, con reserva de terrenos destinados a la construcción de vivienda protegida. Con la aprobación de la Ley Estatal 12/2023, de 24 de mayo, por el derecho a la vivienda, el

art. 20.1.b) TRLS queda modificado y obliga a destinar los terrenos necesarios para reservar el 40% de la edificabilidad residencial prevista por la ordenación urbanística en el suelo rural que vaya a ser incluido en actuaciones de nueva urbanización y el 20% en el suelo urbanizado que deba someterse a actuaciones de reforma o renovación de urbanización. La Ley autonómica concreta estas previsiones en el art. 57.3 TRLUC, cuya redacción actual es fruto de las modificaciones incorporadas por el Decreto Ley 17/2019, de 23 de diciembre, de medidas urgentes para mejorar el acceso a la vivienda; y de la Ley 5/2020, de 29 de abril, de medidas fiscales, financieras, administrativas y del sector público y de creación sobre el Impuesto sobre las instalaciones que inciden en el medio ambiente. Estas normas también han modificado la redacción de diversos preceptos de la Ley 18/2007, de 28 de diciembre, del derecho a la Vivienda de Cataluña (LDV), relativas a las viviendas de protección pública (art. 17).

El artículo 57.3 TRLUC prevé:

> «Los planes de ordenación urbanística municipal y sus modificaciones y revisiones tienen que reservar para la construcción de viviendas de protección pública suelo suficiente para el cumplimiento de los objetivos definidos en la memoria social y, como mínimo, el suelo correspondiente al 30 por ciento del techo que se califique para el uso residencial de nueva implantación, destinados a venta, alquiler o a otras formas de cesión de uso. Quedan exentos de esta obligación mínima los planes de ordenación urbanística municipal siguientes, a menos que el planeamiento territorial o director urbanístico determine otra cosa:
>
> a) Los de los municipios que, por su escasa complejidad urbanística, solo distinguen entre suelo urbano y suelo no urbanizable.
> b) Los de los municipios de menos de cinco mil habitantes, que no son capitales de comarca y que cumplen los siguientes requisitos:

> Primero. Si en los dos años anteriores a la aprobación inicial del plan, la dinámica de otorgamiento de licencias ha sido inferior a cinco viviendas por cada mil habitantes y año.
>
> Segundo. Si el plan no permite más de doscientas viviendas de nueva implantación para el conjunto de los ámbitos de actuación urbanística en suelo urbano no consolidado y en suelo urbanizable a que se refiere el apartado 4».

En el caso de los municipios integrados en el área metropolitana de Barcelona, existe un régimen especial (Disposición adicional sexta Decreto Ley 17/2019), que hace que esas reservas para vivienda de protección pública aumenten hasta el 40% en suelo urbanizable delimitado y en suelo urbano no consolidado que tenga por objeto la transformación global de los usos principales hacia uso residencial; aunque estos porcentajes se pueden reducir hasta el 30% cuando no se pueda garantizar la viabilidad económico financiera de las actuaciones. Además, para esta área, la mitad como mínimo de las reservas de vivienda de protección pública debe destinarse específicamente al régimen de alquiler.

La Ley Ómnibus de promoción de la actividad económica establece (art. 12.5 LDV en relación con el art. 17 LDV) que el Plan territorial sectorial de la vivienda ha de delimitar las áreas del territorio que pueden contener ámbitos susceptibles de ser declarados como ámbitos de demanda residencial «fuerte y acreditada». Así, en estos casos, el Planeamiento general que prevea la edificación urbanística con uso residencial debe destinarla, total o parcialmente, a vivienda de protección oficial, tanto en el caso de nuevas construcciones como en el de gran rehabilitación de los edificios existentes. Todo ello se hacía tanto en el suelo urbano no consolidado como en el suelo urbanizable. Sin embargo, la modificación del Plan General Metropolitano a finales de diciembre de 2018 introdujo la reserva del 30% de viviendas de protección pública en el suelo urbano ya consolidado. De acuerdo con esta modificación del PGM, en las parcelas de más de

600 metros cuadrados de techo edificable, y referido a nuevas construcciones u obras de gran rehabilitación (definidas en el propio texto de la modificación) debe permitirse la obtención de viviendas de protección pública para cubrir las necesidades de la población.

La senda marcada por el PGM se ha trasladado también al TRLUC a raíz de las modificaciones incorporadas por el Decreto Ley 17/2019 y la Ley 5/2020, ya citadas. En concreto, el art. 57.6 prevé que el Plan ha de determinar la localización de las reservas de vivienda de protección pública mediante la calificación correspondiente en suelo urbano consolidado o no consolidado no incluido en sectores de planeamiento derivado. Por su parte, el artículo 57.7 TRLUC establece que esta destinación afecta tanto a los edificios plurifamiliares de nueva construcción (aunque conserven algún elemento arquitectónico de una edificación anterior) como a edificaciones plurifamiliares existentes en las que se pretenda llevar a cabo obras de ampliación, reforma general o de gran rehabilitación, u obras de incremento del número de viviendas, cuando las actuaciones edificatorias tengan por finalidad alojar mayoritariamente nuevos residentes en las viviendas resultantes.

Esas previsiones, recogidas con carácter general como un nuevo deber que afecta al conjunto de propietarios que, dicho sea de paso, ya habían cumplido con los deberes de cesión y equidistribución de beneficios y cargas previstos por la ley, es de dudosa constitucionalidad pues, a pesar de tener ahora rango legal, debería estar recogido, a nuestro juicio, en la Ley de Suelo.

Sin embargo, los defensores de estas previsiones, tan loables en su espíritu como deficientes en la técnica jurídica escogida, consideran que, en realidad, es una mera regulación de usos mediante la técnica de la calificación urbanística, que permite al planificador, amparado en la Ley, decidir el uso de la vivienda entre libre o protegida.

La realidad sin embargo es que se trata, a nuestro juicio, de una regulación general del derecho de propiedad sin el debido anclaje legal. Además, si se tratase de un nuevo uso (que no lo es), no se entiende la imposición general del mismo como un estándar urbanístico, sin justificación alguna, y más allá de los genéricos estudios de viviendas de protección pública para hacer realidad el derecho a la vivienda.
2) *Reserva* en suelo urbano de *espacios libres públicos* (como sistema general, es decir, al servicio de todos los ciudadanos y no solo de los vecinos). Se deberán reservar 20 m cuadrados de suelo por cada 100 m cuadrados de techo destinado a uso residencial, con algunas excepciones para municipios pequeños. Todo ello sin perjuicio del *sistema local de espacios libres y equipamientos*, en una proporción adecuada a las necesidades de la población que previera el planeamiento general o el plan de mejora urbana (arts. 58.2 a y 70.8 TRLUC). Esta proporción adecuada ya no se cuantifica desde la legislación de 2002 pero, a modo orientativo, era un porcentaje mínimo de parques y jardines públicos (mínimo 5 m cuadrados por habitante, siendo en la actualidad 18 metros cuadrados por vivienda, sin que pueda ser inferior al 10% de la superficie del sector), zonas deportivas y de recreo y expansión, templos, centros docentes públicos o privados (mínimo 10% por vivienda) asistenciales y sanitarios y demás servicios de interés público y social, así como aparcamientos en una proporción de uno por cada 100 m cuadrados de edificación.
3) En el suelo urbanizable delimitado y para sectores de uso residencial, deben reservarse *espacios libres públicos* en una cantidad mínima de 20 m cuadrados de suelo por cada 100 m cuadrados de techo edificable, garantizándose que la reserva nunca será inferior al 10% de la superficie del ámbito de actuación.

Con respecto a lo anterior, únicamente cabe señalar que si la zonificación permitiera de forma indistinta usos residenciales y no residenciales, deben aplicarse las reglas para el uso residencial por ser más elevadas (en las zonas no residenciales la reserva de superficie es de mínimo 10% para zona verde y 5% para equipamiento). Todo ello constituye un límite a la discrecionalidad del plan, que será objeto de estudio en el tema VIII.

4. Tipos de planes: planes territoriales y urbanísticos

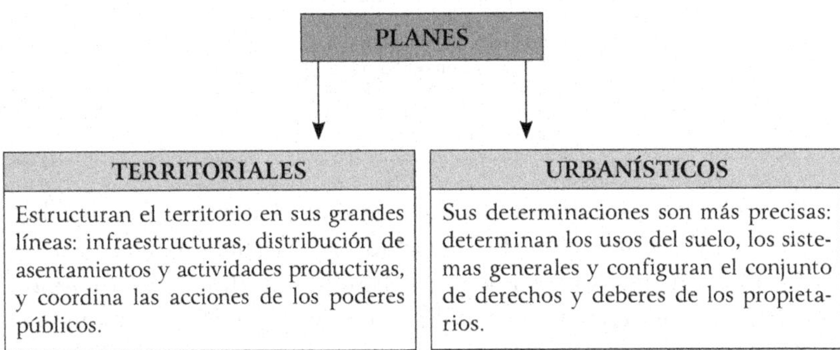

A) Planes territoriales

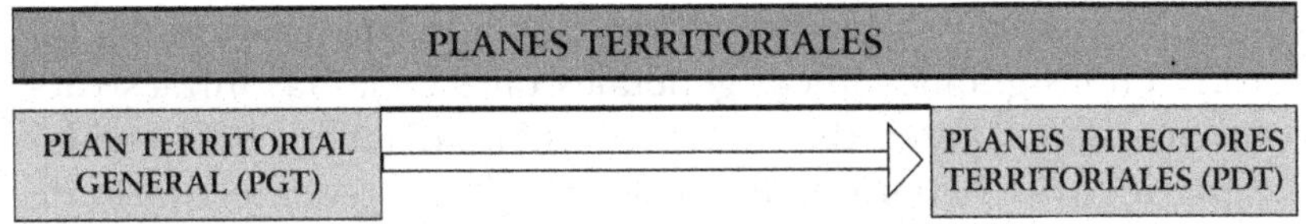

<table>
<tr>
<td rowspan="4">Abarca todo el territorio de la Comunidad Autónoma y define los objetivos de equilibrio de interés general, definiendo los objetivos para conseguir el desarrollo sostenible y la preservación del medioambiente.
En Cataluña, está aprobado por la Ley 1/1995, de 16 de marzo</td>
<td>PLANES TERRITORIALES PARCIALES (PTP)</td>
<td rowspan="4">Concretan las directrices generales fijadas en el PTG o en los PTP.
Su ámbito territorial es inferior al del PTP pero tienen que tener carácter supramunicipal, pudiendo abarcar municipios incardinados en distintos PTP.</td>
</tr>
<tr><td>Se aplican a una parte del territorio regulado por el PTG, definiendo los núcleos aptos para el establecimiento de equipamientos, la localización de espacios de interés natural, el emplazamiento de infraestructuras, etc.</td></tr>
<tr><td>PLANES PARCIALES SECTORIALES (PPS)</td></tr>
<tr><td>Se aplica a todo el territorio de la Comunidad Autónoma, pero sólo a un sector o ámbito de actuación (ejemplo: carreteras, aeropuertos, equipamientos comerciales, etc.)</td></tr>
</table>

Después de la segunda guerra mundial se comprueba que los fenómenos de ordenación de la ciudad no sólo tienen su origen en su interior sin que son explicables, fundamentalmente, por fenómenos externos. Es ahí donde, junto a la normativa urbanística ordenadora de la ciudad, aparecen las reglas de ordenación del campo y de la urbe (*town and country planning act* de 1939 en Inglaterra) o de ordenación de territorio (*amenagement du territoire* de 1944 en Francia; *la pianificazione* del territorio en Italia).

Así, la ordenación territorial persigue la estructuración del territorio en las grandes líneas generales tales como las infraestructuras más importantes, distribuye los asentamientos y las actividades productivas y coordina las acciones a lo largo del territorio de la globalidad de los poderes públicos. Por ello, su papel no se reduce a la ordenación física del territorio sino que recurre a la planificación económica y social y a la técnica de la coordinación entre los diferentes poderes públicos y los particulares (STC 227/87, de 29 de noviembre).

En cambio, la ordenación urbanística es menos ambiciosa y por ello más precisa (Judith Guifreu) a la hora de determinar los usos del suelo, distribuyendo los lucrativos, que generan aprovechamiento urbanístico de los no lucrativos, los sistemas generales y configurar, el conjunto de derechos y deberes de los propietarios (STC 61/1997 FJ 6º). No obstante, tanto en un caso como en el otro será necesario recurrir al instrumento de la planificación.

Estas ideas fueron recogidas en el EAC de 1979 así como también en el art. 149.1º del actual Estatuto de Autonomía de 2006, que, además de atribuir la competencia exclusiva a la Generalitat en materias a las que nos referiremos, distingue entre ordenación del territorio, del paisaje, del litoral y del urbanismo. Sin embargo y en materia de ordenación territorial, la competencia exclusiva debe matizarse prudentemente por la jurisprudencia constitucional que atribuye al Estado, por ejemplo, las infraestructuras que transcurren por más de una Comunidad Autónoma consideradas de interés general (STC 149/1998, de 2 de junio).

Cataluña fue pionera en regular la ordenación del territorio en la Ley 23/1983, de 21 de noviembre, de política territorial (Ley todavía vigente, modificada por la Ley 1/1995, de 16 de marzo, por la que se aprueba el Plan Territorial General de Cataluña; por la Ley 15/2000, de 29 de diciembre, alterando la composición de la comisión de coordinación de política territorial; por la Ley 24/2001, de 31 de diciembre, de modificación de los ámbitos de aplicación de los planes territoriales parciales y por la Ley 31/2002, de 30 de diciembre que, en su artículo 86, incorpora la figura del Plan Director Territorial y por el Decreto 142/2005, de 12 de julio, por el que se aprueba el Reglamento regulador del procedimiento de elaboración, tramitación y aprobación de los planes territoriales parciales. Asimismo, por la Ley 23/2010, de 22 de julio, para fijar el ámbito de planificación territorial de El Penedès).

Poniendo de relieve los desequilibrios territoriales existentes en la distribución de la población y las actividades del territorio, la Ley se fija, entre otros objetivos, fomentar una distribución equilibrada del territorio con el fin de alcanzar unos niveles de renta adecuados y promover un crecimiento ordenado de las implantaciones sobre el territorio, potenciando así las actividades económicas y una mayor calidad de vida. Para ello, y además de otro tipo de medidas (principalmente de fomento), diseña varios tipos de planes.

Por un lado, el *Plan Territorial General de Cataluña* (PTG), aprobado por la Ley 1/1995, de 16 de marzo, que abarca todo el territorio de la Comunidad Autónoma y define los objetivos de equilibrio territorial de interés general, actuando como un marco orientador de las acciones que emprendan los poderes públicos para atraer la actividad económica a los espacios territoriales y para conseguir unos niveles de calidad de vida similares, con independencia del ámbito del territorio donde se viva. Se definen por ello también los objetivos para conseguir el desarrollo sostenible y la preservación del medio ambiente. Sus directrices y sistemas han de ser tenidos en cuenta por el planeamiento de desarrollo y, en concreto, por los planes de inferior rango como los *Planes Territoriales Parciales* (PTP).

Se prevé la aprobación de distintos *planes territoriales parciales* (así por ejemplo el Plan territorial de les Terres del Ebre, de 2010; el del Alt Pirineo i Aran de 2006) tramitándolos inicial y provisionalmente el Conseller de Política Territorial y Obras Públicas o las entidades locales que lo han elaborado y cuya aprobación definitiva corresponde al Govern de la Generalitat (art. 14 LPT). Los mismos definen los núcleos aptos para el establecimiento de equipamiento, de interés comercial, localización de espacios de interés natural, emplazamiento de infraestructuras, entre otras cosas.

Junto a ellos, se recogen los *Planes Territoriales Sectoriales* (PTS). Su ámbito de aplicación es el territorio de Cataluña pero únicamente un sector o ámbito de actuación. Entre ellos destaca el Plan de Infraestructuras del Transporte de Catalunya (2006-2026), el Plan de Aeropuertos, Aeródromos y Helipuertos de Catalunya (2009-2015), el Plan Territorial Sectorial de Equipamientos Comunitarios (Decreto 379/2006, de 10 de octubre) o el Plan de Puertos de Catalunya Horizonte 2030.

Estos planes son elaborados por los distintos departamentos de la Generalidad, en colaboración con el de política territorial y obras públicas (que debe de emitir un informe preceptivo) y han de ser aprobados definitivamente por el Consejo Ejecutivo de la Generalitat (art. 19 LPT). (Decreto 379/2006, de 10 de octubre.)

Los *Planes Directores Territoriales* (PDT), concretan las directrices generales fijadas en el PTG o en los *Planes Territoriales Parciales* (PTP), en ámbitos inferiores a los de estos últimos aunque han de tener carácter supramunicipal pudiendo, en todo caso, abarcar incluso municipios incardinados en distintos planes territoriales parciales. Su función es la de desarrollar alguna de las determinaciones previstas en el art. 13.1 LPT para los planes territoriales parciales, a los que se someten. La aprobación definitiva, al igual que el resto de planes territoriales de desarrollo, corresponde al Gobierno de la Generalitat. El Plan director del Delta de l'Ebre es una muestra de este tipo de planificación territorial. Asimismo, sirva como ejemplo el Plan Director Territorial de l'Empordà, de l'Alt Penedès y de la Garrotxa.

La crítica al legislador y al planificador es, llegados a este punto, triple. Por un lado, el solapamiento y posible confusión entre las figuras de los planes directores territoriales (art. 19 bis, ter, quàter LPT) y los planes directores urbanísticos (art. 56 TRLUC). Al respecto sería deseable una mayor concreción conceptual, delimitando con mayor precisión los ámbitos y perfiles de cada una de estas figuras de planeamiento. Por otro lado, el poco rigor técnico en la nomenclatura y encaje de algunos planes con la Ley. Así, el denominado, el Plan Director de Infraestructuras (2021-2030) o el Pla Estratègic de la Bicicleta a Catalunya (2008-2012) son denominaciones que no se corresponden con la Ley.

Por último, y a pesar de la opulencia de los términos utilizados por el legislador y la multiplicidad de planes, urge la puesta en marcha de mecanismos de articulación y coordinación de estas políticas territoriales con las del Estado.

Este tema, hoy por hoy, no está resuelto y prueba de ello es la imposición unilateral del trazado de grandes infraestructuras (el AVE) a su paso por Cataluña, a pesar de la oposición clara, en algunos casos, de las Administraciones locales y de los ciudadanos. El TC ha debido aclarar (STC 77/1984, de 3 de julio. Puerto de Bilbao y 40/1998, de 19 de febrero. Ley de puertos), que cuando sobre un mismo espacio físico las diferentes Administraciones Públicas ejercen sus competencias, a veces con carácter exclusivo, deben establecerse necesariamente mecanismos de cooperación, que permitan a las Administraciones afectadas expresarse, aunque la decisión final corresponda al titular de la competencia que, en el ámbito de las obras de interés general, es la Administración del Estado, cuyas determinaciones se impondrán a los planes urbanísticos (STC 118/1996, de 27 de junio. Ley Ordenación Transportes Terrestres. Asimismo, véase STC de 28 de Junio 2010 § 91 y 92).

B) Planes urbanísticos

PLANEAMIENTO URBANÍSTICO		
PLAN		CONTENIDO
GENERAL	PLAN DIRECTOR URBANÍSTICO (PDU) Art. 56 TRLUC	Establece las directrices para la coordinación de la ordenación urbanística de un **territorio supramunicipal**, (determinaciones de desarrollo urbanístico sostenible; mobilidad de personas, mercancías y transportes públicos, delimitación de áreas residenciales estratégicas, etc.)
	PLAN DE ORDENACIÓN URBANÍSTICA MUNICIPAL (POUM) Art. 57 TRLUC	Establece la clasificación del suelo, define el modelo urbano y su futuro desarrollo de acuerdo con el principio de desarrollo urbanístico sostenible. Contiene determinaciones generales (para todo el territorio regulado) y específicas (para cada tipo de suelo).
	PROGRAMAS DE ACTUACIÓN URBANÍSTICA MUNICIPAL (PAUM) Art. 60 TRLUC	Contiene previsiones políticas y de vivienda que en **un municipio o varios** se requieren llevar a cabo en el **suelo residencial o industrial** en los próximos **seis años**.
	NORMAS DE PLANEAMIENTO URBANÍSTICO Art. 62 TRLUC	Son instrumentos de **planeamiento general**, suplen al **POUM** en los casos en que éste pierde vigencia o completan sus determinaciones.

<table>
<tr><td rowspan="5">DERIVADO</td><td>PLANES PARCIALES (PP)
Art. 65 y 79 TRLUC</td><td>En suelo urbanizable, desarrollan el planeamiento urbanístico general, regulando el uso y aprovechamiento del suelo del sector que se ordena.</td></tr>
<tr><td>PLANES PARCIALES DE DELIMITACIÓN
Art. 86 TRLUC</td><td>Realiza las funciones del PAUM y del Plan Parcial en el suelo urbanizable no delimitado.</td></tr>
<tr><td rowspan="2">PLANES ESPECIALES URBANÍSTICOS DE DESARROLLO
Art. 67.1 TRLUC</td><td>PLAN DE MEJORA URBANA (Art. 70 TRLUC): Realización de operaciones urbanísticas de mejora de los cascos antiguos de las ciudades, de reforma interior, de reubicación o regeneración del tejido urbano.</td></tr>
<tr><td>PLAN ESPECIAL URBANÍSTICO AUTÓNOMO (PEA): Pueden implantar en el territorio infraestructuras no previstas en el planeamiento territorial o urbanístico, relativas a los sistemas urbanísticos de comunicaciones o de equipamiento comunitario (de carácter general o local).</td></tr>
</table>

a) Planteamiento

El título III del TRLUC (artículos 55 a 115) regula el planeamiento urbanístico como figura principal de toda ordenación de la ciudad. Distingue entre el planeamiento general (planes directores urbanísticos, planes de ordenación urbanística municipal y las normas de planeamiento urbanístico) y el planeamiento derivado, que lo desarrolla quedando jerárquicamente supeditado a éste (los planes especiales, planes de mejora urbana, planes parciales urbanísticos y los planes parciales urbanísticos de delimitación). Veamos los mismos con más detalle.

b) El planeamiento general

1) Planes Directores Urbanísticos (PDU)

Los planes directores urbanísticos tienen su origen en la legislación de 1976, donde eran considerados planes de ordenación territorial, y pasaron al TRLUC de 1990 como de naturaleza urbanística, aunque su inconcreción y generalidad los hizo más próximos a los primeros. Sus determinaciones, de acuerdo con el art. 56 TRLUC, se imponen de manera inmediata al resto de planes de desarrollo que deberán adaptarse a éste e incluso pueden ser directamente ejecutados. Son aprobados por el Consejero de Territorio. Establecen las directrices para la coordinación de la ordenación urbanística de un territorio de alcance supramunicipal, las determinaciones sobre desarrollo urbanístico sostenible, la movilidad de las personas, mercancías y transportes públicos, medidas de protección del suelo no urbanizable y los criterios para la estructuración de cada tipo de suelo, la concreción y delimitación de las reservas de suelo para las grandes infraestructuras, la programación de políticas supramunicipales de suelo y vivienda, la delimitación de las áreas residenciales estratégicas y las determinaciones para proceder a la ejecución directa de tales actuaciones. Estos últimos y los planes de protección del litoral (como el «Plà Director Urbanístic del Sistema Costaner», que constituye, segun dice Josep M. AGUIRRE, un plan director urbanístico de los ámbitos del sistema costero, integrado por sectores de suelo urbanizable delimitado sin plan parcial aprobado), son las figuras más utilizadas.

Este tipo de planes están teniendo en la actualidad un gran impulso y son controvertidos tanto por su contenido como por el sistema de tramitación y aprobación que se establece (arts. 81 y 83 TRLUC) que podría significar, si no se hace un uso prudente de los mismos, una vulneración de la autonomía municipal, sobre todo cuando de conformidad con el art. 56.5 TRLUC, comportan la clasificación urbanística de los terrenos y, por tanto, se imponen de manera inmediata a los POUM (art. 95.5 TRLUC) sin necesidad de poner en marcha el mecanismo de la revisión. En las anteriores ediciones de esta obra decíamos que la utilización que se está haciendo, a nuestro juicio, excede de la función y contenido que la ley les atribuye, pudiendo únicamente fijar determinaciones y prescripciones de carácter supramunicipal pero nunca detallar, como están haciendo, cuestiones concretas de la calificación urbanística de los terrenos (si es más conveniente el uso hotelero al residencial unifamiliar, regulación sobre espacios libres públicos, reflexiones sobre aparcamientos y arbolado, necesidad de alturas máximas), siendo dicho contenido nulo de pleno derecho (STSJC, de 13 de enero de 2009, nº 17, Pla Director Sistema Costaner, sector Port

Lligat, Cadaqués. Ponente: Manuel TÁBOAS BENTANACHS). Sin embargo, el legislador, en vez de velar por el respeto a esa jurisprudencia, ha decidido en la reforma del TRLUC de 2012 ampliar su ámbito de actuación permitiendo, incluso, ante la expectativa de proyectos como Eurovegas, más tarde mutado al Barcelona World, «la delimitación y la ordenación de sectores de interés supramunicipal para la ejecución directa de actuaciones de especial relevancia social o económica o de características singulares» [art. 56.1g) TRLUC]. Este tipo específico de Planes Directores pueden clasificar y calificar suelo, comportan la delimitación de sectores de suelo urbanizable delimitado o el suelo urbano no consolidado. A estos efectos, pueden modificar la clasificación urbanística del suelo o las condiciones de desarrollo previstas por el planeamiento urbanístico vigente. Pueden también regular la ordenación detallada del suelo como un plan derivado, incorporando las características de las obras de urbanización como si fuera un proyecto de urbanización. Legitima, pues, la ejecución urbanística sin necesidad de modificar el planeamiento general.

En definitiva, la nueva reforma desdibuja el sistema de los planes directores. Sin embargo, continúan siendo válidos los siguientes límites para el Plan Director: a) El que deriva de la aplicación del Derecho europeo del medio ambiente (así, por ejemplo, la Directiva 2001/42, del Parlamento y del Consejo de 27 de junio, sobre la evaluación ambiental de planes y programas, entre otras medidas). Aquí los Tribunales de lo contencioso y la propia Administración Pública se encuentran vinculados por estas normas, que priman en todo caso sobre los planes directores y son un límite a sus determinaciones. b) El principio de jerarquía del plan y, en particular, la vinculación de las determinaciones incluidas en los planes territoriales, art. 9.2 CE, art. 47.2 LPACAP). c) El principio *inclusio unius, exclusio alterius*, según el cual sólo los Planes Directores Urbanísticos de delimitación y ordenación de las áreas residenciales estratégicas (art. 56.1 f) y los Planes Directores de delimitación y ordenación de sectores de interés supramunicipal (art. 56.1 g) pueden llegar al grado de detalle de un plan derivado y de un proyecto de urbanización (arts. 56.5 y 6).

Sólo para éstos la ley permite realizar ese tipo de operaciones no habituales. Resultarían así de aplicación los principios «cuando la ley quiso decir dijo, cuando no calló», y el principio de materias reservadas al plan, por el cual esas operaciones son excepcionales (pues están reservadas al planeamiento derivado y a los proyectos de urbanización, no a los Planes Directores) y, por tanto, deben ser interpretadas de forma restrictiva. No todos los Planes Directores pueden hacer eso; sólo los que la ley lo permite de manera expresa.

Por último, los Planes Directores Urbanísticos de delimitación y ordenación de áreas residenciales estratégicas aprobados definitivamente en el momento de la entrada en vigor del TRLUC, que presenten «disfunciones esenciales entre sus determinaciones y las necesidades de suelo actual y futuras» para crear nuevas viviendas se pueden modificar o derogar sus efectos de acuerdo con el procedimiento previsto en la Disposición adicional séptima TRLUC.

Entre la documentación que han de incluir los Planes Directores, destacan los estudios justificativos, la memoria, la programación temporal de aplicación, las bases técnicas y económicas para su desarrollo, los planos de información y de ordenación y las normas de obligado cumplimiento. Además, y en ocasiones, deberán incluir la evaluación ambiental estratégica del plan y la evaluación de impacto ambiental (art. 81 TRLUC que se remite a la normativa aplicable en la materia). Como novedad y en el ámbito de la Costa Brava y mediante edicto de 17 de enero de 2013, ante la formulación del Plan Director Urbanístico de Revisión de Suelos no sostenibles del litoral gironí, se acordó la suspensión no solo del otorgamiento de todo tipo de licencias en la franja de 300 metros del litoral de un conjunto de municipios, sino también la tramitación de planes derivados, de proyectos de gestión urbanística y de urbanización cuando se cumplan determinados requisitos. Asimismo, la Ley 8/2020, de 30 de julio, de protección y ordenación del litoral establece dos tipos nuevos de planes: el plan de protección y ordenación del litoral, como plan director urbanístico, y los planes de uso del litoral y de las playas.

Recientemente, se ha introducido la figura de los planes urbanísticos para la implantación de actuaciones declaradas de interés general (DA 26ª TRLUC). Se trata de planes directores urbanísticos de delimitación y ordenación de sectores de interés supramunicipal para la ejecución directa de actuaciones de especial relevancia social o económica o de características singulares.

2) Planes de Ordenación Urbanística Municipal (POUM)

La Ley de Urbanismo de Cataluña de 2002 creó para los ayuntamientos los denominados planes de ordenación urbanística municipal (POUM), como análogos a los planes generales municipales (PGM) sustituyendo a éstos, a las normas complementarias o subsidiarias del planeamiento (NS), al proyecto de delimitación en suelo urbano (PDSU) y la aplicación directa de la normativa urbanística. Además de unificar el régimen jurídico en un único plan, se obliga a que todos los ayuntamientos lo aprueben, aunque pueden mantener el existente hasta que por las propias previsiones del plan o por los nuevos supuestos se haga necesaria su revisión (art. 95 TRLUC). Se trata de un instrumento de planeamiento del que pueden predicarse las siguientes características, según señala la profesora JUDITH GUIFREU:

Es *originario*, pues no precisa de la existencia previa de otro tipo de planes para su formulación y aprobación. Ahora bien, en caso de aprobarse posteriormente una figura superior, cosa que ha ocurrido en Cataluña con los Planes Territoriales Parciales, el POUM deberá adaptarse a sus determinaciones en el plazo fijado; *es necesario*, en la medida en que su inexistencia impide el desarrollo urbanístico del ámbito concreto, por ser facultad suya en exclusiva la clasificación del suelo; *Integral*, por que regula todos los aspectos posibles de la ordenación urbanística; y de *alcance municipal o supramunicipal* (art. 57.1 TRLUC).

Corresponde al POUM fijar unas bases de ordenación que han de consistir, como mínimo, en establecer la clasificación del suelo, definir el modelo urbano y su futuro desarrollo de acuerdo con el principio de desarrollo urbanístico sostenible como plasmación del mandato dirigido a los poderes públicos, para que velen por el uso racional de los recursos naturales (art. 45 CE). Fijar, asimismo, la estructura general de la ordenación urbanística del territorio, consistente en la localización de los sistemas urbanísticos generales de comunicaciones, espacios libres y equipamientos y las pautas para su desarrollo y determinar las circunstancias que producirán su futura modificación o revisión.

Como ya se ha avanzado, el POUM contiene dos tipos de determinaciones: las generales, que afectaran a todo el territorio regulado y las específicas para cada tipo de suelo. Entre las primeras, clasifica el suelo en urbano, urbanizable y no urbanizable (arts. 25 y 58.1 TRLUC); desarrolla la estructura general y el modelo territorial adecuado al desarrollo urbanístico sostenible; concreta los índices de crecimiento, recursos y desarrollo económico y social del sistema urbanístico conforme a una utilización racional del territorio; incorpora las previsiones sobre la disponibilidad de recursos hídricos y energéticos; fija los espacios libres públicos que como mínimo han de constituir el 20% del techo admitido por el planeamiento para uso residencial no incluido en ningún sector de planeamiento. Con carácter potestativo puede adoptar las medidas que permitan asegurar una movilidad sostenible. Asimismo, y en ausencia de PAUM, debe concretar por medio de la denominada agenda las determinaciones propias de esta figura de planeamiento en lo que respecta a las propiedades y previsiones temporales de ejecución del POUM (lo que se denominaba el plan de etapas). Además, debe incluir la determinación del momento en que será necesaria su revisión (ya sea ordinaria o bien por circunstancias que originen una revisión anticipada).

Junto a ello se incluyen las determinaciones específicas para cada tipo de suelo: urbano (consolidado y no consolidado art. 58, 2 a 6 TRLUC); urbanizable (delimitado, siendo en este caso las determinaciones más detalladas, y no delimitado, art. 58.7 y 8 TRLUC) y no urbanizable (art. 58.9 TRLUC). A ello nos referiremos en mayor profundidad en el tema IV. Únicamente señalar que el art. 33.4 TRLUC, permite que los POUM puedan establecer la ordenación detallada, sin necesidad de tramitar un plan parcial, con la finalidad de otorgar mecanismos más ágiles para la transformación urbanística del suelo.

Se ha de destacar que el art. 57 TRLUC obliga a los POUM (también a sus revisiones y modificaciones) a reservar para la construcción de viviendas de protección pública, como mínimo, el suelo correspondiente al 30% del techo que se califique para su uso residencial de nueva implantación, con las excepciones ya indicadas.

Tiene la consideración de techo residencial de nueva implantación el techo destinado a vivienda, tanto de manera exclusiva como si se admite indistintamente con otros usos, previstos por el POUM en suelo urbano no consolidado y los sectores sujetos a planes de mejora urbana que tengan por objeto alguna de las finalidades a que se refiere el artículo 70.2 a.) TRLUC. En todo caso, no se considera techo residencial de nueva implantación, y no computa en el cálculo, el techo correspondiente a las construcciones con uso residencial existentes en los mencionados sectores o polígonos. Tampoco computa el techo de los sectores con planeamiento urbanístico derivado y con proyecto de reparcelación aprobados definitivamente de conformidad con el planeamiento anterior, en los que rigen las determinaciones del plan urbanístico derivado aprobado.

Todo ello sin perjuicio, como ya hemos visto, de las modificaciones del planeamiento urbanístico que, en suelo urbano consolidado, comporten, sin incrementar la edificabilidad, la destinación parcial de la edificación de suelos residenciales plurifamiliares a viviendas de protección pública, si se cumplen los requisitos previstos en el art. 100.2 bis TRLUC.

3) Programas de Actuación Urbanística Municipal (PAUM)

Fue con la Ley de 2002, la gran innovación en materia de planeamiento. No obstante, conviene aclarar que, a pesar de su nombre, nada tiene que ver con los programas de actuación que se incluyen como documentos en los POUM, pues no tienen porqué formar parte del contenido documental de éstos.

Los PAUM, aunque potestativos, son verdaderas normas de carácter reglamentario y constituyen una auténtica expresión de las políticas de suelo y vivienda que un municipio, o varios, desea llevar a cabo en el suelo residencial o industrial en los próximos seis años (art. 60. 1 y 2 TRLUC).

Con respecto a su contenido, comprende las previsiones y los compromisos asumidos para el desarrollo del POUM en materia de reforma y mejora urbanas, previsiones de un desarrollo urbanístico sostenible respetando, en todo caso, el principio de jerarquía, en lo que se refiere al contenido de los planes territoriales y del PDU, si existiese. Una de las funciones de los PAUM consiste en decidir qué iniciativa, si la pública o la privada, tienen preferencia para promover el planeamiento derivado, concreción que puede hacerse bien con carácter general para todo el suelo objeto de actuaciones urbanísticas o bien plan por plan, lo que resultaría mucho más razonable (JUDITH GUIFREU).

Una vez aprobado, el contenido del PAUM conforma el marco de referencia adecuado para concertar actuaciones entre el ente local y la Administración autonómica (art. 60. 3 TRLUC).

Así pues, la importancia de los PAUM residía en que su existencia atribuía mayores competencias a los ayuntamientos que los tramitaban, en particular, respecto a la aprobación definitiva del planeamiento derivado, una vez suprimidos por la Ley de 2002 los estudios de detalle que aprobaban los ayuntamientos. Sin embargo, tras la modificación de la Ley 10/2004, su papel es mucho más limitado, pues el art. 81 TRLUC vincula el reconocimiento de la competencia municipal a la aprobación o bien de un Plan de Ordenación Urbanística Municipal (POUM) o de un Programa de Actuación Urbanística Municipal (PAUM) de manera indistinta.

Finalmente, entre los documentos que han de formar parte de las PAUM destaca, como más importante, una memoria en la que se justifique específicamente la coherencia del programa con el planeamiento territorial y urbanístico, la relación de actuaciones programadas, el calendario de ejecución, la evaluación económico-financiera, los planos de información y delimitación y los esquemas de integración urbana. (art. 61 TRLUC).

4) Normas de planeamiento urbanístico

La normas de planeamiento urbanístico son instrumentos de planeamiento general cuya principal función es la de suplir al POUM en los casos de pérdida de vigencia de éste (ya sea a causa de su anulación por los tribunales, porque lo acuerde la Generalitat por razones de interés público o mientras se tramita la aprobación de un nuevo POUM), o la de completar sus determinaciones. (Art. 62 TRLUC).

Entre estas dos funciones genéricas destaca por su importancia la primera de ellas, que intenta evitar el supuesto de un urbanismo sin plan o, en definitiva, un urbanismo sin ley (T.R. FERNÁNDEZ).

Con respecto a su contenido, de conformidad con lo señalado por los artículos 62 TRLUC y 78 RLUC, deben de contener las determinaciones precisas en orden a la clasificación y uso pormenorizado del suelo y preveer los planes necesarios para asegurar su operatividad y eficacia. En definitiva, son planes reducidos que intentan salvar la lentitud y complejidad del proceso de tramitación del plan y cuya elaboración y aprobación se atribuye al Consejero de Política Territorial y Obras Públicas (art. 62.4 TRLUC).

c) El planeamiento derivado

1) Los Planes Parciales (PP)

Los planes parciales tienen como objeto, en suelo urbanizable, desarrollar el planeamiento urbanístico general y contienen una regulación pormenorizada, hasta sus últimos detalles, del uso y aprovechamiento del suelo del sector que se ordena.

Su regulación legal se encuentra en los arts. 65 TRLUC y 79 RLUC requiriéndose que previamente se haya aprobado un POUM pues, precisamente, su función es la de concretar y desarrollar las determinaciones del planeamiento superior al que está jerárquicamente sometido. De este modo, si en el suelo urbano es el POUM el que regula con todo tipo de detalles, el uso y aprovechamiento de los terrenos, en el suelo urbanizable esa operación es llevada a cabo por el plan parcial, como decimos, jerárquicamente sometido al instrumento del POUM, quedando supeditada su aplicación a la aprobación de dicho plan (art. 79.2 RLUC).

A esos efectos, los planes parciales califican el suelo (residencial, industrial, servicios, etc), regulan los usos y los parámetros de la edificación que permitirán el otorgamiento de las licencias, señalan alineaciones y rasantes y definen los parámetros básicos de la ordenación de volúmenes. En los sectores de uso residencial, han de reservar zonas verdes y espacios libres en un mínimo de 20 metros cuadrados de suelo por cada 100 metros cuadrados de techo edificable, con un mínimo del 10% de la superficie del ámbito de actuación urbanística. Para los equipamientos de titularidad pública, debe reservarse el valor inferior resultante de las siguientes proporciones: 20 metros cuadrados de suelo por cada cien metros cuadrados de techo o 20 metros cuadrados de suelo por cada vivienda, con un mínimo, en todos los casos, del 5% de la superficie del ámbito de actuación urbanística. En los sectores de uso no residencial, los planes parciales han de reservar para zona verde un mínimo del 10% de la superficie del ámbito de actuación urbanística debiendo de reservar para equipamientos un mínimo del 5% de dicha superficie. Si el plan admite, junto a usos residenciales, otros usos, deben respetarse los estándares urbanísticos previstos para el suelo residencial.

De igual forma, para poner en marcha la ejecución del plan es necesaria su previa aprobación. Así, es función de este tipo de plan, en suelo urbanizable, *«establecer las condiciones de gestión y los plazos para promover los correspondientes instrumentos y para ejecutar las obras de urbanización y edificación»* poniendo coto de esta manera a la abusiva costumbre consistente en alterar dicho orden, técnica tristemente de moda en los últimos años. (art. 65.2 f TRLUC).

En esa línea y respecto a la realización material de las obras es importante concretar cuál es la relación entre los planes parciales y los denominados proyectos de urbanización. Estos últimos, señala el art. 72 TRLUC, son meros proyectos de obras (por tanto carecen de contenido normativo) que tienen por finalidad poner en marcha la ejecución material de las determinaciones de los POUM (en suelo urbano) o de los planes derivados (en suelo urbanizable). De esta manera, los proyectos de urbanización, pueden hacer referencia a todas las obras de urbanización o únicamente a las obras de urbanización básicas, que comprenden las relativas al saneamiento, abarcando los colectores de aguas pluviales, los colectores de aguas residuales y las actuaciones adecuadas relacionadas con la depuración de aguas residuales; la compactación y la nivelación de terrenos destinados a viales, abarcando el paso peatonal y las redes de suministro y distribución de agua, de energía eléctrica y de conexión a las redes de telecomunicaciones. Si el proyecto de urbanización hace referencia sólo a las obras de urbanización básicas, hay que completarlas posteriormente con uno o diversos proyectos de urbanización complementarios.

La reforma del TRLUC de 2012 suprimió la obligación que existía originariamente (derogando así los apartados 7 y 8 del art. 89) de aprobar los proyectos de urbanización, como condición de eficacia de los planes parciales permitiendo optar, bien por seguir el esquema clásico de fases diferidas del planeamiento y de ejecución, bien por efectuar una tramitación simultánea de los instrumentos, bien por incorporar directamente en el plan parcial las características y el trazado de las obras de urbanización.

Entre la documentación de los planes parciales deben incluirse los documentos recogidos en el art. 66 TRLUC, con las precisiones que hemos indicado para los POUM.

2) Los Planes Parciales de Delimitación (PPD)

Por último, no deben confundirse los planes parciales con los denominados planes parciales de delimitación a los que, entre otros preceptos, se refiere el art. 33.4 TRLUC. Este artículo contempla que para la transformación de un sector de suelo urbanizable no delimitado es necesaria la previa formulación, tramitación y aprobación de un plan parcial (excepto en las áreas residenciales estratégicas introducidas por el Real Decreto Ley 1/2007, hoy recogidas en el TRLUC, cuya ordenación realiza el plan director urbanístico). No obstante, cuando se trata de suelo urbanizable no delimitado, como ya se ha avanzado, el plan parcial ha de ser de delimitación, y en él se ha de acreditar la coherencia de la actuación con los parámetros establecidos por el POUM, que, en este tipo de suelos, es mucho más inconcreto.

El origen de los planes parciales de delimitación se encuentra en la distinción que llevaba a cabo la Ley del 76 entre suelo urbanizable programado (que únicamente necesitaba de la aprobación de un plan parcial para desarrollarse) y no programado (que necesitaba del denominado programa de actuación urbanística —PAU—) y que una vez aprobado se requería el preceptivo plan parcial.

Llegados hasta este punto conviene poner de relieve dos cuestiones, a saber:

a) El plan parcial de delimitación realiza las funciones del PAUM y del plan parcial en el suelo urbanizable no delimitado.
b) En este tipo de suelo, el plan parcial de delimitación es el que dota de contenido al derecho de propiedad. Hasta su aprobación, el régimen jurídico del suelo urbanizable no delimitado se asemeja al del suelo no urbanizable (arts. 47 y 52 TRLUC) y para proceder a esta operación los particulares pueden realizar una consulta sobre la viabilidad de su formulación (art. 75 TRLUC). Tratándose de una actividad reglada de la Administración debe acreditarse que la actuación urbanística propuesta es coherente con las previsiones del POUM respecto a los indicadores de crecimiento espacial, movimientos migratorios, y disponibilidad de recursos hídricos y energéticos. Por ello, entre la documentación del plan, debe añadirse a los documentos

exigidos al plan parcial una memoria justificativa de la adecuación al POUM y la propia delimitación del sector en el caso de que este último plan no lo haya hecho (art. 58.1 d) y e) TRLUC).

3) Los Planes Especiales Urbanísticos de desarrollo (PE). Planes de Mejora Urbana (PMU). Planes Especiales Urbanísticos Autónomos (PEA)

Los planes urbanísticos que hemos visto hasta el momento ordenaban globalmente el territorio que constituía su objeto y ámbito de planificación en todos sus aspectos (de ahí su denominación de planes urbanísticos territoriales).

No obstante, existen otros planes que la legislación urbanística, desde sus orígenes, ha denominado planes especiales (PE) en razón de la especialidad o especificidad de su objeto que no es la ordenación integral de una porción del territorio concreto, sino que centran su atención en uno solo de sus aspectos. Así, como ejemplo, la protección de bienes catalogados, el desarrollo del sistema urbanístico de comunicaciones y sus zonas de protección, el desarrollo del sistema urbanístico de espacios libres públicos, la identificación y regulación de masias, casas rurales y otras edificaciones en suelo no urbanizable o las obras y usos referidos a la actividad de camping y aparcamiento de caravanas, autocaravanas y remolques-tienda previstos expresamente en el POUM, entre otros (art. 67.1 TRLUC en la versión de 2012). La propia Ley añade otros ámbitos como la regulación del subsuelo.

Sin embargo, la práctica habitual en el pasado había provocado que esa pretendida especialidad fuera utilizada para prescindir del principio de jerarquía normativa con respecto a los planes superiores (territoriales). En cambio, en la actualidad, queda claro que deben insertarse en la cadena jerarquizada del planeamiento, aunque con cierta flexibilidad, para cumplir con los objetivos que les son propios. El art. 67.1 TRLUC es diáfano al respecto al señalar: «En desarrollo de las determinaciones contenidas en los planes territoriales y en planeamiento urbanístico general... se dictarán planes especiales». En esa línea, el art. 55.2 TRLUC establece que el planeamiento urbanístico general se desarrolla por el planeamiento urbanístico derivado «integrado por planes especiales urbanísticos y planes de mejora urbana», entre otros. Sin embargo el legislador ha flexibilizado todavía más las relaciones Plan General-Plan Especial, sobre todo respecto a las infraestructuras que se pretenda instalar un suelo no urbanizable, modificando en el año 2009, los arts. 57 y 67 TRLUC (véase tema IV).

También deben justificar la necesidad de su aprobación y su compatibilidad con el planeamiento general incluso cuando no desarrollen sus determinaciones (art. 55. 3 TRLUC, art. 92.2 RLUC que concreta los aspectos de compatibilidad del PE con el planeamiento general), en un grado de detalle que a veces se asemeja a los planes parciales.

Por otro lado, dada la heterogeneidad de estos planes, no interesa especificar cuál es su objeto, contenido y determinaciones. Simplemente es necesario aclarar que al ser, como regla general, instrumentos de desarrollo del planeamiento general, a nivel operativo, se asimilan a los planes parciales.

La principal problemática de estos planes cuyo listado, como hemos visto, es meramente enunciativo y, en ocasiones, además, se ve aumentado por la legislación sectorial, es la dificultad de concretar cuál es la relación normativa entre los distintos planes y de quién es la competencia entre las diferentes Administraciones públicas para actuar sobre el mismo objeto. Así, los esfuerzos deben de realizarse en tres vías: frenando la tipología de planes creados por las leyes sectoriales (así la Ley 8/2005, de 8 de junio de Protección, Gestión y Ordenación del paisaje); en el caso que se creen nuevos planes especiales debe clarificarse cuál es su relación y situación en la cadena del planeamiento, sobretodo en relación a los planes urbanísticos. Por último, estableciendo fórmulas de coordinación entre las Administraciones con competencias en la materia que se trate. La actual desconexión entre las distintas leyes no hace más que agravar la situación.

El TRLUC (art. 70) establece un tipo específico de plan especial: el denominado Plan de Mejora Urbana (PMU). Este tipo de planes están pensados fundamentalmente para la realización de operaciones urbanísticas de mejora de los cascos antiguos de las ciudades, de reforma interior, de reubicación o regeneración del tejido urbano. El artículo 70.4 TRLUC permite su utilización para realizar actuaciones de mejora urbana no contenidas en el planeamiento urbanístico general. En estos supuestos, el PMU debe respetar también el planeamiento general y, particularmente, los usos principales, los aprovechamientos y las cargas urbanísticas y la estructura fundamental del plan general. A estos efectos, se considera que no hay alteración de aprovechamientos o cargas urbanísticas cuando el PMU mantiene los usos principales y la edificabilidad bruta establecidos en los POUM y determina unas cargas de cesión de suelo y de urbanización equivalentes a las derivadas del planeamiento general. También se entiende que no hay alteración de la estructura fundamental precisada en el planeamiento general, si el PMU mantiene su destino a sistemas de los terrenos así calificados en el POUM, sin perjuicio que pueda modificar su nivel de servicios o introducir ajustes en su delimitación que no alteren substancialmente su funcionalidad, superficie o localización en el ámbito territorial (art. 90.5 RLUC).

Por último, con respecto a la documentación, los PMU se asemejan a los planes parciales. No obstante, cuando de las determinaciones del PMU se deduzca una incidencia significativa en usos residenciales preexistentes, el plan debe incorporar un estudio completo de las consecuencias sociales y económicas de su ejecución, justificando la existencia de los medios necesarios para llevarla a buen término y la adopción de medidas que garanticen la defensa de los intereses de la población afectada, con especial referencia a las previsiones sobre vivienda protegida y asequible y al ejercicio del derecho de realojo (art. 91.3 RLUC).

La problematica de este tipo de planes es que a pesar de una cierta flexibilidad del principio de jerarquía normativa en las relaciones POUM-PMU, la jurisprudencia se ha mostrado estricta al respecto y, por tanto, ha anulado planes especiales que alteraban la estructura fundamental del plan general u otros aspectos sustanciales (STS el 25 de enero de 1985, Ar. 879, Plan Especial Vullpalleres. Ponente: J. M. REYES MONTEREAL). Asimismo, el TSJC, ha anulado planes especiales que clasificaban suelo o fijaban la estructura general al margen del POUM (así, STSJC, Sala de lo Contencioso, Sección 3ª, de 3 de mayo de 2011, núm. 336, Ar. 341663, Plan Especial Presó de Figueres. Ponente: Manuel TÁBOAS BENTANACHS).

La Administración urbanística, en vez de corregir esas actuaciones, se encuentra ahora amparada para hacerlo por una nueva tipología de plan especial: el Plan Especial Urbanístico Autónomo (PEA). Los mismos pueden implantar en el territorio infraestructuras no previstas en el planeamiento territorial o urbanístico relativas a los sistemas urbanísticos de comunicaciones o de equipamiento comunitario, de carácter general o local. También pueden calificar el suelo necesario para la implantación de la infraestructura como sistema urbanístico, general o local, sin posibilidades, no obstante, de alterar la calificación del suelo reservado por este planeamiento para sistemas urbanísticos generales (art. 68 TRLUC en la versión de 2012).

5. EL PROCEDIMIENTO DE ELABORACIÓN Y APROBACIÓN DE LOS PLANES

A) Fases y trámites del procedimiento

El procedimiento de elaboración de los planes, como conjunto de trámites y actuaciones que debe respetar la Administración para la formulación y aprobación de las figuras de planeamiento urbanístico, se encuentra regulado en los arts. 73 a 93 TRLUC. La iniciativa y colaboración de los particulares en el mismo está recogida en los arts. 101 y 102 TRLUC. La función del procedimiento es triple: Por un lado, constituye una garantía de una correcta configuración del plan, una certeza del respeto de los intereses públicos ya que en el procedimiento convergen las opiniones de ciudadanos afectados por el plan y otras Administraciones públicas. Por otro, y como ya hemos señalado (tema II), las distintas informaciones públicas a lo largo del procedimiento hacen realidad el principio del urbanismo democrático (arts. 5 c, 25. 1 TRLS 2015 y art. 8.3 y 5 TRLUC). Finalmente, hace posible el control judicial, pues un plan que no haya respetado el procedimiento o haya orillado sus trámites esenciales es nulo de pleno derecho (art. 47 LPACAP y STS de 11 de marzo de 1991 Ar. 1991/1982, normas de planeamiento de Flaçà (Girona). Ponente F. J. DELGADO BARRIO). El procedimiento de evaluación ambiental se integra también en el procedimiento de elaboración y aprobación del plan (art. 86 bis TRLUC). (Ver tema I, 4c; tema II, 8).

En todas las fases de tramitación del plan, así como de los demás instrumentos urbanísticos, el gobierno puede determinar la incorporación de nuevas tecnologías electrónicas, telemáticas o informáticas (Disposición final quinta TRLUC).

a) Formulación del plan. Las administraciones competentes

La competencia para iniciar la elaboración del plan corresponde a distintas Administraciones en función de la naturaleza y el alcance de cada uno de los planes. Así y en líneas generales, en el caso de los planes directores urbanísticos la formulación corresponde a las entidades y organismos que determine la Comisión de Territorio de Cataluña; en el supuesto de los POUM y los PAUM, la formulación compete a los respectivos ayuntamientos.

Las propuestas presentadas por los particulares darán lugar a la tramitación del expediente cuando se refieran a modificaciones del planeamiento general y cuando el Ayuntamiento asuma la iniciativa de la propuesta, notificando su resolución en el plazo de dos meses desde su presentación (art. 101.1 TRLUC y 107.4 RLUC) Sin embargo, la reforma de 2012 aclara que no es un derecho del particular tramitar las modificaciones del POUM aunque el ayuntamiento puede asumir sus propuestas (art. 101.3 TRLUC); si estos mismos planes y programas afectaran a más de un municipio necesitarán del acuerdo unánime de los ayuntamientos interesados y, en su defecto, corresponde al Gobierno de la Generalitat acordar su formulación y determinar a quién corresponde su redacción. Las NPU las formula la Dirección General de Urbanismo, de oficio (art. 62 TRLUC) o a propuesta de los municipios afectados. Los PP, PE, PMU son formulados principalmente por los entes locales y, en ocasiones, también por entidades urbanísticas especiales (INCASOL, mancomunidades y consorcios urbanísticos) y los particulares (art. 101.2 TRLUC). En el supuesto de la iniciativa particular, la Administración no es libre de tramitar o no el plan propuesto sino que ha de razonar su negativa y tramitar el plan en los plazos previstos por la Ley, siendo el silencio de signo positivo en el caso que la Administración no responda o lo haga tardíamente (art. 85, 89 y 91 TRLUC). El incumplimiento de los plazos para formular cada plan (plazo que viene fijado por los planes de rango superior y por el propio TRLUC, arts. 82 y 90) habilita al Departamento de Política Territorial y Obras Públicas para subrogarse en esa competencia. Hay que señalar también que la legislación prevé, como una garantía de los ciudadanos, la aprobación definitiva de los planes por silencio administrativo positivo. Esta posibilidad, tradicionalmente, era desvirtuada por la propia Administración pues cuando se invocaba la aprobación de un plan por silencio, se decía que se había incumplido algún requisito (por ejemplo, que faltaba un documento), que el plan era contrario a derecho (contra legem) y que por tanto no se tenía por aprobado. Sin embargo, en la actualidad y a la luz del artículo 25.5 y 6 TRLS (de carácter básico) el Tribunal Supremo ha cambiado la jurisprudencia y considera que los planes «contra legem» pueden ser aprobados por silencio administrativo positivo (SSTS de 27 de abril de 2009, Ponente: Eduardo CALVO ROJAS, Ar. 3309; y de 30 de septiembre de 2009, Ponente: Pedro José YAGÜE GIL, Ar. 4722). Estas previsiones vinculan a Cataluña en virtud de la disposición final segunda del TRLS.

b) Aprobación inicial. Suspensión de otorgamiento de licencias

Los trabajos ya elaborados son objeto de aprobación inicial que, en el caso de los planes generales, corresponde al pleno de los ayuntamientos, por mayoría absoluta, no pudiendo esta potestad ser objeto de delegación (arts. 22.2 c, 22.4 y 47.3 i LBRL y arts. 52.2c, 52.4 y 114.3 decreto legislativo 2/2003, de 28 de abril, Ley Municipal y de Régimen Local de Cataluña TRLMC).

Al tratarse de un acto de trámite, no es susceptible de ser recurrido de manera autónoma (art. 112 LPACAP).

Esta aprobación inicial obliga al pleno a acordar la suspensión de planes, proyectos y licencias allí donde la nueva regulación modifique el régimen urbanístico (arts. 73 y 74 TRLUC). El acuerdo debe especificar los ámbitos sujetos a suspensión, incorporando un plano que los delimite y precisando el alcance de las licencias y tramitaciones que se suspenden. A sensu contrario, deben otorgarse licencias amparadas en el planeamiento vigente cuando sean compatibles con el nuevo planeamiento en tramitación y no perturben su aplicación una vez aprobado definitivamente (art. 102.4 RLUC).

Los efectos de la suspensión se extinguen por el transcurso de los plazos previstos (un año si se acordó antes de la aprobación inicial la suspensión potestativa o dos años si esta no fue acordada con anterioridad a dicha aprobación). Asimismo no podrá acordarse una nueva suspensión hasta una vez transcurridos tres años (art. 103.5 RLUC). También se extingue la suspensión por la entrada en vigor del plan o la denegación de la aprobación de la formulación de plan que dio lugar a ésta. Por último, se extinguirá cuando se levanten expresamente los efectos de la suspensión por dejar a su vez la tramitación del plan sin efecto o cuando las determinaciones que la hayan provocado desaparezcan (art. 103.4 RLUC).

Los acuerdos de suspensión de tramitación de licencias han de publicarse en el correspondiente boletín oficial, refiriéndose a los ámbitos identificados gráficamente.

Con respecto a los planes derivados, únicamente cabe señalar que la aprobación inicial del plan es delegable en la Junta de Gobierno Local (arts. 21.1 j, 21.3 LRBRL y 53.1 s) TRLMC) y debe ser realizada en el plazo de tres meses desde la recepción de la documentación completa, si no precisa las obras de urbanización básicas. Transcurrido el plazo sin haberse adoptado el acuerdo, el plan se entiende aprobado por silencio positivo y sus promotores podrán instar la subrogación del órgano autonómico competente para la aprobación definitiva del plan, que continuará la tramitación del expediente hasta su resolución (art. 90.2 TRLUC y 111.1 RLUC). Los planes promovidos por particulares no pueden ser inadmitidos sin más, sino que han de ser objeto de aprobación inicial o bien de suspensión o denegación motivadas en función de si sus defectos son o no subsanables (art. 75, 89.2 y 3 TRLUC y art. 110.4 y 5 RLUC). Así lo reconoce también el TSJ de Cataluña (STSJC de 15 de julio de 2008, núm. 630, Ar. 148205. Plan Parcial de delimitación de Malgrat de Mar. Ponente: Manuel TÁBOAS BENTANACHS) al sostener que la inadmisión sólo se justifica cuando las deficiencias o defectos observados no pueden subsanarse o suplirse durante la substanciación del procedimiento. Es el denominado derecho al trámite que excluye toda discrecionalidad de la Administración.

c) Información pública

Durante el plazo de 1 mes, el plan se expondrá a información pública para que todas las personas puedan consultar la documentación, obtener copias, presentar alegaciones, sugerencias o preguntas que deberán ser contestadas. La convocatoria se hará por edictos del Ayuntamiento que deberán publicarse en el correspondiente Boletín Oficial y en la prensa diaria (art. 23 RLUC). Asimismo, los ayuntamientos de más de 10.000 habitantes han de garantizar su consulta por medios telemáticos, indicando el plazo de exposición del plan, la dirección y el horario en que podrán formularse las consultas. Con carácter simultaneo se solicitarán informes a los organismos con competencias sectoriales, (medioambiente, puertos, recursos hídricos, etc) así como a los ayuntamientos afectados.

Ya desde la STS de 17 de febrero de 1962 (Ar. 1062, polígono miraflores. Ponente: Cervià CABRERA), todos los documentos que integran los planes deben ser expuestos al público exigiéndose máxima transparencia y difusión a riesgo de nulidad de todo lo actuado.

d) Aprobación provisional

Se lleva a cabo también, como regla general, por el pleno del Ayuntamiento, por mayoría absoluta, no siendo un acuerdo delegable (arts. 22.2 c, 22.4 y 47.3 y LBRL y arts. 52.2c, 52.4 y 114.3 TRLMC). Si a la vista del trámite de información pública se introducen modificaciones substanciales en el contenido del plan aprobado inicialmente, debe abrirse una nueva información pública previa a la aprobación provisional del plan, con la finalidad que, en ningún caso, se adopten decisiones orillando la opinión de los ciudadanos. (Al respecto Tema II,6).

e) Aprobación definitiva

El alcance de las facultades de intervención de las Comunidades Autónomas en el proceso de aprobación definitiva de los planes urbanísticos ha sufrido el impacto del principio constitucional de autonomía local (art. 137 CE), circunstancia que ha provocado una rica y avanzada doctrina del Tribunal Supremo en la interpretación de los preceptos del TRLUC que regulan la cuestión, esto es, de los artículos 81 (competencias de los ayuntamientos), 91 (el silencio administrativo en la aprobación de planes) y, sobre todo, 92 (tipos de resoluciones definitivas sobre el planeamiento urbanístico).

Así, el art. 137 CE atribuye a los municipios autonomía para la gestión de sus respectivos intereses. Esa circunstancia, reforzada por la Carta Europea de Autonomía Local de 15 de octubre de 1985, supone la existencia de una garantía institucional que, entre otras cuestiones, implica el reconocimiento de una esfera de intereses propios y la atribución de competencias para su gestión, aunque tales competencias no se establezcan en la Constitución y deban determinarse por el legislador ordinario, quien no puede reducirlas a límites en los que no sería posible a dichas entidades satisfacer los intereses que la Constitución les reconoce (SSTC 4/1981, de 2 de febrero. 32/1981, de 28 de julio y 214/89, de 21 de diciembre).

Aunque sea el legislador quien, en última instancia, concrete las posibles actuaciones del ente local (arts. 25 y 26 LBRL), es necesario reconocer esa garantía constitucional de su autonomía. Por ello, otra de las consecuencias de ese principio es, junto al reconocimiento de la compatibilidad de controles de legalidad en el ejercicio de las competencias locales, la declaración de inconstitucionalidad de los controles de mera oportunidad siendo compatibles con la Constitución controles de legalidad puntuales que incidan en el interés general (STC 4/1981, de 2 de febrero).

Sin embargo, y junto con esa afirmación, se reconoce también la existencia de intereses supralocales defendidos por el Estado y las CCAA (arts. 140 y 141 CE).

Pues bien, como hemos dicho, el Tribunal Supremo ha elaborado una doctrina jurisprudencial que, a la luz del principio de autonomía local, reinterpreta las facultades del ente autonómico en la aprobación definitiva de los planes urbanísticos, tomando como ejemplo el ordenamiento urbanístico italiano. La base sobre la que se sustenta esta jurisprudencia es que la pluralidad de intereses presentes en el campo urbanístico motiva que la función de ordenación urbanística sea una competencia compartida entre los municipios y las CCAA y se manifiestan en el seno de un procedimiento complejo, de carácter bifásico. De ese modo, las aprobaciones inicial y provisional corresponden al ente local y la aprobación definitiva está atribuida a la Comunidad Autónoma, como consecuencia del predominio de intereses supralocales que están en juego con la puesta en marcha de la ordenación urbanística. Esta aprobación definitiva la realiza la Comisión de urbanismo, regulada por Decreto 68/2014, de 20 de mayo. Ahora bien, las facultades de la Comunidad Autónoma en el momento último de la aprobación del plan se sustentan en la distinción entre el objeto del control autonómico y los criterios de dicho control.

Así, el objeto sobre el que recae el control ha de ser el plan en todos sus aspectos, tanto reglados como discrecionales. Sin embargo, los criterios de control derivan de la propia Constitución. De ese modo, aceptando el pleno control de la legalidad del plan, ha de recordarse que la autonomía garantizada por la Constitución quedaría afectada en los supuestos en que la decisión correspondiente a la gestión de los intereses respectivos fuera objeto de un control de oportunidad (STC 4/81, de 2 de febrero), control de oportunidad que, de acuerdo con la STC 170/89, de 19 de octubre, será viable, únicamente, cuando la decisión afecte a intereses supralocales.

En base a tales coordinadas, el Tribunal Supremo realiza la siguiente distinción:

> *«A) Aspectos reglados del Plan: control pleno de la Comunidad con una matización para el supuesto de que entren en juego conceptos jurídicos indeterminados —es bien sabido que éstos admiten una única solución justa y que por tanto integran criterios reglados—:*
>
> *a) Si la determinación del planeamiento que se contempla no incide en aspectos de interés supralocal, el margen de apreciación que tales conceptos implican corresponde a la Administración municipal.*
>
> *b) Si el punto ordenado por el plan afecta a intereses superior ese margen de apreciación se atribuye a la Comunidad.*
>
> *B) Aspectos discrecionales: También aquí es necesaria aquella subdistinción:*
>
> *a) Determinaciones del plan que no inciden en materias de interés comunitario. Dado que aquí el plan traza el entorno físico de una convivencia puramente local y sin transcendencia para intereses superiores ha de calificarse como norma estrictamente municipal y, por tanto:*
>
> — *Serán viables los controles tendentes a evitar la vulneración de las exigencias del principio de interdicción de la arbitrariedad de los poderes públicos, tal como en este terreno las viene concretando la jurisprudencia.*
>
> — *No serán en cambio admisibles revisiones de pura oportunidad: en este*

terreno ha d prevalecer el modelo físico que dibuja el Municipio con la legitimación democrática de que le dota la participación ciudadana que se produce en el curso del procedimiento.

— *Determinaciones del planeamiento que tienen conexión con algún aspecto de un modelo territorial superior: además de lo ya dicho con anterioridad, aquí y dado que "la relación entre el interés local y el supralocal es claramente predominante este último" (STC 170/89, de 19 de octubre) resulta posible un control de oportunidad en el que prevalece la apreciación comunitaria.»*

Por tanto, como vemos, el Tribunal Supremo establece unos criterios rectores para determinar en qué supuestos se adecua al marco constitucional la atribución al ente superior de una facultad de control sobre la decisión local.

De ese modo, si el control versa sobre aspectos reglados, el ente superior puede realizar plenamente su labor fiscalizadora; por el contrario, si de aspectos discrecionales se trata, el problema debe resolverse en razón a la incidencia o no de intereses supralocales que alteran el reparto competencial, ejerciéndose el control únicamente en el primer supuesto. La misma solución se impone, finalmente, en el supuesto de aplicación de conceptos jurídicos indeterminados, donde el órgano correspondiente de la Comunidad Autónoma deberá tener en cuenta la incidencia o no de intereses supralocales en la decisión final.

En este marco, el Tribunal Supremo ha señalado que la Administración autonómica no puede intervenir en ciertas cuestiones en las que prevalece la apreciación municipal como, por ejemplo, las vistas o visibilidad de ciertos monumentos (STS de 13 de julio de 1990, Ar. 1990/6034, Plan General de Girona, Ponente: F.J. DELGADO BARRIO); en la adopción de decisiones de apreciación discrecional que no tienen interés supralocal o comunitario como la calificación concreta del suelo, esto es: determinación de un centro escolar, un campo de futbol del barrio, el mercado municipal, etc. (STS de 30 de enero de 1991, Ar. 1991/614, Plan General de Premia de Dalt, Ponente: F.J. DELGADO BARRIO; STS de 25 de febrero de 1992, Ar. 1992/2974, Plan General de Alella, Ponente: F.J. BARRIO IGLESIAS).

Así, a modo de conclusión, las autoridades urbanísticas superiores podrán, por tanto, a) aprobar pura y simplemente el plan; b) denegar su aprobación cuando incurra en vicios de legalidad o sus determinaciones resulten arbitrarias o entren en contradicción con intereses supramunicipales debidamente constatados; c) dejar en suspenso su aprobación a fin que se subsanen las deficiencias observadas, con posterior elevación del texto ya ratificado para su nuevo examen, del que, sin embargo, cabe prescindir si las modificaciones fuesen se escasa importancia; d) también se ha admitido desde la STS de 6 de febrero de 1988 (Ar. 783, Plan General. Ponente: F. J. DELGADO BARRIO), la posibilidad de aprobaciones definitivas parciales en el supuesto que existan obstáculos puntuales que impidan la aprobación total, siempre que «el plan aprobado tenga coherencia cualquiera que sea la solución que se dé a los extremos que no se aprueben», solución esta más acorde con el respeto a la voluntad municipal y al principio de eficacia de la actuación administrativa que demanda la celeridad en la resolución de procedimientos. e) por último, y ésta sería la consecuencia más importante de la doctrina jurisprudencial descrita, cabe la posibilidad de que la Comunidad Autónoma introduzca directamente las modificaciones sin suspender la aprobación definitiva, siempre y cuando existan aspectos del planeamiento que por afectar únicamente a intereses supralocales sean competencia exclusiva del ente superior, pudiendo éste introducir directamente las modificaciones siempre que éstas no sean substanciales, pues entonces deberá someterse el texto a una nueva información pública. En este caso, la Comunidad Autónoma estará ejerciendo una competencia propia y por tanto, en sentido estricto, no hablaríamos de control. Este es el sentido que debe darse al art. 92.1.a TRLUC. (En esa línea y respecto a los textos refundidos arts. 91.5 y 92.4 TRLUC).

En definitiva, la aprobación final realizada por Comunidad Autónoma sobre el plan elaborado y tramitado por el ente local constituye una mecanismo de control de la adecuación al ordenamiento jurídico del ejercicio de la competencia municipal y, en ciertos aspectos, es un instrumento de coordinación de la discrecionalidad municipal con decisiones superiores.

Por tanto, cabe la calificación de la competencia sobre ordenación urbanística como compartida entre Municipio y la Comunidad Autónoma, en el sentido de que el primero regula el uso del suelo en el procedimiento de elaboración del plan en tanto que la segunda, mediante el de aprobación definitiva, ejerce su competencia consistente en un control de la legalidad y una coordinación de las determinaciones municipales.

Todo ese loable y ponderado sistema es de una enorme complejidad y puede producir alguna dificultad a la hora de aplicarlo a casos concretos y determinados. La necesidad de ligar esta interpretación con la doctrina de las modificaciones substanciales provocará que el fallo de una pequeña pieza de esa prolija maquinaria desbarate todo el edificio minuciosamente construido.

B) La publicación de los planes. Sus efectos

Los acuerdos de aprobación definitiva de los planes urbanísticos, como norma que son, deben ser publicados en el boletín o diario oficial correspondiente (BOP o DOGC, art. 25.2 TRLS 2015). Los principios de seguridad jurídica y publicidad de las normas (art. 9.3 CE) exigen asimismo la publicación de sus normas urbanísticas (art. 70.2 LBRL) para que estos sean inmediatamente ejecutivos y de obligado cumplimiento, requisito que se aplica también a las aprobaciones definitivas llevadas a cabo por la Administración Autonómica (STS 10 de abril de 1990, Ar. 3593, Plan General de Lloret. Ponente: F. J. Delgado Barrio). Así pues, esta es la exigencia indubitada que también imponen los artículos 103 a 107 TRLUC: deben publicarse tanto los acuerdos de aprobación definitiva como las normas urbanísticas constituyendo una condición de eficacia del plan. En el caso de ser aprobado por silencio administrativo, el transcurso del plazo ya produce *«per se»*, por que la propia ley lo impone, la eficacia del plan sin perjuicio de la obligación del órgano competente de ordenar su publicación.

Por todo ello, las normas urbanísticas no publicadas no producen efectos y las licencias otorgadas a su amparo pueden ser nulas de pleno derecho si contradicen el plan anterior. Así lo declara la STS de 1 de febrero de 1997, Ar. 796 (ponente: J. M. SANZ BAYÓN). De este modo, lo establecido por la Disposición Transitoria décima 6 TRLUC que intenta validar ex post los planes cuyas normas no han sido publicadas es contrario al Texto Constitucional (art. 9.3 CE). Todo ello ha de interpretarse a la luz de los principios generales del derecho (STSJC 28 de noviembre de 2008 nº 951, Ar. 366, Plan Especial Horts de Santa Eugènia. Ponente: Manuel TÁBOAS BENTANACHS).

La publicación de los planes, como normas de carácter reglamentario que son, produce los siguientes efectos:

a) El plan es obligatorio tanto para la Administración como para los administrados, debiendo de concederse o denegarse las licencias que se adecuen o sean disconformes al mismo.
b) El plan es inmediatamente ejecutivo.
c) Como veremos, supone el inicio del cómputo del plazo para poder ser recurrido (tema VIII).
d) Tienen carácter público, por lo que todos los ciudadanos tienen derecho a acceder a su contenido y a ser informados por la Administración competente que, en el plazo de un mes, ha de emitir el certificado de régimen urbanístico y del régimen y condiciones urbanísticas aplicable a una finca o sector del suelo (arts. 105 TRLUC) e incluso de los convenios urbanísticos de planeamiento.
e) Implica la declaración de utilidad pública de las obras y la necesidad de ocupación de los terrenos y edificaciones afectadas a los fines expropiatorios o de imposición de servidumbres (art. 42 TRLS 2015 y 109.1 TRLUC), pudiendo afectar también la expropiación a la ocupación temporal de los terrenos previstos para conectar la actuación urbanizadora con las redes generales de servicios. En caso que se separe del fin que legitima la expropiación o que transcu-

rran 10 años desde la misma sin que la urbanización haya concluido, procederá la reversión (art. 34 TRLS). Asimismo, si la Administración no ejecuta un plan y a consecuencia de ello los terrenos afectos a una expropiación quedan bloqueados, cumpliendo unos requisitos harto complicados, eso si, el propietario podrá solicitar la iniciación de un expediente expropiatorio por ministerio de la Ley (art. 114 TRLUC).

f) Las construcciones e instalaciones preexistentes al plan y contrarias al mismo o son objeto de expropiación o quedan en situación urbanística de fuera de ordenación, situación en la que se prohíbe realizar obras de consolidación, aumento de volumen, modernización o incremento de su valor de expropiación, permitiéndose únicamente las obras de mantenimiento que exija la salubridad pública, la seguridad de las personas o la buena conservación (art. 108 TRLUC).

Por último, desde la reforma del TRLUC de 2012, todo el mundo puede consultar los instrumentos de planeamiento y obtener copia a través del Ayuntamiento o del denominado Registro de Planeamiento Urbanístico de Cataluña. Este último, garantiza la publicidad de los instrumentos de planeamiento urbanístico en vigor, mediante la consulta pública presencial y telemática de los instrumentos depositados. Además, la publicación en el DOGC de los acuerdos de aprobación definitiva de los planes adoptados por la Administración de la Generalitat han de incluir un enlace con el citado Registro que permita la consulta telemática del contenido de los documentos que conforman el plan, con el fin de facilitar el acceso inmediato al contenido de los instrumentos de planeamiento urbanístico (art. 103.1, 2, 3 TRLUC).

6. Documentación del plan

A) Planteamiento

Según su funcionalidad y objeto, cada tipo de plan debe contener una serie de documentos cuya ausencia o insuficiencia puede acarrear la ilegalidad del propio plan (art. 59 TRLUC, POUM; art. 69 TRLUC, PAUM; art. 66 TRLUC, PP; art. 70.6 TRLUC, PMU; art. 72.4 TRLUC, Proyecto de urbanización). No olvidemos que el plan, como dibujo muerto, debe ser desarrollado, ejecutado y, por tanto, resulta necesario concretar cuál es su finalidad (**la memoria**), cuáles son sus planos **de información y ordenación**, sus normas urbanísticas (**el texto articulado**). También debe incluirse lo que costará ejecutar el plan y cómo se obtendrán los ingresos necesarios para hacerlo realidad (**la evaluación económica-financiera**), así como el calendario de obras a realizar (**plan de etapas o agenda, programa de actuación urbanística municipal**). También se deben recoger las consecuencias ambientales del plan, analizando las alternativas posibles. Asimismo, es importante que se justifiquen las decisiones relativas a las necesidades sociales de acceso a la vivienda (**memoria social**), entre otros.

Si existen discrepancias entre todos ellos, la documentación escrita prevalecerá sobre la grafiada, excepto cuando la contradicción se refiera a la cuantificación de las superficies del suelo, supuesto en que debe atenderse a la superficie real (art. 10 TRLUC).

Tomemos como base el POUM para analizar el contenido documental.

B) La memoria del plan

Es el documento que se utiliza para motivar, es decir, hacer públicas las razones que han llevado a la Administración a poner en marcha el proceso planificador, explicando al mismo tiempo el porqué del contenido por el cual ha optado. La exteriorización de ese proceso lógico, que actúa como justificación de cada decisión, servirá para la correcta fiscalización de lo que se quiere hacer y del propio contenido del plan. Al ser éste el típico ejercicio de potestades discrecionales, la memoria ha de explicar públicamente la decisión adoptada entre las distintas posibles, marcando una línea entre lo discrecional y lo arbitrario, arbitrariedad proscrita por el art. 9.3 CE. Es, asimismo, un documento que hace realidad el principio de transparencia administrativa, pues el ciudadano estará informado de lo que se hace y porqué se hace.

La regulación legal de la memoria difiere según el tipo de plan, aunque, en todo caso, dicho documento va a justificar la conveniencia y oportunidad de su formación y la explicación de su contenido.

Así, para los **Planes de Ordenación Urbanística Municipal** [POUM, art. 59.1 a) y 3 TRLUC] la memoria es una descripción y justificación del plan, valorando las distintas alternativas y justificando el modelo de desarrollo elegido, describiendo la ordenación propuesta. Estará integrada por:

a) El programa de participación ciudadana, que el Ayuntamiento aplicará para garantizar correctamente los procedimientos participativos y la publicidad de todos y cada uno de los documentos, informes y contenidos del plan (art. 8 TRLUC).
b) La justificación y observancia del principio de desarrollo urbanístico sostenible, combinando las necesidades de crecimiento con la preservación de los recursos materiales y los valores paisajísticos, arqueológicos, históricos y culturales. Asimismo, deben establecerse las directrices para salvaguardar el proceso urbanizador en zonas inundables, zonas de riesgo para la seguridad y bienestar de las personas, preservando de la urbanización terrenos de pendientes superiores al 20%.
c) Debe incluir las medidas adoptadas para facilitar la consecución de una movilidad sostenible en el municipio, en cumplimiento de la obligación de prestación del transporte colectivo urbano de viajeros.
d) El informe de sostenibilidad económica. Sobre este aspecto volveremos seguidamente.

Todo ello ha de tener en cuenta la situación existente, las perspectivas de desarrollo de la ciudad, el impacto que va a tener el plan una vez sea aprobado y la justificación de la compatibilidad del plan con las leyes urbanísticas, las medioambientales y los planes territoriales.

Para los **Programas de Actuación Urbanística Municipal** [PAUM, art. 61.1 a) TRLUC], la memoria debe incluir, además de los requisitos genéricos de motivación del plan, los objetivos que se persiguen y las medidas y los medios programados para alcanzarlos, en coherencia con el planeamiento general. Ello es así porque la función de estos programas es fijar las previsiones y compromisos de los POUM en los suelos que, hasta hace poco, eran denominados suelos urbanizables no programados.

Respecto a los planes parciales (art. 66.1 TRLUC), la memoria habrá de contener ciertas especificidades que van ligadas al objeto y finalidad de los mismos, justificando la adecuación de la ordenación al planteamiento de rango superior que desarrolle, demostrando así su coherencia interna.

En definitiva, todos los planes deben incluir una memoria, documento donde se exterioriza la necesidad de su elaboración, los motivos de la decisión urbanística elegida entre las posibles y los fines y objetivos propuestos.

De todo lo anterior, y de acuerdo con la mejor jurisprudencia del TS (STS de 9 de julio de 1991, Ar. 5737, Plan General de Castell – Platja d'Aro, Ponente: F.J. Delgado Barrio y STS de 21 de septiembre de 1993, Ar. 6623, Teatro Fígaro, Ponente, F.J. Delgado Barrio), podemos deducir las siguientes consecuencias:

1. La memoria de los planes no es un documento que puede existir o dejar de hacerlo; es una «exigencia insoslayable de la ley».
2. Debe existir una coherencia entre el modelo por el que ha optado un determinado plan y las razones que la Administración proporciona para ello. Es decir, se exige una adecuada

relación entre la decisión adoptada y la explicación o exteriorización de la misma.

Pero además, y en esa línea, una vez elegida la opción y fijados los criterios de ordenación, éstos deben ser coherentes con el propio plan y con el plan superior que desarrolla.

3. Como la memoria es ante todo la motivación del plan, en ella deben explicarse desde el origen de la formación del instrumento de planeamiento hasta los fines y objetivos que se persiguen con su aprobación o incluso con su modificación. De ahí que se diga, desde el famoso episodio del barrio de Orcasitas de Madrid, que la memoria es vinculante, requisito este que dio lugar incluso a la denominación de una plaza [STS de 16 de junio de 1977, Ar. 3502, Plaza de la Memoria Vinculante, Ponente P. Martín Martín. Más recientemente, STS de de 25 de abril de 1991 (Ar. 3430, Plan General Premià de Dalt, Ponente: F.J. DELGADO BARRIO)].

Las consecuencias de la ausencia o insuficiente memoria, así como la disparidad entre el contenido del plan y la memoria pueden ser diferentes. En ocasiones, si ésta no existe o la decisión final adoptada es totalmente distinta a los objetivos inicialmente previstos, se anula el plan. En otros supuestos, se anula el acto recurrido ordenando que, con la adecuada motivación, se dicte la resolución procedente en derecho. Por último, si con las explicaciones realizadas la opción tomada es contraria al interés público, se anula el propio contenido del plan (STS de 13 de marzo de 1991, Normas subsidiarias de Santa Margarida, Ar. 1998, Ponente: Pedro ESTEBAN ÁLAMO).

C) Planos de información y de ordenación urbanística del territorio

El grafiado del plan debe contener los **planos de información** de la situación actual del territorio y los **planos de ordenación**, que recogen la plasmación gráfica de las previsiones que han de ser ejecutadas en el futuro (así, art. 59, 69 a 76 RLUC, para los POUM).

Los primeros recogen la información gráfica sobre las características naturales, ambientales, culturales, socioeconómicas, demográficas o del desarrollo urbanístico que tengan relevancia para la ordenación urbanística (trazado de las redes de abastecimiento de agua, suministros de gas, energía eléctrica, de comunicaciones, telecomunicaciones, saneamiento, entre otros, en el caso del suelo urbano consolidado). Sobre estos datos se elaborarán los planes de ordenación con las obras a desarrollar en el futuro. Estos serán más detallados según el tipo de plan [así, art. 66 1 b) TRLUC para los planes parciales].

D) Normas urbanísticas

Las normas urbanísticas son la parte reglamentaria del plan, su texto articulado, donde se establece el régimen jurídico aplicable a cada tipo de suelo en función de su clasificación (suelo urbano, urbanizable, no urbanizable) y concreta calificación urbanística, así, por ejemplo, en el suelo urbano, uso predominantemente residencial, industrial, hotelero (art. 62 TRLUC). Este texto puede contener en forma de anexos unas ordenanzas de edificación o urbanización que regulen con carácter general los aspectos constructivos, técnicos o similares a las actuaciones de urbanización, edificación, rehabilitación, reforma o uso del suelo.

E) La evaluación económica-financiera de las actuaciones a desarrollar. La agenda o plan de etapas

El plan, como dibujo muerto que es, debe ser llevado a la práctica, hacerse realidad. Las previsiones respecto a la urbanización, infraestructuras, enlaces viarios, puentes, servicios, etc. deben ser viables económicamente.

El plan, todos los planes, debe contener un documento que se adecuará a su objeto y características, sobre la justificación económica de las obras a realizar, quién las paga, cómo se realizarán los pagos y, en definitiva, el impacto de las actuaciones previstas en las finanzas públicas de las Administraciones responsables en la construcción y mantenimiento de sus previsiones (así, art. 22.4 TRLS). Todo ello completado con la agenda o plan de etapas, que son los plazos y prioridades que prevé el propio plan para el desarrollo y ejecución de las infraestructuras, obras de urbanización y servicios.

Así, se prevé para los POUM [art. 59.1 e) TRLUC], PAUM [art. 60.1 d) TRLUC], Planes Parciales [art. 66.1 d) TRLUC), entre otros.

Asimismo, y con un grado mayor de detalle, los proyectos de urbanización deben comprender «una memoria descriptiva de las características de las obras, el plano de situación debidamente referenciado y los planos de proyecto y de detalle, el pliego de prescripciones técnicas, las mediciones, los cuadros de precios, el presupuesto y el plan de etapas. Cuando el proyecto de urbanización comprende solamente las obras de urbanización básicas, debe establecer unos criterios y un presupuesto orientativo de las otras obras y gastos de urbanización, sin perjuicio que los proyectos de urbanización complementarios los concreten» (art. 72.4 TRLUC).

Este estudio del impacto económico del plan es esencial (así STS, de 13 de febrero de 2007, Ar. 1877, Plan General Verín, Ponente: Segundo MENÉNDEZ). No caben proyectos, como a veces ha sucedido, obras e infraestructuras faraónicas que a la postre son inviables económicamente y que, si se llegan a realizar, acaban siendo un lastre para el erario público, para todos. Cada obra, cada infraestructura (aeropuertos, estaciones, puertos municipales) o servicios a implantar deben estar debidamente justificados desde el punto de vista económico. Su necesidad, cómo se pagará la ejecución de la infraestructura y cómo se realizará su mantenimiento debe estar recogido debidamente en el plan. Un plan sin una evaluación económica financiera correcta y realista es un mero brindis al sol, y a la larga una rémora para generaciones presentes y futuras. Por ello, deberían quedar desterradas de nuestro ordenamiento interpretaciones que reducen el valor de este documento y cuya insuficiencia es justificada o relativizada. Es un documento esencial desde el punto de vista del interés público y de la garantía de los afectados y debe garantizar que el plan va a poder ejecutarse, llevarse a la práctica. En esa línea, los plazos de ejecución y puesta en funcionamiento (que se completan con el denominado plan de etapas o agenda) es de vital importancia, debiendo ser cumplido, pues es un documento que vincula a la Administración y crea derechos a los ciudadanos (así, STJC de 14 de enero de 2000, Plan General de Colera, Ponente: Joan Manuel TRAYTER. Recientemente y con rotundidad STSJC, de 17 de mayo de 2019, Plan Especial hoteles Barcelona, ponente: Manuel TÁBOAS).

Por ello, el estudio de impacto económico y la agenda o plan de etapas son documentos esenciales. De ellos depende un correcto desarrollo urbanístico y un mantenimiento posterior de las infraestructuras y servicios previstos. Por ello, la mejor jurisprudencia declara la nulidad del plan que incorpore un estudio económico financiero insuficiente (SSTS de 22 de febrero de 2005, Ar. 3680, Plan General de Gondomar, Ponente: Rafael FERNÁNDEZ VALVERDE; 13 de febrero de 2007, Ar. 1877, Plan General de Verín, Ponente: Segundo MENÉNDEZ PÉREZ) o sin concretar las etapas en que deben ejecutarse las obras de urbanización, debiendo ser muy concreto en los planes derivados (STS de 5 de febrero de 1992, Ar. 2246, Plan Parcial de Gandía, Ponente: Pedro ESTEBAN ÁLAMO).

En esta línea, la jurisprudencia (STJ de Cataluña núm. 912/2019, de 15 de octubre, Ar. 2020/188, Ponente: Manuel TÁBOAS BENTANACHS, Plan Especial de Alojamientos Turísticos de Barcelona) ha señalado que, para la validez de la evaluación económica y financiera, no es necesario que consten cantidades precisas y concretas cuya inversión sea necesaria para la realización de las previsiones del Plan, pues este detalle es propio de los proyectos; pero sí se requiere la necesaria previsión del capital exigido por las actuaciones previstas en el plan y la de sus fuentes de financiación. En palabras del Tribunal: «lo que no procede es reconocer al planeamiento urbanístico que sea una ordenación en el aire, mera apariencia, fuente de inseguridad jurídica y de desprestigio normativo o que nazca en el puro vacío, y por tanto debe exigirse una realista vocación de ejecución y de real materialización apoyada en previsiones generales y en la constatación de que existen fuentes de financiación con que poderse llevar a efecto el Plan».

F) La documentación ambiental

Todos los instrumentos de planeamiento urbanístico deben someterse, mediante un documento denominado **informe ambiental** (así, por ejemplo, art. 100 RLUC), a evaluación ambiental, a fin de valorar y mitigar, en su caso, el impacto ambiental de sus determinaciones. Asimismo, deben recabarse una serie de informes, cuando sean preceptivos y no hubiesen sido ya emitidos e incorporados al expediente, ni deban realizarse en una fase posterior del procedimiento: el de la Administración hidrológica, sobre la existencia de recursos hídricos, de agua, para satisfacer la nueva urbanización, en su caso; el informe de la Administración de costas y carreteras y demás infraestructuras afectadas.

Si el instrumento de planeamiento puede tener «repercusiones significativas en el medioambiente» debe someterse a evaluación ambiental estratégica (art. 15 LS 2008, Art. 86 TRLUC, Directiva 2001/42, de 27 de junio; LEA y Ley Catalana 6/2009, de 28 de abril, sobre evaluación ambiental de planes y programas modificados provisionalmente por la disposición adicional octava de la Ley 16/2015). Este examen del impacto ambiental se denomina estratégico porque se produce, fundamentalmente, al inicio de la formulación del plan, que es el momento en que de manera principal debe valorarse cuál de las alternativas posibles en relación a la estructura general de ordenación ha de acoger el plan, pudiendo optarse incluso por la alternativa cero, es decir, la no realización del plan.

Entre la documentación más importante a incluir en la tramitación del plan destacamos:

a) El órgano o persona que promueve el plan debe realizar un **informe de sostenibilidad ambiental**. Este es un documento que identifica, describe y evalúa los probables efectos significativos sobre el medioambiente que se pueden derivar de la aplicación del plan así como las alternativas razonables y viables, ambiental y técnicamente, que tengan en cuenta los objetivos y ámbito territorial de aplicación del plan.

Este documento incluye: 1) un informe preliminar de sostenibilidad ambiental hecho también por el promotor del plan que se envía al órgano ambiental autonómico; 2) el órgano ambiental autonómico realiza el denominado documento de referencia, que es el que determina el contenido de la información que se ha de tener en cuenta en el informe de sostenibilidad ambiental; 3) un mapa de riesgos materiales del ámbito objeto de ordenación (art. 15.2 LS 2008). En concreto, el art. 70 RLUC especifica que el informe de sostenibilidad ambiental ha de tener las directrices siguientes:

a) Determinación de los requerimientos ambientales significativos en el ámbito del plan.
b) Justificación ambiental de la elección de la alternativa de ordenación propuesta.
c) Descripción ambiental del plan de acuerdo con la alternativa de ordenación adoptada.
d) Identificación y evaluación de los probables efectos significativos de la ordenación propuesta sobre el medio ambiente.
e) Evaluación global del plan y justificación del cumplimiento de los objetivos ambientales establecidos.
f) Síntesis del estudio, consistente en un resumen de su contenido que tiene que contener una reseña de los objetivos y criterios ambientales fijados, y la explicación justificada de la evaluación global del plan.

b) Tras ese documento, debe elaborarse por el órgano o persona que promueva el plan la **declaración ambiental** estratégica. El contenido de la misma debe incluir, al menos, los siguientes informes:

— El de la Administración hidrológica sobre la existencia del agua necesaria para la realización del plan.
— El de la Administración de Costas, en su caso, referido al deslinde y protección del dominio público marítimo terrestre.
— El de la Administración de carreteras y demás infraestructuras afectadas, acerca de dicha afectación y del impacto de la actuación sobre la capacidad del servicio de tales infraestructuras.

Estas informaciones son como hemos dicho (Tema II) determinantes para el contenido de la memoria ambiental, que sólo podrá disentir de ellos de forma motivada [art. 15.3 c) in fine LS 2008; LEA].

c) Además, debe incluirse el **acuerdo del órgano ambiental** sobre impacto del plan en el medioambiente.

El informe de sostenibilidad ambiental, la memoria ambiental y el acuerdo del órgano ambiental han de ser tomados en consideración en la aprobación definitiva del plan mediante una declaración específica que, en caso de discrepancia con los resultados de la evaluación ha de justificar los motivos y las medidas adoptadas [art. 86 bis.1 e) TRLUC].

La ausencia del procedimiento de evaluación ambiental estratégica comporta la nulidad del plan (así, STJC de 8 de marzo de 2010, Sección 3ª, núm. 199, Ar. 245416, ampliación vertedero en Reus, Ponente: Pilar MARTÍN COSCOLLA; STS de 29 de enero de 2010, Ar. 1317, Plan Parcial-Plan Especial Concello Sanxenxo, Ponente: Pilar TESO).

Es necesario señalar, por último, que la documentación señalada es similar a la que se ha de seguir en los supuestos de **evaluación de impacto ambiental de proyectos** recogidos en la LEA. Son los supuestos de ejecución concreta de proyectos (no de la globalidad del plan) con impacto ambiental cuya ausencia también comporta la nulidad del proyecto (así, por ejemplo, STS Sección 5 de 14 de febrero de 2011, Ar. 1390, Duplicación de la Calzada en Madrid, Ponente: José Manuel BANDRÉS SÁNCHEZ-

CRUZAT). La Ley de Evaluación Ambiental coordina por fin ambas técnicas, la evaluación ambiental estratégica cuando se elabora el plan y la evaluación de impacto ambiental cuando se ejecuta el proyecto concreto (así STJC, de 8 de marzo 2010, ya citada, en el caso de la ampliación de un vertedero).

G) La memoria social

La efectividad del derecho a la vivienda reconocido en la Constitución y el Estatuto de Autonomía de Cataluña (art. 47 CE, art. 26 EAC) y la necesaria cohesión social que impone la legislación urbanística en el desarrollo de la trama urbana [así, por ejemplo, art. 6 a) y b) TRLS; arts. 34.3 y 57.3 TRLUC] se traduce operativamente en la necesidad de establecer viviendas de protección pública para uso residencial de nueva implantación. Para ello, y como regla, los POUM y sus modificaciones y revisiones han de reservar para la construcción de viviendas de protección pública suelo suficiente para los objetivos defendidos en la memoria social y, como mínimo, los que establece el TRLUC.

También el sistema público de viviendas puede estar destinado a satisfacer las necesidades temporales de colectivos de personas con necesidades de asistencia o de emancipación justificada en políticas sociales previamente definidas, recogidas también en la memoria social.

Este documento, la memoria social, es el instrumento que justifica, razonadamente, las decisiones del planeamiento relativo a las necesidades sociales de acceso a la vivienda (así, art. 20 LDV). De existencia obligatoria, es especialmente importante en los POUM [Art. 59.1 h) TRLUC], y únicamente puede flexibilizarse su contenido si el municipio dispone de un Plan local de vivienda o de un Programa de actuación urbanística municipal (art. 60 TRLUC) con un contenido equiparable, pudiendo entonces la memoria remitirse a esos planes y programas, siempre y cuando incluya el contenido mínimo que se exige para la propia memoria social (art. 69.3 y 5 RLUC).

De ese modo, y respecto a dicho contenido mínimo, la memoria social ha de referirse a los siguientes aspectos (art. 69.3 y 5 RLUC):

a) Necesidades cuantitativas y de localización de suelo residencial y vivienda, relación con el medio ambiente urbano en que se insertan.
b) Análisis de las posibles localizaciones alternativas de las reservas para la construcción de viviendas de protección pública, atendiendo los objetivos de evitar la concentración excesiva de viviendas de dicho tipo y de favorecer la cohesión social.
c) Cuantificación de las reservas mínimas obligatorias.
d) Mecanismos previstos para la obtención del suelo para la construcción de vivienda protegida promovida a iniciativa pública.
e) Previsión de las necesidades de alojamiento dotacional público.
f) Previsiones temporales para el inicio y la finalización de la construcción de las viviendas protegidas y de los sistemas urbanísticos de alojamiento dotacional público.
g) Necesidades de realojamiento y medidas a adoptar para garantizar este derecho.
h) Análisis de las necesidades de equipamientos comunitarios de acuerdo con las previsiones de nuevas viviendas y de la adecuación del emplazamiento y de los usos previstos para estos equipamientos.

También debe formar parte de la memoria social una evaluación del impacto de la ordenación urbanística propuesta en función del género, así como respecto a los colectivos sociales que requieren atención específica, tales como los inmigrantes y la gente de la tercera edad, al objeto que las decisiones del planeamiento, a partir de la información sobre la realidad social contribuyan al desarrollo de la igualdad de oportunidades entre mujeres y hombres, así como favorecer a los otros colectivos merecedores de protección.

La ausencia o insuficiencia de este esencial documento ha de dar lugar a la ilegalidad del plan aprobado pues no en vano el derecho a la vivienda y la cohesión social son derechos básicos de los ciudadanos y constituyen los pilares de la legislación urbanística catalana. Un plan sin memoria social, que incumpla los cometidos atribuidos a ese documento o que simplemente no respete las directrices establecidas por el TRLUC es un plan nulo de pleno derecho (art. 62.2 LRJPAC).

H) Otros documentos esenciales

Según el tipo de plan deben incluirse otros documentos. Así, en los POUM, el **catálogo de bienes protegidos** [art. 59.1 d) y 71 TRLUC].

En función del catálogo se consigue la efectividad de las medidas urbanísticas de protección referidos a bienes inmuebles, singulares o en conjunto (monumentos, edificios, jardines, paisajes, bienes culturales) en razón de sus valores arquitectónicos, arqueológicos o culturales. Los bienes culturales protegidos, de acuerdo con su legislación específica (Ley 9/1993, de 30 de diciembre, del patrimonio cultural catalán), se deben incluir en el catálogo.

Por otra parte, deben incluirse también, en particular en los POUM, **estudios de movilidad adecuada y sostenible en el municipio**, en cumplimiento de la obligación de prestación del servicio de transporte colectivo urbano de viajeros. Este estudio se relaciona en la memoria del plan y se desarrolla de acuerdo con la Ley 9/2003, de 13 de junio, de la movilidad.

Asimismo, cuando lo exija la normativa autonómica, es también preceptivo el **informe de impacto de género**, todo ello teniendo en cuenta la transversalidad del principio de igualdad de trato entre hombres y mujeres, el cual no es una cuestión neutral en materia de urbanismo, tal como se ha ocupado de señalar el Tribunal Supremo (STS de 10 de diciembre de 2018, Ar. 5384, Ponente: César

TOLOSA TRIBIÑO, Plan General de Ordenación Urbana de Boadilla del Monte; y STS de 6 de octubre de 2015, Ar. 5588, Ponente: César TOLOSA TRIBIÑO, Plan de ordenación de la Costa del Sol).

Por último, la Administración competente en materia de ordenación y ejecución urbanística deberá elevar al órgano de gobierno correspondiente, con la periodicidad mínima que exige la legislación en la materia, un informe de seguimiento de la actividad de ejecución urbanística de su competencia, que deberá considerar al menos la sostenibilidad ambiental y económica.

7. MODIFICACIÓN Y REVISIÓN DE LOS PLANES

Los planes de ordenación, como toda norma reglamentaria, tienen vigencia indefinida. Esta característica es una expresión del principio de seguridad jurídica (art. 9.3 CE) por el cual el ciudadano debe tener la certeza que la situación prevista por el ordenamiento no es flor de un día. Por tanto, el plan una vez publicado, va a tener vocación de continuidad. Ahora bien, la Administración, cuando la ejecución del plan se ha agotado o por circunstancias tasadas debidamente acreditadas debe alterarlo, tiene en sus manos la posibilidad de ejercer su potestad innovadora (*el ius variandi*) mediante dos técnicas: la revisión del plan y la modificación.

Así, la *revisión* del plan se produce con la adopción de nuevos criterios respecto a la estructura general y orgánica o el modelo de ordenación o de clasificación del suelo preexistente. También cuando se modifique la clasificación del suelo no urbanizable que comporte, por si misma o conjuntamente con las modificaciones realizadas durante los tres últimos años, un incremento superior al 20% de la población o del total del suelo clasificado como urbano o urbanizable. La adaptación del planeamiento general a las determinaciones de los planes directores urbanísticos no requiere, en ningún caso, la revisión del planeamiento general municipal (art. 95.5 TRLUC). También se produce la revisión con el cumplimiento del plazo fijado por el plan o con el agotamiento de su capacidad.

Será, por el contrario, una *modificación puntual* el resto de circunstancias que no tengan esas consecuencias y sean cambios aislados.

Dado el abuso que se ha hecho de estas figuras, es necesario extremar los controles y cautelas del propio ordenamiento urbanístico. El legislador y la jurisprudencia han reforzado las que justifican la puesta en marcha de dichos mecanismos. Otra cosa significaría dejar al albur del gobernante de turno, a su propio capricho, la regulación de cada extremo de la ciudad.

De ese modo, y en primer término, el plan está para ser cumplido. Si la Administración decide revisarlo o modificarlo debe justificar las causas que concurren, ya citadas, que son supuestos legales habilitantes que actúan como *números clausus* (así, art. 97.2 TRLUC). En este sentido, son causas tasadas y la claridad de su redacción no debe dejar dudas, por lo que la referencia a la «ausencia de una proyección adecuada de los intereses públicos» como causa de valoración negativa de la propuesta de revisión, carece de justificación. Además, si la modificación o revisión se producen dentro de los tres años desde su aprobación definitiva, se consideraría una alteración anticipada que podría dar derecho a las correspondientes indemnizaciones (art. 28 RLUC).

En segundo lugar, deben respetarse unas reglas de procedimiento, basadas en el principio «*contrarius actus*», es decir, que los trámites seguidos para la elaboración y aprobación deben ser observadas para su revisión o modificación, so pena de nulidad (STS de 23 de septiembre de 1992, Ar. 6976, PERI «Cal Collut». Ponente: Pedro ESTEBAN ÁLAMO). En este sentido, la revisión del plan obliga a seguir todos los trámites realizados para su aprobación e incluir los mismos documentos que un nuevo plan.

En tercer lugar, deben respetarse los límites de la potestad discrecional de planeamiento (Tema VIII). En particular, adquiere una especial importancia la justificación de la revisión (o en su caso modificación puntual) basada en el control de los hechos que determinen esa alteración del plan recogidos en la memoria (STS de 27 de marzo de 1991, Revisión del Plan General de Tossa. Ar. 2226. Ponente: F. J. DELGADO BARRIO). En estos casos se debe explicar con mayor profundidad, si cabe, las causas de alteración del plan. Esa justificación se exige con mayor rigor cuando se alteran zonas verdes, espacios libres o equipamientos, en especial, cuando la revisión los incluye en áreas discontinuas (STSJC el 7 de septiembre de 2007, núm. 757, Ar. 2008/30, modificación PGM ámbito les Roquetes. Ponente: Ana RUBIRA MORENO). La ley en estos casos exige un procedimiento específico, reforzado, art. 98 TRLUC (STSJC 13 de marzo de 2008, nº 216, Ar. 182581, Plan General Lloret de Mar. Ponente: Francisco LÓPEZ VÁZQUEZ).

El abuso de esta potestad en los últimos tiempos ha sido frecuente. Municipios que han multiplicado su número de habitantes, la superficie urbanizada o el número de viviendas ha estado a la orden del día. Por ello la legislación ha reforzado los controles.

Así, en los procedimientos de alteración de los instrumentos de ordenación, la documentación expuesta al público deberá incluir un resumen ejecutivo que delimite los ámbitos en los que la ordenación proyectada altera a la vigente, con un plano de su situación y el alcance de dicha alteración (art. 25. 3 TRLS).

Además, deberá ser objeto de evaluación ambiental estratégica en los supuestos en los que la legislación lo prevea (ver tema II, 8) y, en particular, cuando se transforme suelo no urbanizable. En esa línea, deberán incluirse los informes preceptivos «y determinantes» para el contenido de la memoria ambiental (documento cuya ausencia o insuficiencia provocará la ilegalidad de la modificación) en particular los informes de la Administración hidrológica, de costas (si afecta al sistema costero) y demás administraciones competentes en materia de infraestructuras.

Además debe acompañarse todo ello de un informe o memoria de sostenibilidad económica en el que se ponderará el impacto de la actuación en la Hacienda Pública afectada por la implantación y el mantenimiento de las infraestructuras necesarias o la puesta en marcha y la prestación de los servicios resultantes de la alteración del plan, así como la suficiencia y adecuación del suelo destinado a usos productivos (art. 22.4 TRLS; arts. 59.3 d y 61.1 d TRLUC). Por último, las modificaciones de planeamiento general que comportan un aumento del aprovechamiento requieren una documentación mucho más estricta, incluyendo, entre otras cuestiones, la identidad de los propietarios afectados, la agenda o programa de actuación del plan, una evaluación económica de la rentabilidad del plan y un porcentaje de cesión de suelo a la Administración. Además, si las modificaciones se realizan antes de cinco años se requiere el informe favorable de la Comisión de Urbanismo (así art. 99 TRLUC).

En esa línea, resulta ilegal y nula de pleno Derecho (art. 102 LJCA), pudiendo llegar a ser incluso constitutiva de delito, la decisión de alterar el plan con la finalidad de eludir el cumplimiento de una Sentencia (así Auto TSJ Baleares, Palma de Mallorca, de 20 de diciembre de 1995. No publicado).

En definitiva, la alteración anticipada del plan debe estar siempre debidamente justificada y amparada en razones de interés público con plena coherencia del planeamiento de rango superior.

BIBLIOGRAFÍA Y JURISPRUDENCIA. PARA IR MÁS LEJOS

Sobre la ordenación del territorio se han escrito múltiples trabajos destacando los de A. PÉREZ ANDRÉS. «La ordenación del territorio en el Estado de las autonomías», Instituto García-Oviedo-Marcial Pons, Madrid; L. COSCULLUELA MONTANER. Presupuestos constitucionales de las competencias de ordenación urbanística, en «Estudios sobre la Constitución Española. Homenaje al profesor Eduardo García de Enterría», Ed. Civitas, Madrid; T. R FERNÁNDEZ. «Competencias sectoriales y su integración territorial», en «Jornadas sobre la ordenación del territorio (Bilbao 8 y 9 de octubre de 1990), Publicaciones Departamento de Urbanismo, Vivienda y Medio Ambiente. Gobierno Vasco. Vitoria; F. LÓPEZ RAMÓN. «Planificación territorial», RAP, núm. 114, 1987. De este mismo autor es importante analizar el trabajo urbanismo municipal y ordenación del territorio, REDA, núm. 82, 1994. A. JIMÉNEZ BLANCO. «Las relaciones de funcionamiento entre el poder central y los poderes territoriales», Instituto de Estudios de la Administración Local, Madrid. BAÑO LEÓN, J.M. «Las autonomías territoriales y el principio de uniformidad de las condiciones de vida», INAP, Madrid. S. GONZÁLEZ-VARAS, Urbanismo y Ordenación del Territorio, 4 ed. Ed. Aranzadi, Pamplona; J. AGUDO GONZÁLEZ (Coord), *Nulidad de planeamiento y ejecución de sentencias,* José María Bosch Editor, Barcelona, 2018; M.J. VALENZUELA RODRÍGUEZ, «La exigencia de un informe en materia de género en el planeamiento urbanístico: a propósito de la Sentencia del Tribunal Supremo de 10 de diciembre de 2018», *Revista de Derecho Urbanístico y Medio Ambiente* núm. 324, 2018; J. GIFREU I FONT, «La valoración del suelo no urbanizable afecto a sistemas generales: de su contribución a "crear ciudad" a la negación de expectativas urbanísticas en el valor del suelo», *Revista de Derecho Urbanístico y Medio Ambiente* núm. 329, 2019.

Desde el punto de vista del Derecho autonómico catalán, véase Belén NOGUERA. «La conflictivitat competencial en materia d'ordenació del territori», IEA, Barcelona 1993; J.M. TRAYTER, «Planes territoriales y urbanísticos: situación actual y perspectiva de futuro» en *El derecho de la ciudad y el territorio,* estudios en homenaje a Manuel Ballbé Prunés, Judith GIFREU (dir.) y otros, 2016, pp. 351 y ss.; «El planyament territoria i urbanistic» en el libro ya citado *El sesenvolupament de l'autogovern en materia...* op. cit., 2017, pp. 199-222. Asimismo véase también la explicación de los problemas que pueden causar las relaciones entre los distintos planes (territoriales y urbanísticos) y la competencia de las distintas administraciones públicas en J. M TRAYTER, Proyecto de infraestructura ferroviaria y planeamiento urbanísticos: (a propósito de la línea de alta velocidad Madrid-Zaragoza-Barcelona-frontera francesa) publicado en «Infraestructuras ferroviarias del tercer milenio» (Mª JESÚS MONTORO CHINER. Dir.), Ed. CEDEX, Barcelona.

Los autores citados sobre la naturaleza reglamentaria de los planes se incluyen en las obras generales del Tema I.

Acerca de la naturaleza y otras cuestiones fundamentales de los Planes urbanísticos en MUÑOZ MACHADO, S. - LÓPEZ BENITEZ, M., *El planeamiento urbanístico*, Ed. Iustel, Madrid, respecto a los planes directores véase, en el litoral, J. M. AGUIRRE. «L'ordenació del litoral català: els plans directors urbanístics del sistema costaner», Ed. Atelier, Barcelona; Régimen jurídico del litoral catalán. Especial referencia a la reforma de la Ley de Costas operada por la Ley 2/2013 y el nuevo Reglamento General de Costas aprobada por el RD 876/2014, Ed. Atelier. F. J. SANZ LARRUGA (Dir.), GARCÍA PÉREZ, M. (coord.) *Estudios sobre la ordenación, planificación y gestión del litoral: Hacia un modelo integrado y sostenible*, Ed. Instituto de Estudios Económicos de Galicia Pedro Barrié de la Maza. A Coruña. Asímismo, véase también PAREJO NAVAJAS, T. «La proyección de la ordenación física de usos sobre la costa y el mar próximo: la planificación del *Aquitorio*». Ed. Iustel, Madrid. TRIAS PRATS, B. «El régimen económico de los servicios portuarios en los puertos estatales». Ed. Iustel, Madrid. BAÑO LEÓN, J.M., «Un plan jurídico de reforma para los planes urbanísticos», *Revista de Urbanismo y Medio Ambiente*, num. 311, 2017.

Sobre cuestiones de costas y litoral, J.M. TRAYTER (coord.), «Autonomía, litoral y costas», Institut d'Estudis d'Autogovern, Barcelona y Palma, 2023.

La obra seguida fundamentalmente en el texto es la de la profesora de la Universitat Autónoma de Barcelona Judith GIFREU FONT. «El planeamiento urbanístico», en «Comentarios a la Ley... op. cit, pp. 177 y ss. Véase en general J. M TRAYTER. «El control del planeamiento urbanístico», ed. Civitas, Madrid 1996; Del mismo autor, «Urbanismo y agua», en *El agua: estudios interdisciplinarios*, M.J. MONTORO, coord., Barcelona 2009.

Respecto a la jurisprudencia véase: a) *Contenido de los Planes Directores Urbanísticos* STSJC nº 222 de 10 de marzo de 2009 nº 360 Plà Director Sistema Costaner, Masnou. Ponente: Manuel TÁBOAS BENTANACHS. b) *Modificaciones y revisión planes. Modificación de zonas verdes espacios libres equipamientos emplazables en otro lugar de la ciudad* sin justificar. Nulidad, STSJC de 5 de julio de 2007, nº 654, Ar. 910, modificación PGM, 22@bcn. Ponente: Manuel TÁBOAS BENTANACHS. Esta sentencia pone de relieve el fraude que significa para los vecinos de un barrio, modificar los sistemas locales y compensarlos en otro lugar de la ciudad o en otra ciudad (caso del área metropolitana de Barcelona). Esta discontinuidad no tiene, en ocasiones, justificación alguna. El caso más significativo es el de la recalificación del miniestadi del Barça en las Corts (calificado en su mayoria como equipamientos deportivos y zona verde) que se compensará con 7,5 hectáreas de terrenos en Montcada i Reixach. c) *La declaración de nulidad de un Plan General conlleva la nulidad en cascada del planeamiento derivado y actos de aplicación con efectos ex tunc*, tal y como manifiesta la STS de 29 de abril de 2021, núm. 584/2021, Ponente: M. Jesús PERA BAJO. d) El *derecho de los particulares a la tramitación de los planes de iniciativa particular* se recoge en la STSJC de 25 de junio de 2008, nº 538, Ar. 445, PERI industria estampadora, el Masnou. Ponente: Francisco LÓPEZ VÁZQUEZ. La misma establece que los particulares tiene derecho a la tramitación de los planes de iniciativa particular y solo se puede denegar la aprobación inicial cuando la iniciativa «viole de forma clara, palmaria y evidente al ordenamiento urbanístico vigente». Como no existe discrecionalidad en la tramitación, si las deficiencias no son substanciales debe ordenarse esa subsanación y continuar la tramitación. e) Asumiendo la doctrina del TS en la *aprobación definitiva de los planes*: STSJC de 30 de diciembre de 2008, nº 1043, Ar. 175028, Ajuntament de Torregrossa. Ponente: Manuel TÁBOAS BENTANACHS. e) La problemática de la publicación de los planes fue resuelta en dos sentencias de la Sala de Revisión del TS de 11 de julio y 22 de octubre de 1991 (Ar. 6352 y 8375).

Para la distinción revisión-modificación de los planes véase STSJC, Sala de lo contencioso, sección 3era de 8 de junio 2011, nº 472, Ar. 367063, Pals. Ponente: Manuel TÁBOAS BENTANACHS.

TEMA IV
LA PROPIEDAD DEL SUELO. EL SUBSUELO

SUMARIO:
1. Planteamiento. El contenido del derecho de propiedad. 2. Las clases de suelo en el TRLS 2015. La clasificación en el TRLUC. Los derechos y deberes de los propietarios en los distintos tipos de suelos. A) El Suelo urbano. B) El Suelo no urbanizable. C) El Suelo urbanizable. 3. Reservas para sistemas urbanísticos. 4. El régimen jurídico del subsuelo. A) Planteamiento. B) Antecedentes de la regulación jurídica del subsuelo. C) La negación de la tesis de la demanialiad del suelo. 3. Reservas para sistemas urbanísticos. 5. La aplicación de los principios y técnicas del Derecho urbanístico. A) Planteamiento. B) Los principios constitucionales que rigen la regulación urbanística del subsuelo. C) Las principales técnicas urbanísticas de aplicación al subsuelo. D) Peculiaridad de la regulación urbanística del subsuelo. La Carta municipal de Barcelona. Bibliografía y jurisprudencia. Para ir más lejos.

1. PLANTEAMIENTO. EL CONTENIDO DEL DERECHO DE PROPIEDAD

La legislación urbanística catalana, siguiendo la línea tradicional, distingue, a efectos del régimen urbanístico del suelo, entre la clasificación del mismo, llevada a cabo en el POUM (urbano, urbanizable y no urbanizable) y la calificación específica que deriva de las categorías anteriores (así, en suelo urbano, se califica el concreto predio como uso industrial, residencial, equipamientos, etc.).

El TRLUC dedica su Título II (arts. 24 a 54) a esa regulación de la que derivan los derechos y deberes de los propietarios de dicho suelo y que determina el destino presente y futuro de éste, pues si el planeador decide, de acuerdo obviamente con la Ley, que un terreno es suelo rural o no urbanizable, quedará excluido de su transformación urbanística; por el contrario, si lo clasifica como urbanizable, en un futuro próximo, será por donde crecerá la ciudad y se desarrollará el suelo urbano.

Como también se verá, la legislación catalana distingue entre varias clases de suelo urbano (consolidado o no consolidado) en base a si está (o no) prácticamente completada la urbanización, suelo urbanizable (delimitado o no delimitado) según si están o no concretados por el planeamiento los específicos terrenos que pueden ser urbanizados en el futuro y suelo no urbanizable (por su especial protección derivada de la legislación sectorial, los planes territoriales o por pura decisión del planificador).

Como hemos dicho, la clasificación del suelo, es decir la primera decisión sobre el mismo, es realizada por los POUM (art. 57.2 TRLUC) y tiene importantes consecuencias sobre el estatuto de la propiedad del suelo (el alcance de los derechos y deberes de los propietarios) así como las repercusiones ambientales presentes y futuras.

Además y por otro lado, en el suelo urbano consolidado únicamente se necesita la aprobación del POUM para la determinación de la condición de solar y su edificación; lo mismo ocurre con el suelo urbano no consolidado. En el suelo urbanizable será necesaria, además, la aprobación de un plan parcial que concrete las determinaciones del planeamiento general y, en el suelo urbanizable no delimitado hará falta su delimitación a través de la figura de los planes parciales de delimitación. Esta última figura de planeamiento tiene dos funciones: delimitar el terreno que pasa a ser suelo urbanizable delimitado y concretar las actuaciones para su completa urbanización y, en su caso, edificación.

Como ya hemos dicho en el tema II (y completaremos en el tema VIII), el contenido del derecho de propiedad es estatutario y lo forma la legislación urbanística y, sobre todo, el plan. Así, al contenido inicial del derecho de propiedad en su estado natural (el suelo rural) el ordenamiento jurídico le añade un plus, unas facultades que determinan un mayor valor. Ello es especialmente importante en el suelo urbanizable. Sin embargo, no es un aumento de valor gratuito sino que la legislación urbanística, los planes y el TRLS (art. 11.2) lo condicionan al efectivo cumplimiento de los deberes previstos para cada tipo de suelo (cesión gratuita de viales, zonas verdes, cesión del suelo correspondiente entre el 5% y el 15% de la edificación media ponderada, realización y, en su caso, ejecución de las obras de urbanización del ámbito, así como las infraestructuras de conexión de éstas a las redes generales entre otras (art. 18 TRLS).

Por último, es necesario concretar las relaciones que, a estos efectos, se establecen entre el TRLS y el TRLUC. Como sabemos, el TRLS no es una Ley urbanística pero define el contenido del derecho de propiedad y las condiciones de su ejercicio a través de las previsiones contenidas en la propia Ley y en los planes, en particular, a efectos de valoraciones expropiatorias y cuando se pone en marcha la responsabilidad patrimonial de la Administración por actos urbanísticos. Para ello distingue entre suelo rural y urbanizado. Por su parte, y de acuerdo con la jurisprudencia sentada en la STC 164/2001, de 11 de julio el TRLUC, a efectos urbanísticos, distingue entre el suelo urbano (consolidado y no consolidado) como requisito previo al que se ligan los derechos de los propietarios, urbanizable (delimitado y no delimitado) y rural o no urbanizable.

2. Las clases de suelo en el TRLS 2015. La clasificación en el TRLUC. Los derechos y deberes de los propietarios en los distintos tipos de suelos

Como decimos, al no ser la Ley de Suelo de 2015 una Ley urbanística sino una Ley que únicamente fija los criterios de urbanización del suelo en base a las condiciones de igualdad del contenido del derecho de propiedad en el ordenamiento jurídico (arts. 1, 9.1, 33 y 149.1.1 CE), se limita a distinguir entre las dos situaciones en las que fácticamente puede encontrarse el suelo, según haya sido o no transformado: suelo rural y suelo urbanizado con efectos sobre las reglas de valoración expropiatoria o respecto a la responsabilidad patrimonial de la Administración (art. 149.1.18 CE).

Aunque como hemos visto, el TRLUC sigue distinguiendo entre tres situaciones del suelo (urbano, urbanizable y no urbanizable), en realidad la situación de suelo urbanizado de la Ley de Suelo de 2008 coincide con la de suelo urbano y la de suelo rural con la de suelo no urbanizable. El paso de esta situación a aquella otra depende del plan y, por tanto, el suelo afectado está en una situación intermedia que el TRLUC denomina urbanizable y que el propio TRLS no ignora aunque, a priori, lo incluya entre el suelo rural.

Por tanto, y a efectos urbanísticos (que son los que determina la Ley Catalana de Urbanismo), debemos referirnos al suelo urbano, urbanizable y no urbanizable; a efectos, principalmente de valoraciones (que es el regulado por la Ley de Suelo), tanto en materia expropiatoria como de responsabilidad patrimonial de la Administración, todo el suelo es rural hasta que no está totalmente transformado y pasa a estar urbanizado.

En relación a los derechos y deberes de los propietarios de estos distintos tipos de suelo, el marco jurídico viene delimitado por el TRLS y deben ser cumplidos de acuerdo con las determinaciones del TRLUC respecto al planeamiento, la gestión o la ejecución en materia urbanística, así como la edificación. Por y para ello, los propietarios del suelo están obligados a destinarlo al uso previsto por la ordenación urbanística, debiendo cumplir con las cargas que ésta impone.

A) El Suelo urbano

El art. 21.3 del TRLS señala que:

> «Se encuentra en la situación de suelo urbanizado el que, estando legalmente integrado en una malla urbana conformada por una red de viales, dotaciones y parcelas propia del núcleo o asentamiento de población del que forme parte, cumpla alguna de las siguientes condiciones:
>
> a) Haber sido urbanizado en ejecución del correspondiente instrumento de ordenación.
>
> b) Tener instaladas y operativas, conforme a lo establecido en la legislación urbanística aplicable, las infraestructuras y los servicios necesarios, mediante su conexión en red, para satisfacer la demanda de los usos y edificaciones existentes o previstos por la ordenación urbanística o poder llegar a contar con ellos sin otras obras que las de conexión con las instalaciones preexistentes. El hecho de que el suelo sea colindante con carreteras de circunvalación o con vías de comunicación interurbanas no comportará, por sí mismo, su consideración como suelo urbanizado.
>
> c) Estar ocupado por la edificación, en el porcentaje de los espacios aptos para ella que determine la legislación de ordenación territorial o urbanística, según la ordenación propuesta por el instrumento de planificación correspondiente».

Por tanto, el TRLS, al no recurrir a técnicas urbanísticas o de ordenación del territorio (pues por razones competenciales lo tiene prohibido), establece el marco estatal que regula con carácter básico (Disposición Final Primera), el régimen del suelo en tanto que derechos y deberes de la ciudadanía (iguales en todo el territorio del Estado) y los criterios de acción de los poderes públicos y el régimen de valoraciones tanto en la expropiación como en el régimen de responsabilidad patrimonial. La Ley asume la realidad fáctica (los suelos rural y urbanizado en que se puede dividir el territorio) y, a partir de ahí, es la legislación territorial y urbanística de Cataluña la que concreta el sistema de ordenación y las clasificaciones del suelo así como su concreta calificación o uso del suelo. El TRLS se limita a decir que todo el territorio del Estado se encuentra efectivamente y antes de los concretos destinos urbanísticos en situación de suelo urbanizado o rural.

Por su parte y a efectos urbanísticos, constituye suelo urbano en la legislación urbanística de Cataluña (art. 26 TRLUC): 1) los terrenos que el planeamiento urbanístico (POUM o PAUM) incluya de manera expresa en esta clase de suelo porque, habiendo sido sometidos al proceso de integración en el tejido urbano, tienen todos los servicios urbanísticos básicos. 2) Los terrenos incluidos en áreas consolidadas para la edificación de al menos dos terceras partes de su superficie edificable. Al respecto, el simple hecho que el terreno confronte con carreteras y vías de conexión inter-locales y vías que delimiten el suelo urbano no comporta que el terreno tenga esta condición. 3) También son suelo urbano los terrenos que, en ejecución del planeamiento urbanístico, alcanzan el grado de urbanización determinado por éste.

La jurisprudencia ha establecido tradicionalmente que la realidad fáctica se impone al planeador y, por tanto, la decisión de clasificar un suelo como urbano es una decisión reglada, no discrecional, que normalmente realiza el POUM (art. 59 TRLUC). De ese modo, la realidad física se impone y si realmente el suelo ha sido transformado, tiene los servicios urbanísticos básicos (red viaria, redes de abastecimiento de agua, redes de saneamiento sanitario, red eléctrica, etc.) y, además, los terrenos están integrados en la malla urbana, es suelo urbano. También es suelo urbano los terrenos comprendidos en áreas consolidadas por la edificación al menos en dos terceras partes. Así, el TS ha declarado ilegal, por ejemplo, la decisión administrativa consistente en clasificar una finca como suelo urbanizable al «no corresponderse, en modo alguno, con la realidad pues dispone de agua», existe «un supermercado en funcionamiento, está delimitada por dos urbanizaciones» «tiene acceso rodado» y «existen todos los servicios que definen al suelo urbano» (STS de 5 de diciembre de 1990, Ar. 9730. Finca Can Coromina de Bigues i Riells. Ponente: P. ESTEBAN ÁLAMO). Es la doctrina de la fuerza normativa de lo fáctico que aplica también el Tribunal Superior de Justicia de Cataluña (Sentencia Sección de Casación nº 1 de 12 de febrero de 2007, Ar. Jur 2007, 138654. Parets del Vallès. Ponente: Joaquín ORTÍZ BLASCO).

Este criterio material de determinación del suelo urbano se ve completado con un criterio formal que es el que elabora el POUM (o el PAUM, delimitando suelo urbanizable no delimitado u otras operaciones para que sea urbano, art. 60 TRLUC).

Una vez concretado este suelo se distinguen dos posibles categorías, según exista o no una urbanización consolidada:

a) El suelo urbano consolidado: En este suelo se incluyen, en primer lugar, los solares (art. 29 TRLUC), esto es, terrenos que están ya urbanizados de acuerdo con el plan o, si éste no lo específica, disponen de los servicios urbanísticos básicos y confrontan con una vía que cuenta con alumbrado público, íntegramente pavimentada, incluida la zona de paso peatonal; que tienen señaladas las alineaciones y rasantes, si el plan las define; y que son susceptibles de licencia inmediata.

   En segundo lugar, también tienen la consideración de suelo urbano consolidado los «cuasi solares» (art. 30.b) TRLUC), esto es, terrenos a los cuales solo les falta, para alcanzar la condición de solar, señalar las alineaciones o las rasantes, o completar o acabar la urbanización.

   En cuanto a los derechos y deberes de los propietarios de este tipo de suelo, éstos deben completar a su costa la urbanización para que los terrenos adquieran la condición de solar (en el caso de que aún no lo sean) y a edificar los solares resultantes, de conformidad con la Ley y con el planeamiento urbanístico. Ese es un derecho y un deber, pues el respeto a los plazos se impone so pena de caducidad de la licencia. En cualquier caso, estos propietarios, a diferencia de los propietarios del suelo urbano no consolidado y del suelo urbanizable delimitado, no deben ceder nada pues, como dice T.R. FERNÁNDEZ, la ciudad está ya terminada (art. 30 TRLUC).

   No obstante, debido a la escasez de vivienda pública en nuestro país, con la entrada en vigor del Decreto Ley

17/2019, de 23 de diciembre, de medidas urgentes para mejorar el acceso a la vivienda, se introdujo la previsión de reservas de suelo para la obtención de viviendas de protección pública en suelo urbano consolidado.

Así, los planes de ordenación urbanística municipal y sus modificaciones y revisiones tienen que reservar para la construcción de viviendas de protección pública suelo suficiente para el cumplimiento de los objetivos definidos en la memoria social y, como mínimo, el suelo correspondiente al 30% del techo que se califique para el uso residencial de nueva implantación, destinados a venta, alquiler o a otras formas de cesión de uso. De esta obligación quedan exentos los planes de ordenación urbanística municipal de los municipios que solo distinguen entre suelo urbano y suelo no urbanizable y de los municipios de menos de cinco mil habitantes que cumplan con los requisitos establecidos en la norma (art. 57.3 TRLUC).

En los municipios integrados en el área metropolitana de Barcelona, esta reserva aumenta hasta el 40% en suelo urbanizable delimitado o en sectores de suelo urbano no consolidado que tengan por objeto la transformación global de los usos principales hacia uso residencial, salvo que no pueda garantizarse la viabilidad económico financiera de las actuaciones (disposición adicional sexta Decreto Ley 17/2019, de 23 de diciembre).

Además de esta previsión sobre las reservas de suelo para la construcción de viviendas de protección pública – que es un estándar urbanístico clásico en nuestro ordenamiento jurídico -, el Decreto Ley 17/2019, de 23 de diciembre, introdujo, como decimos, la obligatoriedad que estas reservas se apliquen también en suelo urbano consolidado. En este sentido, la calificación del suelo que establezca el Plan de ordenación urbanística municipal o su planeamiento derivado para localizar las reservas puede prever el destino total o parcial de la edificación a viviendas de protección pública.

Este destino afecta tanto a los **edificios plurifamiliares de nueva construcción**, aunque conserven algún elemento arquitectónico de una edificación anterior, como a los **edificios plurifamiliares existentes** en que se pretenda llevar a cabo obras de ampliación, de reforma general o de gran rehabilitación, u obras de ampliación o de incremento del número de viviendas, cuando dichas actuaciones edificatorias tengan por finalidad alojar mayoritariamente a nuevos residentes en las viviendas resultantes no reservadas a reubicación de realojados o para hacer efectivo el derecho de realojo de anteriores residentes o titulares (art. 57.7 TRLUC).
Estos artículos han sido declarados válidos y constitucionales por Sentencia del Tribunal Constitucional núm. 16/2021, de 28 de enero, por considerar que *"ni de las normas dictadas por el Estado para promover la reforma interior de las ciudades frente al modelo tradicional de producción de nueva ciudad (art. 149.1.13 CE), ni del cuadro de derechos y obligaciones de los propietarios de cualquier clase de suelo, incluido el urbanizado sometido a actuaciones de «reforma o renovación de la urbanización» del art. 7.1 a) 2 TRLSRU, amparado en el art. 149.1.1 CE, se deriva el derecho de un propietario o empresario a vetar el concreto uso de vivienda protegida habilitado por el legislador catalán; sin perjuicio, claro está, de la eventual indemnización que pueda proceder como consecuencia de esa imposición, si se cumplen los requisitos legalmente establecidos para ello"* (FJ 8º). También por Sentencia núm. 3315, de 6 de julio de 2021, del Tribunal Superior de Justicia de Cataluña (Sala de lo Contencioso – Administrativo, Sección Tercera) que deja claro que la legislación autonómica puede establecer las reservas para vivienda de protección pública en suelo urbano consolidado.
En definitiva, la reserva de suelo en suelo urbano consolidado constituye una medida que se encuentra vigente en nuestro ordenamiento jurídico y que se está aplicando en distintas zonas, especialmente, en el Área Metropolitana de Barcelona. En este sentido, debemos tener en cuenta que el

Tribunal Constitucional en la Sentencia antes referenciada, ya señaló la necesidad de prever las indemnizaciones o las medidas compensatorias que sean pertinentes ante la imposición de este tipo de reservas pues es una medida que constituye una carga para el propietario del suelo urbano consolidado (los defensores de esta medida opinan que es un mero nuevo uso diferente del de vivienda), que ya realizó las cesiones urbanísticas y la equidistribución de beneficios y cargas en su momento correspondiente.

b) Suelo urbano no consolidado: Esta situación se produce cuando la ciudad crece y, al hacerlo, va dejando en ella espacios sin urbanizar que, sin embargo, son suelo urbano por estar rodeados de terrenos urbanizados y edificados. La urbanización, en sus servicios básicos, ya está acabada (por eso es suelo urbano) pero le faltan (o le pueden faltar) los servicios complementarios u otros requisitos para que el terreno sea calificado como solar.

   En particular, esta circunstancia puede suceder cuando se han de realizar las cesiones de terrenos para destinarlos a calles o vías con el fin de completar la red viaria si el plan urbanístico las define. De este modo el art.31.2 TRLUC dice:

> *«1. Tiene la condición de suelo urbano no consolidado el suelo urbano distinto del consolidado.*
> *2. El suelo urbano consolidado deviene no consolidado cuando el planeamiento urbanístico general le somete a actuaciones de transformación urbanística incorporándolo a sectores sujetos a un plan de mejora urbana o a polígonos de actuación urbanística, o cuando deja de cumplir las condiciones de las letras b y d del artículo 29 como consecuencia de la nueva ordenación.*
> *3. Para la transformación urbanística de un sector de suelo urbano no consolidado sujeto a un plan de mejora urbana, hace falta la formulación, la tramitación y la aprobación definitiva de un plan de mejora urbana, excepto en el caso de las áreas residenciales estratégicas y de los sectores de interés supramunicipal cuya ordenación detallada se establece por el correspondiente Plan director urbanístico.»*

Al respecto, debe señalarse que una vez el suelo urbano ha sido consolidado por la urbanización, no puede ser «desconsolidado» si no es por un plan de mejora urbana debidamente justificado y con la obligación de indemnizar a los propietarios así afectados. Así lo establecen las SSTC 53/2002 de 27 de febrero de 2002 (Ley urbanística del País Vasco) y 164/2001 de 11 de julio, Ponente: Fernando GARRIDO FALLA. No obstante, el tema no es pacífico y tiene sus detractores (Lliset Borrell).

En cuanto a los derechos y deberes de los propietarios de suelo urbano no consolidado, el art. 44 TRLUC diferencia dos regímenes jurídicos. Por un lado, los propietarios del suelo urbano no consolidado incluidos en ámbitos de actuación delimitados, tienen la obligación de realizar las cesiones gratuitas para sistemas locales, sistemas generales incluidos en el ámbito de afectación, y, como regla, el 10% del aprovechamiento medio del sector. Por otro, los propietarios del suelo urbano no incluidos en ámbitos de actuación urbanística deben ceder los terrenos destinados a calles (cesión que se lleva a cabo mediante la escritura de cesión, art. 123 RLUC), costear y ejecutar la urbanización y edificar los solares en los plazos y condiciones establecidas en el planeamiento.

Por fin, una vez que las parcelas tengan la consideración de solar podrán ser edificadas. Esta facultad puede ser impuesta por el plan dentro de los plazos que en éste se estipulen (art.15 TRLS 2015 y art. 44.1 TRLUC). Mientras no sea solares, únicamente se admite que las obras de edificación sean simultáneas a las de urbanización o de reurbanización si previamente se presta la garantía y se ejecutan los elementos de la urbanización que sean determinados por reglamento (art. 41.1 TRLUC).

B) El Suelo no urbanizable

Otra distinción basada en la realidad fáctica es la clasificación de suelo rural o no urbanizable. Según el art. 21.2a) TRLS, es aquel «suelo preservado por la ordenación territorial y urbanística de su transformación mediante la urbanización» añadiendo que, como mínimo, la ordenación preservará «los terrenos excluidos de dicha transformación por la legislación de protección o policía del dominio público, de la naturaleza o del patrimonio cultural». Asimismo, quedan en esa situación de suelo no urbanizable los terrenos que, según la ordenación territorial y urbanística, deben ser preservados por su valores «ecológicos, agrícolas ganaderos, forestales y paisajísticos así como aquellos con riesgos naturales o tecnológicos, incluidos los de inundación o de otros accidentes graves» y otros previstos por dicha legislación.

En realidad, y de forma más alambicada, ese precepto reproduce la definición de suelo no urbanizable que recogía el art. 9 de la Ley de 1998 que distinguía entre dos tipos: Suelos que necesariamente, de forma reglada, eran suelo no urbanizable porque la legislación sectorial los sometía a algún régimen de protección; otros que quedaban excluidos del proceso urbanizatorio porque, discrecionalmente, por voluntad del planeador, así se decidía. Esta es la doble clasificación que dan al suelo no urbanizable los artículos 32 TRLUC y 46 RLUC. Así el primero de estos preceptos dice:

> «*Constituyen el suelo no urbanizable*:
>
> *a. Los terrenos que el plan de ordenación urbanística municipal debe clasificar como no urbanizables por razón de los factores siguientes, entre otros:*
>
> *Primero. Un régimen especial de protección aplicado por la legislación sectorial y por el planeamiento territorial que exija esta clasificación como consecuencia de la necesidad o la conveniencia de evitar la transformación de los terrenos para proteger el interés conector, natural, agrario, paisajístico, forestal o de otro tipo.*
>
> *Segundo. Las determinaciones de los planes directores, de acuerdo con lo establecido por el artículo 56.*
>
> *Tercero. La sujeción de los terrenos a limitaciones o servidumbres para la protección del dominio público.*
>
> *b. Los terrenos que el plan de ordenación urbanística municipal considera*

necesarios para clasificar como suelo no urbanizable por razón de:

Primero. La concurrencia de los valores considerados por la legislación aplicable en materia de régimen de suelo y de valoraciones.

Segundo. El objetivo de garantizar la utilización racional del territorio y la calidad de vida, de acuerdo con el modelo de desarrollo urbanístico sostenible definido por el artículo 3, y también la concurrencia de otros criterios objetivos establecidos por el planeamiento territorial o urbanístico.

Tercero. El valor agrícola de los terrenos incluidos en indicaciones geográficas protegidas o denominaciones de origen.

c. Los terrenos reservados para sistemas urbanísticos generales no incluidos en suelo urbano ni en suelo urbanizable».

Así, existe un suelo no urbanizable reglado que es aquel indisponible para la Administración y de imposible transformación por sus valores intrínsecos (STS 9 de febrero de 1994, Ar. 1443. Finca llanos de Plata. Ponente: F. J. DELGADO BARRIO), junto a aquel suelo no urbanizable discrecional, por decisión del planificador (Normas Subsidiarias Sitges. Ponente: Manuel TÁBOAS BENTANACHS).

En el suelo no urbanizable, el propietario tiene las obligaciones derivadas del destino del suelo. Así, por ejemplo, las impuestas por la Ley 5/94, de 4 de mayo de incendios de Cataluña, obligando a mantener los bosques en condiciones adecuadas. Llegados a este punto, consideramos oportuno realizar unas breves reflexiones sobre la situación real en que se encuentra este tipo de suelo. La situación actual es insostenible tanto para el propietario como para la colectividad. La escasa valoración del bosque en Cataluña, las cargas impuestas por la legislación vigente, el nulo valor que se le ha dado al paisaje, las reclasificaciones masivas y desordenadas son una hipoteca para nuestro futuro. Urge cambiar totalmente la política legislativa y la mentalidad social en este punto.

La legislación urbanística referida al mundo rural, hecha con la mentalidad de los despachos administrativos situados en la Ciudad Condal, ha de cambiar. Las personas que vivan en masías o casas rurales han de tener parecidas reglas que los habitantes que vivan en la urbe. Y, actualmente, no las tienen. Prueba de ello es que más de 700.000 masías están abandonadas. La normativa ha de dejar de ver a esas personas como un peligro para el suelo no urbanizable, para el bosque; ha de contemplarlos como los garantes de la supervivencia de las zonas rurales, de los espacios naturales protegidos. Sin ellos, los bosques se mueren, las montañas quedarán abandonadas. El que elige vivir en el mundo rural, no ha de ser de peor condición que el que viva en una calle de cualquiera de nuestras ciudades. Ha de poder tener las mismas comodidades, estar integrado en el entorno sin pasar penurias, sin que la legislación lo considere un intruso en el medio natural, sino el garante de su continuidad. Nada de eso sucede en la actualidad. Las dificultades de todo tipo que impone la legislación vigente en el día a día (que paradójicamente no es cumplida ante grandes promociones urbanísticas o reclasificaciones en lugares donde hay presión urbanística, como en la costa) deben desaparecer y facilitar que los habitantes del medio rural puedan convivir en él, permitiendo su explotación económica de manera racional y ordenada, de acuerdo con el destino de ese territorio.

En cuanto a los derechos del propietario del suelo no urbanizable o rural, se permite la utilización de conformidad con su naturaleza rústica, cuyos usos han sido ampliados con las distintas modificaciones legislativas (arts. 47.1 y 47.3 bis TRLUC). Sin embargo y como excepción a la regla general, se aceptan en primer término *actuaciones específicas de interés público* como actividades deportivas, culturales, de educación, equipamientos y servicios comunitarios vinculados al fomento del medio rural, comunicaciones, instalaciones y obras necesarias para los servicios técnicos de telecomunicaciones, infraestructura hidráulica, energía eléctrica, gestión de residuos y otras instalaciones ambientales (art. 47.4 TRLUC), que deban de emplazarse en el medio rural.

La implantación de este tipo de actuaciones específicas de interés público tanto en suelo no urbanizable como en suelo urbanizable no delimitado está sometida a la obtención de licencia urbanística municipal y requiere de la aprobación previa de un plan especial urbanístico (cuando lo exige el POUM, cuando la infraestructura afecte a más de un municipio o cuando se trate de la implantación de un sistema urbanístico general no previsto) o bien a un proyecto de actuación específica de interés público previsto en el art. 48 TRLUC, que tras la información pública es aprobado por la Comisión Territorial de Urbanismo. Es, por tanto, un procedimiento de doble autorización (autónomica y local). La nueva regulación permite la tramitación simultánea de la licencia y el proyecto, aunque condicionada la primera a la aprobación del proyecto (art. 48.3 TRLUC). El RPLU regula el procedimiento de aprobación y concesión.

Por otro lado y en segundo lugar, en suelo no urbanizable pueden admitirse también *nuevas actividades y construcciones* destinadas a la explotación de recursos naturales, estaciones de suministro de carburantes, construcciones auxiliares destinadas a la actividad de turismo rural, entre otras (art. 47.6 TRLUC). También están sometidos al procedimiento de la doble autorización señalado, con la aprobación del Proyecto por la Comisión de Urbanismo y la correspondiente licencia municipal cuando cumplen los requisitos establecidos por la norma (art. 49.1 y 2 TRLUC). Normalmente, son actividades y construcciones auxiliares de las primeras.

En estos casos debe garantizarse que la persona propietaria se hará cargo de los costes y de la ejecución de las obras de urbanización así como todas las medidas correctoras y medioambientales necesarias (art. 15.2 TRLS 2015 y 47.1 TRLUC). En todo caso quedan prohibidas las parcelaciones urbanísticas (art. 16.2 TRLS 2015 y 47.2 TRLUC).

En tercer lugar, se permite la *reconstrucción y rehabilitación de masias y casas rurales*, y de otras construcciones anteriores a la entrada en vigor del primer instrumento de planeamiento general en cada municipio, así como la rehabilitación de construcciones rurales en desuso y de construcciones agroforestales del año 1956 o anteriores, permitiéndose usos distintos como vivienda, turismo rural u hotelero e incluso el ejercicio de profesiones liberales (arts. 47.3 y 47.3 bis TRLUC) siempre y cuando se cumpla con los siguientes requisitos: a) Que estén incluidos en un catálogo específico que el planeamiento urbanístico debe incorporar. b) Deben justificarse motivadamente las razones arquitectónico-históricas o medioambientales, según los casos, que determinan la preservación o recuperación. c) Los usos de las construcciones han de ser compatibles con las actividades agrarias implantadas en el entorno. d) En el procedimiento de otorgamiento de licencias, la comisión territorial de urbanismo que corresponda tiene que informar sobre los proyectos relativos a la reconstrucción y rehabilitación de las construcciones que establece el artículo 47.3, salvo que estos proyectos sólo comporten obras de conservación, de adecuación, de mejora o de mantenimiento de un uso existente admitido por el ordenamiento urbanístico. La comisión territorial de urbanismo tiene que emitir este informe en el plazo de dos meses desde que disponga del expediente de medidas correctoras y las condiciones de carácter urbanístico a que hace referencia el artículo 48.2. En el caso que la reconstrucción o rehabilitación proyectada sea susceptible de perturbar el funcionamiento normal de las explotaciones agrarias existentes en el entorno inmediato, antes de someter el proyecto tramitado a la consideración de la comisión territorial de urbanismo que corresponda, el ayuntamiento tiene que solicitar un informe al departamento competente en materia de agricultura y ganadería sobre la incidencia del proyecto tramitado en relación al funcionamiento de las explotaciones agrarias existentes y sobre las eventuales medidas que se tienen que incluir en el proyecto tramitado para compatibilizarlo con estas explotaciones (art. 50.1 TRLUC). e) el control administrativo ejercido mediante la licencia o autorización garantizará que los materiales, los sistemas constructivos, el volumen y tipología de lo edificado sean propios del suelo rural, de conformidad con lo establecido por el planeamiento urbanístico.

La ley prevé, por tanto, un procedimiento simplificado para la autorización de este tipo de obras en masias y otras edificaciones rurales catalogadas. También debe tenerse en cuenta que en la reconstrucción y rehabilitación de masías y casas rurales que sea necesario preservar y recuperar por distintas razones (art. 47.3.a TRLUC) pueden modificarse los elementos arquitectónicos originales, siempre que no se desvirtúen las razones de la catalogación y cumpliendo las siguientes condiciones (art. 50 bis 5 TRLUC): a) en construcciones catalogadas por razones ambientales, paisajísticas o sociales, pueden hacerse intervenciones siempre que estén debidamente motivadas en el proyecto y b) en construcciones catalogadas por razones arquitectónicas o históricas, solo podrán admitirse intervenciones mínimas e imprescindibles que sean necesarias para destinar la construcción a un uso admitido y así debe motivarse en el proyecto.

Además, las construcciones mencionadas también pueden utilizarse para destinarlas a otros usos distintos siempre que fomenten su preservación y conservación o, en su caso, permitan corregir su impacto ambiental o paisajístico negativo (art. 47.3 ter TRLUC).

También lo hace, en cuarto lugar, con los proyectos de *nuevas construcciones propias de una actividad agrícola, ganadera o, en general, rústica* cuando superan los umbrales que establece la propia ley (art. 49.2 TRLUC). En estos supuestos, la intervención de los órganos urbanísticos de la Generalitat se concreta en un procedimiento de otorgamiento de la licencia municipal, con control de los aspectos de legalidad y los aspectos paisajísticos, atendiendo a los intereses supramunicipales que concurren en la protección del suelo no urbanizable.

Respecto a los proyectos que comporten el *establecimiento o ampliación de actividades ganaderas*, la ley mantiene las especificidades (art. 49.3 TRLUC), sometiendo el proyecto a información pública y estableciendo la exigencia de un informe del departamento competente en materia de ganadería relativo al cumplimiento de los requisitos de distancias establecidos por la normativa sobre ordenación ganadera. Sin embargo, si los proyectos presentados no incrementan la capacidad productiva de la instalación y son simplemente obras de adaptación de la instalación, sólo hará falta licencia municipal.

En fin, el TSJC había considerado que la instalación en suelo no urbanizable de centrales térmicas, vertederos o parques eólicos forman parte del concepto de sistema general, son sistemas generales (art. 34 TRLUC) pues vertebran y organizan la estructura general y orgánica del territorio. Esta función compete en exclusiva a los POUM (art. 57.2c y 58.1c TRLUC en la redacción del Decreto legislativo 1/2005) por lo que resultaba ilegal redirigir estos supuestos a la necesidad de obtener las autorizaciones o licencias en suelo no urbanizable ya estudiadas. Tampoco se podía dejar en manos de un simple plan especial sin cobertura ni previsión específica del planeamiento general. Todo ello, decía el Tribunal (y nosotros lo compartimos plenamente), sería hurtar el debate del emplazamiento de estos sistemas y residenciarlo en la mera voluntad del solicitante de la licencia. Estos elementos sustanciales y determinantes del desarrollo urbano deben estar previstos en el POUM (STSJC de 12 de noviembre de 2008, nº 898. Parque Eólico Vallbona de les Monges. Ponente: Manuel TÁBOAS BENTANACHS, casada por STS de 30 de octubre de 2011, Ar. 7050, Ponente: Manuel CAMPOS SÁNCHEZ-BORDONA).

Sin embargo, el legislador ha modificado los preceptos de la norma en los que se basaba la jurisprudencia para declarar la ilegalidad de esas actuaciones. En la actualidad se han modificado los artículos 34, 57.2 y 67 TRLUC con la exclusiva finalidad de convertir en papel mojado esa inteligente y progresiva jurisprudencia, evitando la necesidad que esas previsiones, que constituyen sistemas generales en suelo no urbanizable, deban estar previstas en el POUM. La ley ha previsto unos denominados Planes especiales urbanísticos autónomos (art. 68 TRLUC) para implantar infraestructuras no previstas ni en el planeamiento territorial ni en el general, alterando así la necesaria coherencia del sistema de planeamiento urbanístico (véase Tema III). Sin embargo, el TS (Sentencia de 27 de julio de 2011 ar 6881) sigue interpretando restrictivamente la concesión de autorizaciones en suelo no urbanizable, exigiendo una motivación reforzada.

Por último, en este suelo rústico, desgraciadamente, nacieron urbanizaciones ilegales. Para ordenar esta situación ha sido dictada la Ley de regularización y mejora de urbanizaciones con déficit urbanístico, de 19 de marzo de 2009. La misma intenta hacer frente a la problemática de esas urbanizaciones aparecidas en los años 70 (y aunque no lo diga la ley, ampliadas, consolidadas y reproducidas también en fechas recientes) y facilitar los procesos de regularización definitiva de las mismas. Para poder ser aplicada la ley, ha de tratarse de edificaciones distintas a viviendas unifamiliares, haberse implantado en el territorio entre la Ley del Suelo de 1956 y la Ley 9/1983, de 18 de noviembre, de protección de la legalidad urbanística, carecer total o parcialmente de obras de urbanización o de obtención de servicios urbanísticos y que, por todo ello, no hayan sido recepcionados por el Ayuntamiento. Para las urbanizaciones situadas en suelo no urbanizable (siempre que no sea de especial protección) sólo pueden ser regularizadas si un POUM modifica su clasificación urbanística, aunque la ley, expresamente laxa en todo su articulado, también excepciona esa regla declarada esencial por ella misma (art. 5.3).

Para su regularización se requiere un documento denominado programa de adecuación, que enumera las actuaciones administrativas que se deben iniciar y ejecutar tanto en el orden jurídico, técnico, económico como financiero (modificación del plan urbanístico, plan de actuación, medidas registrales, estudios de viabilidad económica, etc.). Todo ello requiere su inclusión en un POUM (también se habilita a los Planes Directores supramunicipales para esa función cuando se pretenda concentrar el área edificada), cumplir los deberes de cesión de manera obligatoria y gratuita en suelo urbano no consolidado y urbanizable delimitado, mediante la aplicación del sistema de reparcelación en la modalidad de cooperación o de compensación básica, según convenga (ver Tema V). La Junta Evaluadora de Obras de Urbanización, integrada por representantes del Departamento de la Generalitat competentes en materia urbanística, las entidades representativas de los municipios y de los parcelistas, debe servir para superar discrepancias que puedan surgir en aplicación y ejecución de la ley y en la recepción de las obras de urbanización por el ayuntamiento. Por fin, para facilitar la aplicación de la ley, se crean unos fondos anuales para la regularización de urbanizaciones cuyo beneficiario es el Ayuntamiento afectado (que son subvenciones) y una línea de ayuda o de financiación para el ejercicio de la urbanización que otorga la Generalitat a los ayuntamientos que hayan elaborado un programa de actuación con la finalidad de acelerar la ejecución de las obras de urbanización.

C) El Suelo urbanizable

Constituye el suelo urbanizable en Cataluña los terrenos que, de acuerdo con un desarrollo urbanístico sostenible, el POUM considera necesarios y adecuados para garantizar el crecimiento de la población y de la actividad económica, así como los terrenos que los planes directores urbanísticos delimitan como áreas residenciales estratégicas o como sectores de interés supramunicipal en esta clase de suelo (art. 33 TRLUC) pues, como ya dijimos, en este último caso los planes directores proceden a clasificar el suelo directamente.

El TRLS no hace referencia directa a este tipo de suelo, ya que la propia norma dice que no puede clasificar suelo, pero evidentemente no ignora a lo largo de su articulado que entre el suelo rural y el urbanizado, existe un estado intermedio que precisamente se produce cuando los planes prevén la transformación del suelo.

Si bien para el suelo urbano (y también para el no urbanizable, sobre todo de especial protección) la Administración ejerce potestades regladas, en el suelo urbanizable, su clasificación y determinaciones son el ejercicio de un poder discrecional aunque no exento de control: El suelo urbanizable debe ser cuantitativamemente proporcionado a las previsiones de crecimiento de cada municipio y debe permitir, como parte del sistema urbano o metropolitano en que se integra, el despliegue de los programas de suelo y vivienda. En esa línea, el art. 20.1 b) TRLS dice que las Administraciones competentes «deberán destinar suelo adecuado y suficiente para usos productivos y para uso residencial». En definitiva, los planes deben garantizar un desarrollo urbanístico pero en el marco de la sostenibilidad.

En relación al suelo urbanizable, los POUM pueden realizar la siguiente distinción (art. 33 TRLUC):

a) Suelo urbanizable delimitado: En el suelo urbanizable delimitado, ya se ha llevado a cabo la delimitación de los sectores de actuación, de tal manera que el planeamiento ya concreta las actuaciones para su completa urbanización y, en su caso, edificación. Así, para la transformación urbanística de un sector de suelo urbanizable delimitado, hace falta la formulación, tramitación y aprobación definitiva de un plan parcial urbanístico, excepto en los supuestos en que, de acuerdo con el TRLUC, la ordenación urbanística detallada se establece por el planeamiento urbanístico general, sin necesidad de plan parcial.

b) Suelo urbanizable no delimitado: En este caso, la delimitación de los sectores de actuación no se ha realizado aún, por lo que, como ya vimos, la transformación del suelo requiere que apruebe un plan parcial de delimitación, en el que se justifique que se han observado los parámetros establecidos por el POUM.

Respecto a los derechos y deberes de los propietarios del suelo urbanizable, de acuerdo con el art. 52 TRLUC, éstos pueden promover su transformación. Mientras no se proceda a su transformación, el régimen de uso del suelo urbanizable no delimitado se ajusta al régimen de utilización, disfrute y disposición establecido en el TRLUC para el suelo no urbanizable.

En cambio, la Ley contempla un régimen más favorable para los propietarios del suelo urbanizable delimitado.

En el proceso de tránsito al suelo urbano, la Ley equipara en algunos aspectos a los propietarios de suelo urbano no consolidado y a los de suelo urbanizable delimitado, debiendo ceder de manera obligatoria y gratuita el suelo reservado por el planeamiento para viales, sistemas generales o locales, zonas verdes y dotaciones, así como el suelo correspondiente al 10% de la edificabilidad media ponderada del ámbito que podrá aumentarse hasta el 15% en las áreas residenciales estratégicas o en otros supuestos previstos legalmente (art. 43 y 44 TRLUC). Sin embargo, la reforma de la ley omnibus ha dejado sin contenido la anterior obliglación consistente en costear y ejecutar las obras de infraestructura previstas por el plan, así como las infraestructuras de conexión a las redes generales. Asimismo, en suelo urbanizable delimitado, no es posible autorizar los usos que el art. 47 TRLUC prevé para el suelo no urbanizable (art. 52.3 TRLUC).

TIPO DE SUELO		DERECHOS/DEBERES PROPIETARIOS
SUELO URBANO	**CONSOLIDADO**	
a) Integrado en el tejido urbano con todos los servicios básicos b) Incluido en área consolidada por la edificación en 2/3 partes de la superficie edificable c) Alcanzan el grado de urbanización previsto en el plan	La urbanización, en sus servicios básicos, ya está acabada. Puede ser un solar, cuando el terreno está urbanizado de acuerdo con lo previsto en el Plan; o un cuasi solar, cuando falta algún requisito para que se considere solar	– Solicitar licencia para edificar (solar) – Finalizar las actuaciones urbanísticas pendientes (cuasi solar
	NO CONSOLIDADO	
	Faltan servicios complementarios u otros requisitos para completar la urbanización conforme al Plan, como señalar las alineaciones y rasantes.	– Reparto equitativo beneficios y cargas – Cesiones gratuitas sistemas locales/generales – Cesión 10% aprovechamiento urbanístico (excepcionalmente 15%) – Costear y ejecutar la urbanización – Edificar (con licencia previa y garantía - Art. 41.1 TRLUC)

SUELO URBANIZABLE	DELIMITADO	
Terrenos respecto a los que el plan prevé su desarrollo urbanístico al considerarlos necesarios y adecuados para garantizar el crecimiento de la población y de la actividad económica o están delimitados como áreas residenciales estratégicas o sectores de interés supramunicipal	El POUM o un Plan Parcial de delimitación ya ha concretado los sectores de actuación, previendo las actuaciones para la completa urbanización y, en su caso, edificación	– Reparto equitativo beneficios y cargas – Cesiones gratuitas sistemas locales/generales – Cesión 15% aprovechamiento urbanístico – Costear y ejecutar la urbanización
	NO DELIMITADO	
	El Planeamiento no ha delimitado los sectores de actuación, por lo que la transformación del suelo requiere que se apruebe un Plan Parcial de delimitación	– Promover la transformación del suelo – Régimen de utilización, disfrute y disposición del suelo no urbanizable
SUELO NO URBANIZABLE	REGLADO	
Suelo preservado de la urbanización	– Régimen especial de protección aplicado por legislación sectorial / planeamiento territorial – De acuerdo con las determinaciones de planes directores – Limitaciones o servidumbres para la protección del dominio público	– Derecho de uso, de disfrute y de disposición de sus propiedades de acuerdo con la naturaleza rústica de los terrenos – Prohibición parcelaciones urbanísticas – Actuaciones art. 47.3 TRLUC – Actuaciones específicas de interés público art. 47.4 TRLUC – Nuevas construcciones art. 47.6 TRLUC

	DISCRECIONAL	
	- Concurrencia de valores considerados por la legislación de suelo - Utilización racional del territorio y calidad de vida - Valor agrícola de los terrenos incluidos en indicaciones geográficas protegidas o denominaciones de origen	

3. Reservas para sistemas urbanísticos

En los distintos tipos de suelo que acabamos de analizar (urbano, urbanizable y no urbanizable), deben existir también reservas para sistemas urbanísticos (art. 34 TRLUC), integrados por los terrenos que el planeamiento urbanístico reserva para las comunicaciones, para los equipamientos comunitarios y para los espacios libres.

Estos sistemas urbanísticos pueden ser de carácter general, en el caso de que su nivel de servicio sea de alcance municipal o superior, configurando así la estructura general del territorio y determinando el desarrollo urbano. Por el contrario, los sistemas urbanísticos tienen carácter local cuando su nivel de servicio sea un ámbito de actuación de suelo urbano o de suelo urbanizable, o el conjunto de suelo urbano de un municipio, de acuerdo con lo que establezcan, en este último caso, el plan de ordenación urbanística municipal o el programa de actuación urbanística municipal.

En este contexto, el TRLUC distingue:

a) El **sistema urbanístico de comunicaciones** (art. 34.4 TRLUC), que comprende todas las infraestructuras necesarias para la movilidad de las personas y de mercancías, por transporte terrestre, marítimo o aéreo, y comprende asimismo las áreas de protección y las áreas de aparcamiento de vehículos respectivas.

b) El **sistema urbanístico de equipamientos comunitarios** (art. 35.5 TRLUC), que comprende centros públicos, equipamientos de carácter religioso, cultural, docente, esportivo, sanitario, asistencial, de servicios técnicos y de transporte, de alojamiento dotacional y otros equipamientos que sean de interés público o de interés social.

Especial atención merecen los **equipamientos de alojamiento dotacional**, destinados a satisfacer las necesidades temporales de habitación de las personas en régimen de uso compartido de todos o una parte de los elementos del alojamiento con otros usuarios, en régimen de uso privativo o de vivienda completa, por razón de la dificultad de emancipación; los requerimientos de acogimiento, asistencia sanitaria o asistencia social; trabajo o estudio; o afectación por una actuación urbanística. En este tipo de equipamientos ha incidido el Decreto Ley 17/2019, de 23 de diciembre, de medidas urgentes para mejorar el acceso a la vivienda, que altera su definición y denominación (antes se calificaban como viviendas dotacionales públicas); y pasa a incluirlos en los equipamientos comunitarios, mientras que anteriormente constituían una categoría autónoma de equipamientos urbanísticos.

La finalidad perseguida con estas modificaciones es doble: 1) En primer término, el cambio de denominación y definición pretende abrir este tipo de alojamiento a una tipología más diversa, que no solo incluya las viviendas de uso independiente, sino también los alojamientos colectivos, compartiendo espacios habitables con otras personas que no forman parte de la misma unidad de convivencia; 2) En segundo lugar, su inclusión dentro de los equipamientos comunitarios permite que terrenos destinados a equipamientos comunitarios (en los que antes no se incluían los alojamientos dotacionales públicos) se dediquen a alojamiento dotacional, requiriéndose únicamente una justificación adecuada de su necesidad preferente con respecto a otros usos de equipamiento. En este sentido, se establece un régimen transitorio que permite la construcción de alojamientos dotacionales de titularidad pública en terrenos calificados de equipamientos comunitarios, sin necesidad de adaptar previamente el planeamiento urbanístico, cuando el planeamiento mencionado no concrete el uso o como ampliación de equipamientos existentes de acuerdo con las condiciones de integración en el entorno que se establezcan.

Esta última medida supone, a nuestro juicio, alterar las reglas del juego a mitad del partido. Cuando un plan urbanístico ha previsto dedicar unos terrenos a ciertos equipamientos comunitarios (los que se incluían en la legislación vigente en el momento en el que se elaboró y aprobó el plan) y, conforme a eso, se han elaborado los documentos que integran el plan y realizado los trámites participativos, no parece de recibo que esos usos puedan ser alterados por una modificación legislativa realizada a posteriori. Aunque satisfacer el derecho constitucional a una vivienda digna sea un objetivo loable, el fin no siempre justifica los medios.

Por último, hay que tener en cuenta que, de acuerdo con el art. 5ter TRLUC, los equipamientos de alojamiento dotacional se configuran, preferentemente, como equipamientos de titularidad pública. En este sentido, para que los particulares puedan promoverlos, es necesario que la Ley o el planeamiento no exijan la titularidad pública del equipamiento; que el planeamiento determine los ámbitos donde se pueden situar los equipamientos dotacionales de iniciativa privada y la cantidad máxima de suelo que se puede destinar a los mismos; que se concierte con la Administración competente en materia de vivienda ciertos aspectos, como los colectivos de personas a las que se destina, los criterios de selección de los usuarios, o las características fundamentales del alojamiento; y la constitución e inscripción en el Registro de la Propiedad del derecho de tanteo y retracto a favor de la Administración para tiempo indefinido para la primera transmisión onerosa y para diez años en las segundas y ulteriores transmisiones onerosas.

c) El **sistema urbanístico de espacios libres**, que comprende los parques, jardines, las zonas verdes y los espacios para el recreo, el ocio y el deporte.

En relación a los terrenos reservados para sistemas urbanísticos de titularidad pública, si son comprendidos en un ámbito de actuación urbanístico, sometido a sistema de reparcelación, se adquieren mediante cesión obligatoria y gratuita. Si es necesario, puede realizarse también una actuación aislada expropiatoria.

En relación a aquellos terrenos no comprendidos en un ámbito de actuación urbanística sometida al sistema de reparcelación, se pueden adquirir mediante la actuación expropiatoria que corresponda.

4. El régimen jurídico del subsuelo

A) Planteamiento

El TRLUC (arts. 35, 39, 58.2 y 67) prevé la regulación del subsuelo a través de los planes urbanísticos y lo declara sometido a las servidumbres necesarias para la prestación de servicios públicos o de interés público superior y cuando sean compatibles con el uso privado del inmueble, de conformidad con el aprovechamiento urbanístico atribuido. En otro caso deberá ser objeto de expropiación.

Por su parte, el art. 12.2 TRLS también hace una remisión al planeamiento para la regulación del subsuelo.

Estas previsiones subsanan, en parte, el silencio histórico que sobre el subsuelo padecían nuestras leyes urbanísticas, a pesar de la multiplicidad de actuaciones que allí se producen (líneas de metro, servicios, parkings, túneles) que a veces no coinciden, además, con el propietario del suelo ni del vuelo.

Al respecto, la norma más avanzada en este ámbito es la Carta Municipal de Barcelona, Ley 22/1998, de 30 de Diciembre a la que nos referiremos con posterioridad.

B) Antecedentes de la regulación jurídica del subsuelo

Como antecedentes inmediatos de las cuestiones estudiadas se encuentra el artículo 350 del Código Civil cuando dispone que *«el propietario de un terreno es dueño de su superficie y de lo que está debajo de él, pudiendo hacer obras, plantaciones y excavaciones que le convengan salvo las servidumbres y con sujeción a lo dispuesto en la Ley sobre minas y aguas, y en los reglamentos de policía»*

A pesar de que, aparentemente, este precepto y otros del Código Civil otorgan potestades muy amplias al propietario del suelo sobre el subsuelo, la propia doctrina civilista (dicen F. SAINZ MORENO y JOSÉ CUESTA), se ha encargado de resaltar sus propios límites al señalar:

a) Que el precepto trae causa de la regulación del Código de Napoleón, donde el artículo transcrito aparece incluido no en la regulación del «droit de propieté» como en España, sino en el «droit d'accesión sur ce qui s'unit et s'incorpore a la chose», rechazándose el carácter absoluto de la propiedad del suelo.

b) Que el aforismo que se hace derivar de este precepto y otros del Código Civil, según el cual el propietario del suelo lo es también del vuelo y del subsuelo hasta los infiernos, fue una idea en realidad desarrollada por los post-glosadores, pero que no es admisible aplicar en nuestro derecho.

c) Que, en realidad, es el interés del propietario el que determina hasta dónde alcanza en profundidad la propiedad del suelo y que se concreta en la posibilidad real de utilizar el subsuelo.

Esta teoría del interés de IHERING debe completarse con la del debilitamiento de la propiedad, según la cual el derecho de propiedad presenta una densidad máxima en el plano horizontal, pero a medida que nos alejamos hacia abajo se debilita el poder de hecho del propietario y su situación jurídica frente a la perturbación.

Así ocurre también en el Código Civil Italiano al regular «la propietà fondaria» «e il sottosuolo» y en el Código Civil alemán en el artículo 905, al delimitar el contenido de la propiedad en profundidad.

d) El Código Civil advierte que tal propiedad no se extiende a todo lo que esta debajo de ella. Deberá tenerse en cuenta lo dispuesto en las leyes administrativas sobre minas, aguas, y en los reglamentos de policía.

Lo cierto es que esas teorías, completadas por la posible previsión de servidumbres, demás legislación administrativa y reglamentos de policía, plantea más de un problema pues, por ejemplo, resulta de difícil concreción hasta dónde llega el interés del propietario, si ese interés es presente o futuro y cómo y dónde encaja la función social del derecho de propiedad del art. 33 CE.

Acudiendo a nuestro derecho administrativo, y, en especial, al subsuelo urbano local, sorprende la ausencia de regulación legislativa propia y general.

Así, tradicionalmente, ni en la legislación estatal sobre bienes de las entidades locales recogida en los arts. 79 y ss. de la Ley de Bases de Régimen Local (LBRL 7/1985, de 2 de abril) ni los artículos 74 y ss. del Decreto Legislativo 781/1986, ni el Reglamento de Bienes del 86, ni la distinta legislación autonómica, han definido la extensión vertical de los bienes inmuebles de los municipios.

Sin embargo, no ha sido así históricamente. Un auténtico hito en la regulación del subsuelo lo constituye el Decreto Ley de 29 de diciembre de 1868 sobre las bases generales para la nueva regulación de minas. En él se señalan ya dos cuestiones importantes. Por un lado, se concreta que el suelo y el subsuelo son cosas distintas, pues el primero se corresponde, dice esa regulación, con la superficie propiamente dicha y además, el espesor a que haya llegado el trabajo del propietario para el cultivo, o las cimentaciones. Es de destacar que el actual Código Civil alemán utiliza el concepto «Ed Korper», cuerpo de tierra, para definir el suelo, recogiendo la misma idea. El subsuelo se extendería a partir de que el suelo termine, indefinidamente.

Por otro lado, se declara que todo subsuelo se halla originariamente bajo el domino del Estado, quien podrá disponer de él.

El precepto que recoge la demanialidad del subsuelo, vigente hasta la Ley de Minas de 1944, fue esgrimido por el Tribunal Supremo en la pionera Sentencia de 4 de diciembre de 1906, al declarar que el dueño de la finca cuyo subsuelo atraviesa un túnel de ferrocarril «no tiene derecho a ser expropiado de él por la elemental razón que no es de su pertenencia».

C) La negación de la tesis de la demanialidad del suelo

Esa regulación, aunque circunscrita a un objeto concreto, las minas, nos proporciona una primera pista. ¿es posible considerar en el actual sistema jurídico constitucional todo el subsuelo como un bien de dominio público? Si la respuesta fuese positiva, los problemas acabarían, pues la construcción de infraestructuras, vías, túneles, o estaciones en el subsuelo se enfrentarían a menos cuestiones jurídicas que al discurrir por la superficie.

De ese modo, el subsuelo privado alcanzaría sólo el espacio al que llega el interés del propietario y al que tiene acceso desde el suelo. Por debajo de esa línea, el subsuelo se convertiría en dominio público.

Esta tesis ha sido aceptada incluso por el diccionario de la Real Academia de la Lengua, al decir que el subsuelo «es aquella parte profunda del terreno a la cual no llegan los aprovechamientos superficiales de los predios y donde las leyes consideran establecido el dominio público». Aunque, insistimos, ésa podría ser la solución a muchos de los temas planteados, dicha afirmación merece algunas consideraciones.

Para empezar, gran parte de las leyes administrativas que se refieren al subsuelo califican de demaniales ciertos bienes que se encuentran en el mismo, pero no al subsuelo propiamente dicho. Así ocurre con la legislación de aguas al declarar que son de dominio público los acuíferos por los que circulan las aguas subterráneas o la Ley de minas de 1973.

Respecto a los ferrocarriles, la Ley de Ordenación de los trasportes terrestres 16/1987, de 30 de julio, dispone que son aplicables a los mismos la normas relativas al uso y defensa de las carreteras, en concreto el régimen de las autovías, adaptándose también a los túneles de ferrocarriles. Así, en primer término, son de dominio público los túneles y una franja de 8 metros de anchura a su alrededor, reducida a 5 metros en suelo urbano; también, como dice el Real Decreto por el que se aprueba el Reglamento de la Ley de Transportes, es dominio público el terreno ocupado por los soportes de la estructura. Paralelamente, se establece una zona de servidumbre de 20 metros que en suelo urbano se reduce a 8, en donde no podrá, a priori, edificarse. Por último, se recoge una zona de afección de 50 metros reducidos a 25 en suelo urbano, en donde las actividades a realizar están sometidas a la previa autorización de la empresa titular de la línea.

Estas reglas son completadas por la Orden del Ministerio de Fomento de 19 de diciembre de 1998, por la que se aprueba la instrucción para el proyecto, construcción y explotación de los túneles de ferrocarril.

Como vemos, dicha legislación se refiere no al subsuelo propiamente dicho, sino a los bienes que se encuentran en él y que declara de domino público. Ahora bien, la duda surge inmediatamente: ¿podría una ley declarar todo el suelo de dominio público?

La cuestión no se mueve en el terreno de la hipótesis, pues no olvidemos, que esa fue la idea del Ayuntamiento de Barcelona al elaborar la Carta Municipal, declarando que, a partir de 6 metros de la superficie, era dominio público. Por su parte, leyes urbanísticas como la de Castilla-La Mancha, Canarias y Andalucía declaran que cuando la ordenación territorial y urbanística no atribuya aprovechamiento urbanístico al subsuelo, «éste se presume público» (JOSÉ CUESTA).

La cuestión, a nuestro juicio, ha sido resuelta por las Sentencias del TC 227/1988, de 29 de noviembre, relativa a la Ley de aguas (Ar. 1988/227) Ponente: Jesús LEGUINA VILLA y 149/1991, de 4 de julio, referida a la Ley de Costas (Ar. 1991/149) Ponente: Francisco RUBIO LLORENTE, (BELÉN NOGUERA). En ellas, interpretando el artículo 132 CE se afirma:

Por un lado, y en primer lugar, que la Constitución recoge una serie de bienes como dominio público natural (zona marítimo terrestre, playas, mar territorial), bienes que pueden ser ampliados por el legislador, pues por dominio público natural se entiende simplemente las categorías o géneros de bienes definidos por sus características físicas naturales u homogéneas destinadas a la satisfacción de necesidades colectivas primarias. El trazar una línea divisoria entre estos bienes situándolos fuera del comercio y los de la propiedad privada, es una decisión del legislador estatal, al afectar a la competencia sobre legislación civil (art. 149.1.18) y la igualdad de todos los españoles en el ejercicio del derecho de propiedad (art. 149.1.1).

En segundo término, y respondiendo directamente al interrogante planteado, dice el TC de forma literal: «*la demanialización ope legis debe constituir una medida proporcionada y razonable a la luz de las circunstancias; la facultad de demanializar es una facultad limitada que se desprende de los derechos y principios que la Constitución consagra y... no puede ser utilizada para situar fuera del comercio cualquier bien o género de bienes, si no es para servir de este modo a finalidades lícitas que no podrían ser atendidas con otras medidas*».

Añade, además, que la declaración de un bien o género de bienes pertenecientes al dominio público implica una privación de derechos patrimoniales consolidados de naturaleza privada y deben dar lugar a indemnización en cumplimiento de la garantía expropiatoria del art. 33 CE.

Por último, y tratándose de bienes de dominio público afectos a un servicio público o a un uso privado, al determinarse la titularidad pública a la gestión de cada servicio de la que constituya su lecho o soporte material, podrá ser el legislador autonómico competente para regular sus servicios o actividades el que determine qué bienes pueden incluirse en el dominio público y en qué condiciones.

En definitiva, la tesis de la demanialización de todo el subsuelo choca con tres graves inconvenientes jurídico-constitucionales, a saber:

- — Que esa operación debería ser abordada por una Ley del Estado no de las Comunidades Autónomas, descartando que el plan urbanístico, como norma reglamentaria que es, pueda realizar esta labor, siendo una ley sobre legislación civil que debe garantizar la igualdad de todos en el ejercicio del derecho de propiedad de todo el Estado.
- — Que no todo el subsuelo puede ser declarado dominio público pues iría contra los principios de proporcionalidad y razonabilidad que establece el TC, además de atentar contra el contenido esencial del derecho de propiedad.
- — Que en realidad la Constitución, al establecer el estatuto del derecho de propiedad y el régimen jurídico de los bienes de dominio público y al aplicar estos al subsuelo, impide que, a priori, quede cercenado dicho derecho de propiedad, por el mero hecho de operar sobre el subsuelo, si bien es cierto que en él se incluyen, por la diversa legislación sectorial, cuñas de dominio público más o menos intensas, aplicando la doctrina de la escala de demanialidad formulada por DUGUIT.

Sin embargo, existe una evidente necesidad de regular el uso del subsuelo. Las soluciones que aporta el Código Civil se muestran insuficientes, a pesar que la jurisprudencia contenciosa-administrativa las aplica con naturalidad. En especial, hasta la fecha, el Tribunal Supremo viene haciendo gala de la omnipresencia de los principios según los cuales «el propietario del suelo lo es del subsuelo»; que ante la ausencia de regulación, «todo lo que no está expresamente prohibido está permitido» (permissum videtur id omne, quod non prohibitum), y que es factible cualquier obra en el subsuelo siempre que sea compatible con el uso previsto para la superficie del terreno. Así se justifica (en algunas ocasiones, no siempre) la construcción de aparcamientos subterráneos en zonas verdes o jardines públicos, una cancha deportiva e instalaciones complementarias en terrenos expropiados para uso docente, o la construcción de galerías comerciales y garaje subterráneo debajo de un inmueble.

A todo ello hay que unir una desordenada implantación de redes de servicios públicos, así como una ignorancia total de la Administración sobre el trazado y características de las canalizaciones. Toda esa situación provoca una enorme dificultad en la realización y planificación de nuevas infraestructuras.

5. La aplicación de los principios y técnicas del Derecho urbanístico

A) Planteamiento

La respuesta a esos problemas, y que parcialmente asume tanto el TRLUC como la Carta Municipal de Barcelona, debe partir de la aplicación de las técnicas y principios del derecho urbanístico, en donde la figura del plan (y sobre todo, del plan especial) y su engarce con los planes territoriales van a proporcionar soluciones importantes.

Esta afirmación se contenía ya en el Código Civil cuando se remite a los reglamentos de policía, expresión ésta que se remonta a las ordenanzas sobre policía urbana y rural de Madrid, 1847 y Barcelona, 1865, que, junto con los reglamentos sobre condiciones sanitarias de las ciudades, las ordenanzas de construcción y su fusión con los denominados planes cartográficos de las ciudades, constituyeron los antecedentes del planeamiento urbanístico y la primera regulación del subsuelo de las ciudades, ordenación que fue completada por la ordenanza técnica sobre catas y canalizaciones.

Sin embargo, hasta hace pocas fechas, la legislación del suelo no se refiere más que en aspectos puntuales al subsuelo. La legislación del 56, declaraba como objeto de la Ley «definir el concepto del derecho de propiedad del suelo de acuerdo con su función social», siendo la legislación del 76 la que recoge como determinación de los planes generales y parciales en suelo urbano «las características del trazado de las galerías, redes de abastecimiento de agua, alcantarillado, energía eléctrica y aquellos otros servicios que prevea el Plan».

Estas previsiones se completan por las disposiciones que derivan de la legislación sectorial de cada servicio público, y que, a modo de norma de directa aplicación, otorga a las compañías el derecho a ocupar el subsuelo y establecer servidumbres.

Era, sin embargo, el Reglamento de Disciplina urbanística de 1978 el que sometía a previa licencia cualquier otro uso a que se destine el subsuelo, estableciendo el acta de nacimiento de la regulación del subsuelo en nuestro ordenamiento.

Habrá que esperar al Texto Refundido de 1992 para que, aun tratándose de una Refundición, se añada: «es objeto de la regulación de esta ley la ordenación del suelo, vuelo y subsuelo» incluyendo entre los planes especiales de desarrollo del planeamiento territorial aquellos para la ordenación del subsuelo.

Por su parte, la Ley del Suelo 6/1998, guardó silencio sobre el subsuelo. En Cataluña, el TRLUC y su Reglamento de desarrollo dedican algunas previsiones al régimen jurídico del subsuelo. Así, el art. 39 TRLUC dice:

> *«1. El subsuelo es regulado por el planeamiento urbanístico y resta sometido a las servidumbres administrativas necesarias para la prestación de servicios públicos o de interés público, siempre y cuando estas servidumbres sean compatibles con el uso del inmueble privado sirviente de acuerdo con el aprovechamiento urbanístico atribuido. De otro modo, hay que proceder a la expropiación correspondiente.*
>
> *2. El uso del aprovechamiento urbanístico y la implantación de infraestructuras en el subsuelo están condicionados en cualquier caso a la preservación de riesgos, y también a la protección de los restos arqueológicos de interés declarado y de los acuíferos clasificados, de acuerdo con la legislación sectorial respectiva»*

Por su parte, el TRLS se refieren al subsuelo en su art. 12.2 donde, tras describir el contenido del derecho de propiedad del suelo, se remiten al plan y a la legislación sectorial para determinar el alcance del uso y disfrute del subsuelo.

Por tanto, la construcción teórica de la regulación del subsuelo pasa por el previo establecimiento de un marco jurídico-constitucional del mismo.

Y este va ligado a las previsiones del artículo 33 CE, que establece el estatuto del derecho a la propiedad y su función social; el artículo 9.2 CE; el artículo 45 CE referido a la utilización racional de los recursos naturales, muchos de ellos en el subsuelo; la doctrina relativa a los bienes de dominio público, artículo 132 CE; y la distinta legislación sectorial que de ahí deriva, que demanializa los bienes situados en el subsuelo; el artículo 46 CE, referido a la obligación de los poderes públicos de conservar y enriquecer el patrimonio histórico, amén del marco constitucional de distribución de competencias en materia de ordenación del territorio y urbanismo, no así, como veremos en vivienda.

Con esas reglas de juego, es la legislación urbanística y, en último extremo, el plan, como expresión máxima de toda ordenación urbana, la que va a alcanzar su máximo protagonismo.

B) Los principios constitucionales que rigen la regulación urbanística del subsuelo

Ahora bien, la propia especialidad física de subsuelo, a nuestro juicio, va a provocar ya a nivel constitucional una matización importante en los principios y técnicas aplicables al mismo.

En el suelo, la legislación urbanística está inspirada por una idea principal: ordenar las edificaciones, las construcciones, las viviendas de forma racional; ordenar los usos de los terrenos, el proceso edificatorio, que es la meta final de toda legislación del suelo. A ello va destinada toda la legislación urbanística, tomando como marco las previsiones constitucionales señaladas, que, sin embargo, resultan de aplicación matizada en lo referido al subsuelo y, sobre todo, por lo que respecta a la construcción y régimen jurídico de la vivienda, dado que ese no es el objetivo ni el uso que va a darse al subsuelo. No es, en definitiva, su hábitat natural, como veremos. Por tanto, los preceptos destinados a vivienda y construcción, la distribución de competencias ente el Estado y las Comunidades Autónomas, así como las diferentes técnicas desarrolladas en la legislación del suelo, como las reservas de suelo para construcción de viviendas de protección oficial u otras, no resultan aplicables.

Esta diferencia primordial entre suelo y subsuelo va a determinar el régimen jurídico y las técnicas a aplicar en la regulación del subsuelo.

C) Las principales técnicas urbanísticas de aplicación al subsuelo

Aparentemente, como hemos señalado, la legislación del suelo de 1998 guardaba silencio sobre las potestades urbanísticas de ordenación del subsuelo.

Sin embargo, al incluir entre los objetivos y finalidades de la ley y el planeamiento e integrantes del derecho de propiedad, la ordenación del uso de los terrenos y construcciones, el legislador estaba haciendo una interpretación amplia del concepto «terreno» tal y como hace la legislación alemana, entendiendo una ordenación integral del mismo, tanto horizontal como vertical. (SAINZ MORENO.)

A partir de ahí, la mayor parte de la legislación autonómica surgida tras la STC 61/1997, de 20 de marzo, Ponente: Enrique RUIZ VADILLO, identifica al urbanismo como la función pública que alcanza la ordenación, transformación y control del uso del suelo y subsuelo y vuelo; su urbanización y edificación incluye también al subsuelo entre las determinaciones de carácter general de los planes, recogiendo la figura de los planes especiales de ordenación del subsuelo e incluyendo también entre los actos sujetos a licencia los realizados en el subsuelo. Así lo recogen expresamente los artículos del TRLUC 35 (compatibilidad de aprovechamiento privado del subsuelo con sistemas urbanísticos públicos en el suelo), 39.2 (usos del aprovechamiento urbanístico e implantación de infraestructuras en el subsuelo), 58.2 (determinaciones de los POUM respecto al subsuelo), 70.2 (regulación del subsuelo por los PMU) y 187.1 (el sometimiento a previa licencia de los actos de uso del subsuelo).

De ese modo, globalmente, las técnicas urbanísticas y los principios generales de la actuación administrativa, desarrollados primordialmente para la regulación y uso del suelo, resultan aplicables al subsuelo. Así y con las matizaciones que luego haremos, resultan «prima facie» de aplicación sin dificultad alguna: la participación de la comunidad en las plusvalías generadas por la acción urbanística, la función social del derecho de propiedad, la remisión al plan, en concreto al POUM y al plan especial para la delimitación del derecho de propiedad del subsuelo; los trámites de elaboración y aprobación de los mismos; la consiguiente división de las clases del subsuelo en urbano consolidado y no consolidado, que en muchas ocasiones, no siempre, coincidirán con los otorgados en la superficie; el régimen de derechos y deberes de los propietarios; las distintas calificaciones del suelo urbano, excluyendo las referidas a usos y actividades, a priori, incompatibles con el subsuelo como usos de carácter residencial, viviendas, jardines públicos, zonas verdes. En base a ello, como veremos, regirán en el subsuelo las reglas del aprovechamiento urbanístico, que será atribuido por el plan; los efectos de la aprobación definitiva de los planes en lo referente a la publicidad, ejecutoriedad y a la iniciación del procedimiento expropiatorio que llevan implícitos los mismos; las reglas de coordinación con los proyectos de infraestructuras (túneles, ferrocarriles, etc). Serán de aplicación también los distintos sistemas de gestión urbanística, de reparcelación y compensación en el bien entendido que la finca resultante de la reparcelación en el suelo no tiene porqué coincidir en el subsuelo. La existencia, por ejemplo, de acuíferos podría provocar la no coincidencia, en línea de principios, entre la función y propiedad del suelo y la resultante en el subsuelo.

Otro matiz importante es que en el suelo se reparcelan metros y en el subsuelo el concepto fundamental sería el del aprovechamiento. Sin embargo, globalmente, las técnicas y principios de la gestión urbanística estarán vigentes, incluida la cesión del 10% de aprovechamiento tipo a los Ayuntamientos, que obtendría a título de dominio público o incluso de bien patrimonial.

También resulta exigible la licencia urbanística sobre los actos de uso del subsuelo (R. ENTRENA CUESTA) y recoge el art. 187.1 TRLUC, sometiendo a licencia los actos de utilización y transformación del subsuelo, licencia que sigue el régimen jurídico de las licencias urbanísticas en el suelo.

D) Peculiaridad de la regulación urbanística del subsuelo. La Carta municipal de Barcelona

La normativa más evolucionada en materia del régimen y uso del subsuelo es la Carta Municipal de Barcelona, que contiene las siguientes especialidades en la materia.

La primera y principal es que la ordenación del subsuelo va a efectuarse por las determinaciones de carácter general que se incluyen en los planes de ordenación urbanística municipal, los planes generales, pero fundamentalmente por la ordenación efectuada mediante planes especiales. A priori, quedan excluidos como regla, la ordenación urbanística del subsuelo mediante planes territoriales (así, el plan parcial), planes que contemplen globalmente el territorio que constituye su objeto y proponen la ordenación integral de éste en todos sus aspectos.

En la línea del art. 58.3 TRLUC, se propone generalizar la figura del plan especial en razón de la especificad del objeto, que no sería normalmente la ordenación integral de un ámbito especial en todos sus aspectos, sino más bien la de uno sólo de éstos, ya sea la realización de obras, desarrollo de usos o actividades en el subsuelo (así galerías comerciales, cines, estaciones, infraestructuras, túneles, servicios). No se trata de llevar a cabo una ordenación integral del territorio cuyo fin sería la actividad edificatoria o la construcción de viviendas, sino que, teniendo en cuenta las determinaciones del plan general sobre uso, reglamentaciones y ordenación del subsuelo público, se concreten sus previsiones mediante esta figura de los planes especiales. La especialidad derivará, pues, de la propia especificidad del subsuelo y de las actividades e instalaciones que van a poder desarrollarse que, obviamente, pasarán por la realización de obras pero que justificarán un régimen jurídico distinto al contemplado para la ordenación del suelo. Esta opción viene incorporada por los artículos 76 y 78.3 de la Carta Municipal de Barcelona.

Consecuencia de la anterior regulación, y en segundo lugar, es que los propietarios de las correspondientes superficies de suelo tendrán los aprovechamientos urbanísticos que el planeamiento atribuya al subsuelo. Así, a partir de ahora, es el planificador el que va a atribuir el aprovechamiento urbanístico, concretando los usos e intensidades del mismo asignados a las diversas zonas y propiedades. De ese modo, el plan es el que limita el derecho de propiedad del subsuelo. Así lo reconoce ya el art. 78.1 de la Carta Municipal de Barcelona. De esa afirmación se derivan algunas importantes consecuencias como, por ejemplo, que a partir de ahora el interés del propietario en el subsuelo va a venir determinado y concretado por el plan. De esta manera, se consigue otorgar mayor certeza sobre hasta dónde llega ese interés.

En tercer término, y derivado de lo anterior, ese aprovechamiento urbanístico queda sometido a las servidumbres necesarias para la prestación de servicios públicos o de interés público, siempre y cuando estas servidumbres sean compatibles con el uso privado del inmueble. En caso contrario, debe procederse a la expropiación, tal y como dice por ejemplo, el art. 39.2 TRLUC. A efectos expropiatorios, se tendrán en cuenta no sólo las previsiones del plan en el subsuelo, sino también las otorgadas en la superficie.

¿Qué ocurre pues en caso de silencio del plan respecto a los aprovechamientos privados del subsuelo? ¿Cuál es el valor del justiprecio expropiatorio?

A priori, en estos casos el aprovechamiento urbanístico es cero y, en principio, aunque deba de seguirse el procedimiento expropiatorio, el subsuelo privado tiene valor cero. Sin embargo, esa regla debe matizarse. Por un lado, los planes hasta la fecha guardan silencio sobre el subsuelo pues, si ello ocurriera en la superficie, es decir, una ausencia de plan o de regulación concreta, se aplicarían reglas que hasta el momento no existen en el subsuelo, como, por ejemplo, la posibilidad de edificar hasta tres plantas o la permisión de usos no prohibidos expresamente. Por otro, a partir de ahora es obvio que el plan silente va a ir en detrimento del propietario, que debe promover la iniciativa particular.

Esta cuestión da lugar a un cuarto tema. La regla de la vinculación suelo-vuelo-subsuelo a la que nos hemos referido, sigue sólo parcialmente vigente. El contenido del plan que regula el subsuelo, sin embargo, debe hacer compatibles los usos allí previstos con los recogidos para la superficie, y podrá siempre ser controlado por la jurisdicción contencioso-administrativa de acuerdo con las reglas del control de la discrecionalidad conocidas, en donde adquieren importancia capital el control de los hechos determinantes, los principios de proporcionalidad, racionalidad e interdicción de la arbitrariedad, así como la diversa legislación sectorial con incidencia en el subsuelo, que actúan a modo de norma de aplicación directa que se impone al plan. Así, por ejemplo, el art. 39.2 TRLUC establece que la implantación de infraestructuras en el subsuelo está condicionada a la preservación de riesgos y a la protección de restos arqueológicos y acuíferos clasificados de acuerdo con la legislación sectorial respectiva.

En quinto término, ante la falta de planificación de los servicios públicos que padece Barcelona, el art. 79 de la Carta Municipal prevé la necesidad que las compañías de servicios públicos cuyas instalaciones estén ubicadas total o parcialmente en el subsuelo, deben elaborar y entregar al Ayuntamiento un plano de situación de las citadas instalaciones, que deberán actualizar regularmente.

Asimismo, el Ayuntamiento debe determinar los supuestos en los que los distintos servicios deben instalarse obligatoriamente en galerías de utilización conjunta por las diversas compañías suministradoras. Además, las instalaciones de las compañías de servicios públicos, dice el art. 80 de la Carta Municipal, son subterráneas en todo el término municipal, y transcurrirán por el lugar establecido por el plan u otras disposiciones urbanísticas municipales.

En definitiva, la realidad social, los progresos de la técnica y la escasez de suelo, abren nuevas perspectivas en la utilización del subsuelo y obligan al derecho administrativo a adaptar sus reglas a los nuevos tiempos, tal y como debió hacer para ordenar y planificar en el siglo pasado los suelos de las ciudades.

BIBLIOGRAFÍA Y JURISPRUDENCIA. PARA IR MÁS LEJOS

Sobre la clasificación del suelo véanse los trabajos de SANTIAGO GONZÁLEZ VARAS «Los suelos urbano y urbanizable» y en el libro *Comentarios a la Ley de Urbanismo de Cataluña*, AA.VV., JOAN MANUEL TRAYTER (dir.), op. cit., pp. 133 y ss.; F. LLISET BORRELL, Nou regim urbanístic, op. cit., pp. 123 a 150. GUERRERO MANSO, Mª C. «La ciudad existente: delimitación del suelo urbano y en situación de urbanizado». Ed. Iustel, Madrid.

La obra clave sobre el suelo no urbanizable es C. PAREJA I LOZANO, «El régimen del suelo no urbanizable, Ed. Marcial Pons, Madrid.

Sobre el régimen jurídico de la propiedad del suelo véase J. PAREJA I LOZANO, «Régimen jurídico de la propiedad del suelo en la obra «Tratado de derecho municipal», (AA.VV S. MÚÑOZ MACHADO, dir.), Tomo II, Ed. Civitas, Madrid 1988. Sobre distintas problemáticas véase: A. SALOM PARETS, «La capacidad de carga "conditio iuris" en la normativa territorial y turística», RUMA n. 313, año 2017, pp. 39-63 y J.M. DÍAZ LEMA, «La reserva de suelo destinado a vivienda protegida, nuevo paradigma del urbanismo español», RUMA n. 316, año 2017, pp. 147-67.

Con respecto al régimen del subsuelo veanse los siguientes trabajos: F. SAINZ MORENO, «El subsuelo urbano», RAP núm 22, mayo-agosto 1990, pp. 953 y ss.; A NIETO GARCÍA, «El subsuelo urbanístico» REDA núm. 68, abril-junio 1990, pp. 187 y ss.; T. R FERNÁNDEZ RODRÍGUEZ, «La potestad urbanística del suelo, el vuelo y el subsuelo; R. ENTRENA CUESTA, Dictamen publicado en la RDU núm 32, mayo-abril 1973, pp. 95 y ss.; B. NOGUERA, «El subsuelo urbano» en la obra colectiva las infraestructuras ferroviarias del tercer milenio (Mª JESÚS MONTORO, dir.), Ed. Cedecs, Barcelona 1999; JOSE CUESTA, El subsuelo urbano (una aproximación a su naturaleza jurídica y a su régimen urbanístico), CEMCI, Granada 2000. J. M. ALEGRE, Subsuelo: Hecho y Derecho, Ed. Thomson Aranzadi: Pamplona, 2009.

JOAN MANUEL TRAYTER, «El régimen jurídico del subsuelo» en la obra «Comentarios la carta municipal de Barcelona» (A. BETANCOR, dir.), Ed. Civitas Madrid 2008, pp. 196-208.

Sobre la reserva de suelo en suelo urbano consolidado véase BERTA BASTÚS, «Mecanismos para la ampliación del parque público de vivienda. El impacto de la Ley estatal por el derecho a la vivienda», Ed. Atelier Libros Jurídicos, Barcelona, 2023.

Respecto a la jurisprudencia destacamos la doctrina citada en el texto de la instalación de sistemas generales (parques eólicos, vertederos, centrales térmicas) en suelo no urbanizable y la necesidad de su previsión en el PGOU no bastando la aplicación de los art. 47, 48, 49 y 50 TRLUC (STSJC de 10 de noviembre de 2008 nº 887. Parc eòlic Serra de Viloví. Ponente: Manuel TÁBOAS BENTANACHS), jurisprudencia que se intenta superar con las reformas legislativas de 2012. Por otro lado, la doctrina respecto al carácter reglado del suelo urbano viene resumida en la Sentencia Sección de Casación, TSJC de 4 de junio de 2003, nº 4, San Vicenç de Castellet. Ponente: Alberto ANDRÉS PEREIRA. En ella siguiendo la jurisprudencia del TS que cita (SSTS de 9 de octubre de 1998, 25 de enero de 2000 y 19 de diciembre de 2002) considera que la determinación de lo que es o no suelo urbano viene dada por la realidad fáctica. Que no basta la existencia de ciertos servicios (acceso rodado, abastecimiento de aguas, evacuación de aguas residuales y suministro de energía eléctrica) sinó que es necesario también que tales suelos se hallen insertos en la malla urbana, es decir que esten dotados de una urbanización básica constituida por una vías perimetrales y por unas redes de suministros de servicios de manera que los terrenos queden ligados al entramado urbanístico existente (así también SSTS, sala 3ª, secc. 5, de 7 de junio de 1999 y 4 de febrero de 1999).

El resumen más acabado, incluyendo la doctrina sobre el derecho al tràmite de los planes parciales de delimitación y la virtualidad de los estándares urbanísticos (en concreto la prohibición de urbanizar terrenos cuya pendiente sea superior al 20%), véase en la STSJC de 13 de mayo de 2009 nº 452, Plan Parcial de delimitación Alella de Mar. Ponente: Manuel TÁBOAS BENTANACHS. Todo ello se ve completado por la jurisprudencia reseñada en el Tema VIII y, en especial, para el control de la concreta calificación de los terrenos que otorga el plan.

TEMA V
LA GESTIÓN URBANÍSTICA

1. PLANTEAMIENTO

El plan, como dibujo que es, debe ser llevado a la realidad, ejecutarse. Para ello, la Ley catalana (arts. 116 a 156 TRLUC) prevé un conjunto de procedimientos con la finalidad de transformar el uso del suelo y especialmente para la urbanización de éste de acuerdo con el planeamiento urbanístico. La edificación de los solares resultantes también forma parte de la ejecución del plan como última fase del proceso. Así pues, la ejecución o gestión urbanística (ambos conceptos son ya sinónimos en las leyes) comportan una pluralidad de acciones que deben realizarse en el marco del plan que les da cobertura y que consisten en llevarlo a la práctica, hacerlo realidad. El proceso lógico es, por tanto, la aprobación del plan y, posteriormente, la ejecución de la urbanización y la edificación.

Ahora bien, esta última actividad, la edificación, es fundamentalmente privada, pues la Administración se limita a controlarla (aunque algunos ya consideren, de manera exagerada, que la vivienda social es un servicio público de interés general). Por el contrario, la urbanización es una actividad fundamentalmente pública (art. 4.1 TRLS), es una función pública, circunstancia que ha llevado al legislador a afirmar que «es un servicio público, cuya gestión puede reservarse a la Administración o encomendarse a privados». De ahí que el TRLS extraiga la difícilmente comprensible consecuencia que la iniciativa del proceso de urbanización y la facultad de los propietarios de desarrollarlo ya no existe, no formando parte del derecho de propiedad del suelo (art. 9.6 TRLS), dando entrada a sistemas de gestión criticados en toda Europa como es el agente (o empresario) urbanizador. Así, la Ley recoge el derecho de iniciativa de los particulares, sean o no propietarios (éstos no tienen derecho preferente alguno), en el ejercicio de la libre empresa para la actividad de ejecución de la urbanización cuando esta no vaya a realizarse por la propia Administración competente.

Sin embargo, dado que la STC 164/2001, de 11 de julio ha declarado que *«es en el marco de la legislación autonómica donde han de quedar delimitados los ámbitos de participación e iniciativa propios del propietario»* y, en su caso, del empresario urbanizador, el TRLS en el apartado 9.6 *«in fine»* permite a las Comunidades Autónomas regular el tema, cuestión que ha sido aprovechada por el art. 5 del Decreto Ley 1/2007, de 16 de octubre, de medidas urgentes en materia urbanística que, reformando el art. 110 del Decreto legislativo de 2005 (actual art. 116 TRLUC), excluyó esta perniciosa y mal regulada figura del Derecho urbanístico catalán. Así, la Administración de la Generalitat, los entes locales y las entidades urbanísticas especiales (en particular l'Institut Català del Sòl, art. 22 TRLUC), participan en el proceso de ejecución de los planes. Los particulares participan también en las modalidades previstas en la Ley. El derecho de iniciativa de la persona particular no propietaria se reduce a los supuestos en que la Administración actuante adopta la forma de gestión indirecta que determina la modalidad que seguidamente veremos. Lo destacable, en fin, es la responsabilidad pública en todo el proceso.

2. Presupuestos jurídicos para la ejecución del planeamiento

Para poner en marcha la gestión urbanística es necesario que previamente exista un instrumento de planeamiento y que, además, se hayan delimitado las unidades territoriales, (polígono o unidades de actuación) en las que vaya a desarrollarse la concreta actividad de ejecución.

De este modo, para llevar a cabo la ejecución del planeamiento no basta simplemente con la aprobación del plan sino que, además, es necesario que se cumpla con los siguientes requisitos:

A) *Publicación*. Según el art. 103 TRLUC se trata de una condición indispensable para que el plan pueda ser ejecutado de manera efectiva. La publicación deberá de realizarse en el Diario Oficial de la Generalitat de Cataluña, si corresponde a ésta la facultad para acordar la aprobación definitiva o en el Boletín Oficial de la Provincia, si tal facultad la tiene atribuida un ente local. Tanto en un caso como en el otro, habrá de contener el acuerdo de aprobación definitiva y el texto íntegro de las correspondientes normas urbanísticas (STS 11 de julio de 1991. Ar. 6352. Recurso extraordinario. Revisión. Denegación licencia obras en el Molinar (P. de Mallorca). Ponente: Paulino MARTÍN MARTÍN).

Este requisito de publicación íntegra, como se ha dicho con anterioridad, constituye una condición de eficacia del planeamiento.

Una vez publicado el plan, *en virtud del principio de ejecutividad inmediata* podrá ser ejecutado, hecho realidad.

B) *Especificidad del planeamiento*. El art. 116.2 TRLUC señala que la ejecución del planeamiento urbanístico requiere la aprobación *«del instrumento más detallado que sea exigible según la clase de suelo de que se trate»*.

Nos encontramos ante el *principio de especificidad del planeamiento* en virtud del cual, para proceder a su ejecución, es necesario que previamente se haya aprobado un plan pormenorizado y detallado que posibilite tal actuación. Siempre teniendo en cuenta, además, el principio de jerarquía, según el cual los instrumentos de gestión no pueden vulnerar las determinaciones del planeamiento (art. 13 TRLUC).

No obstante, el instrumento que en cada caso deba ser aprobado variará en función de la clasificación del suelo sobre el que se pretenda llevar a cabo la ejecución del plan. De este modo se nos presentan una serie de variantes, a saber:

1) Suelo urbano (con independencia de que sea consolidado o no consolidado). Se ha de distinguir:

— El planeamiento general contiene la ordenación detallada del ámbito objeto de ejecución: La aprobación definitiva del plan es suficiente para la ejecución directa de las prescripciones del planeamiento.
— El planeamiento general no contiene la ordenación detallada del ámbito objeto de ejecución: Es necesaria la aprobación de un plan de mejora urbana.

2) Suelo urbanizable. Se ha de diferenciar entre:

— Suelo urbanizable delimitado: De conformidad con lo establecido en el art. 33.4 TRLUC, es necesaria la formulación, tramitación y aprobación definitiva de un plan parcial urbanístico.

— Suelo urbanizable no delimitado: En estos casos el plan parcial urbanístico ha de ser de delimitación, ha de ser aprobado definitivamente y se ha de acreditar su coherencia con los parámetros determinados en los planes de ordenación urbanística municipal para la clasificación del suelo.

C) *El principio de justa distribución de beneficios y cargas.* La ejecución del planeamiento se llevará a cabo a través de la denominada gestión urbanística integrada que, el art. 117.1 TRLUC, define como el conjunto de actuaciones necesarias a fin de distribuir los beneficios y cargas derivados de la ordenación urbanística y ejecutar o completar las obras y servicios urbanísticos llevándose a cabo por sectores o polígonos de actuación urbanística completa.

Por otro lado, y en los casos en los que no sea necesario o no sea posible la delimitación de un polígono de actuación urbanística para el reparto equitativo de los beneficios y cargas, se podrá ejecutar el plan de manera puntual o aislada (art. 117.2 TRLUC), especialmente en suelo urbano.

D) *Delimitación del ámbito de actuación.* Otro requisito de indispensable cumplimiento para poder ejecutar el planeamiento y que deriva del anterior, lo constituye la delimitación del marco territorial en el que se llevará a cabo tal ejecución.

Por regla general, la delimitación del ámbito territorial en el que se ejecutará el planeamiento se realiza a través de los denominados *polígonos de actuación urbanística,* que el art. 118 TRLUC define como los ámbitos territoriales mínimos para llevar a cabo la gestión urbanística integrada, señalando acto seguido que los sectores de planeamiento pueden constituir un único polígono o bien pueden subdividirse en dos o más de estos polígonos admitiéndose, además, la posibilidad de que los mencionados ámbitos de actuación puedan ser discontinuos.

Asimismo, para la delimitación de los polígonos de actuación se han de cumplir una serie de requisitos que se relacionan en el art. 118.3 TRLUC y que son:

a) Que por las dimensiones y características de la ordenación sean susceptibles de asumir las cesiones de suelo reguladas por el planeamiento.
b) Que de existir más de un polígono dentro de un mismo sector, los beneficios y las cargas derivados de la ordenación estén equilibrados y permitan hacer un reparto equitativo de los mismos.
   El art. 123 RLUC se encarga de establecer cuando se entiende que se produce una división poligonal equilibrada. Así señala que existe tal equilibrio cuando las diferencias del aprovechamiento medio de cada uno de los polígonos, respecto al aprovechamiento medio del sector, no es superior al 15% de los beneficios y las cargas.
c) Que tengan entidad suficiente para justificar técnica y económicamente la autonomía de la actuación. Para ello es suficiente con que la unidad o polígono de actuación delimitado permita una distribución equitativa, entre los propietarios, de los beneficios y cargas derivados del planeamiento, no siendo obstáculo para ello que los terrenos que lo conforman no tengan una calificación homogénea ni el diferente grado de urbanización de éstos.

De ese modo, la aplicación del principio constitucional de igualdad y no discriminación entre propietarios (arts. 14 y 33 CE) se hace realidad en la gestión urbanística mediante el respeto al principio de justa distribución de beneficios y cargas. El mismo consiste en que, como sabemos, de la plusvalía generada por la acción urbanizadora participa la comunidad (art. 4 TRLUC), pero también los propietarios que corren con los gastos para hacer efectiva la urbanización. Esos beneficios y esas cargas o gastos han de ser equitativos. Así lo reconoce el art. 7

TRLUC como un principio general del derecho urbanístico catalán, y como un derecho que se «*reconoce y garantiza*» a lo largo del proceso urbanizador pero que alcanza su máximo impacto en la gestión del planeamiento (así STSJC nº 201 de 3 de marzo de 2000. Ar. 2000/1965. Plan especial reforma interior. Plaza de la Inmaculada (Manresa). Ponente: Manuel TÁBOAS BENTANACHS).

Para garantizar dicho principio, deben delimitarse correctamente los sectores, polígonos o unidades de actuación (art. 118 TRLUC) y deben delimitarse correctamente las obligaciones de los propietarios en suelo urbano y los sistemas de actuación urbanística. (STSJC nº 300, de 8 de abril de 2005. Ar. 2005/172651 modificación Plan Ordenación Centelles. Ponente: Ana RUBIRA MORENO). Todo ello se lleva a cabo mediante el mecanismo de la reparcelación.

E) *Elección de la modalidad de ejecución*. Por regla general, la Administración actuante determina discrecionalmente el sistema y la modalidad a través de la cual el planeamiento debe de ejecutarse. No obstante, en los polígonos de actuación urbanística de iniciativa particular, se ha de determinar preceptivamente el sistema de reparcelación en sus modalidades de compensación básica o compensación por concertación.

Al respecto, la jurisprudencia ha interpretado, a la luz del art. 121 TRLUC, que el sistema de expropiación es subsidiario al de reparcelación y el de ocupación directa, lo que conlleva que cuando la Administración elija la expropiación, deba motivar la decisión de forma reforzada y se produce una inversión de la carga de la prueba. Así, la Administración deberá justificar la necesidad y urgencia en la expropiación frente al sistema general y ordinario de reparcelación (STSJC de 29 de mayo de 2008 nº 431, Ar. 386, modificación Pla General calle Anglesola. Ponente: José JUANOLA SOLER).

3. Sistemas de gestión urbanística

1) El sistema de reparcelación

El sistema de reparcelación consiste en la agrupación o integración de un conjunto de fincas comprendidas en una superficie (el ámbito de gestión) denominada polígono o unidad de actuación, para su nueva división, ajustada al plan, con adjudicación de las parcelas con aprovechamiento privado resultantes a los propietarios primitivos; y a la Administración actuante de las parcelas que le correspondan por razón de las cesiones gratuitas y obligatorias de suelo. El mecanismo reparcelatorio debe garantizar que todos los propietarios afectados tengan, en función de su superficie, similares derechos edificatorios con independencia del emplazamiento del solar. Aplicando el mecanismo de la reparcelación se encuentran distintas modalidades: compensación básica (antes denominada compensación), compensación por concentración, cooperación y sectores de urbanización prioritaria.

SISTEMA DE REPARCELACIÓN	
COMPENSACIÓN BÁSICA (ART. 130 - 134 TRLUC)	— Los propietarios: • Aportan los terrenos de cesión obligatoria a la Administración. • Ejecutan a su cargo la urbanización. — Se constituyen mediante Junta de compensación: • Naturaleza administrativa, personalidad jurídica propia y plena capacidad para cumplimiento sus fines. • Registro de Entidades Urbanísticas colaboradoras • Se requiere el acuerdo de las personas que sean titulares de más del 50% de la superficie del polígono de actuación urbanística. • Formula un proyecto de reparcelación en el que se reparten los beneficios y cargas que deriven de la ordenación entre todos los propietarios.

COMPENSACIÓN POR CONCERTACIÓN (ART. 135 - 138 TRLUC)	— Los propietarios conciertan con el Ayuntamiento su gestión urbanística integrada. — Cuyas fincas representen más del 25% de la superficie total del polígono de actuación urbanística. — Formalizaran por escrito su compromiso ante la Administración actuante junto un proyecto de bases. — Se puede llevar a cabo en cualquier momento en los polígonos objeto de ejecución, a través de la modalidad de compensación básica.
COOPERACIÓN (ART. 139 - 141 TRLUC)	Los propietarios del polígono o unidad de actuación • Aportan a la Administración actuante el suelo de cesión obligatoria. • Quedan vinculados a la gestión del órgano urbanístico actuante. • Aportación de los suelos de cesión obligatoria y el pago de costes de urbanización. — La Administración ejecuta las obras de urbanización y si es necesario elabora el proyecto de reparcelación. — La valoración de las parcelas, construcciones preexistentes y otros bienes debe hacerse a la fecha de la aprobación inicial del proyecto de reparcelación
SECTORES DE URBANIZACIÓN PRIORITARIA (ART. 142 - 151 TRLUC)	— Son los ámbitos de suelo urbano no consolidado o urbanizable delimitado para cualquier uso. — Requisitos: • Suelo urbano no consolidado o urbanizable delimitado. • El sector han de constituir un único polígono de actuación urbanística. — La iniciativa proviene siempre de la Administración (Comisiones territoriales de urbanismo, ayuntamientos)

SISTEMA DE ACTUACIÓN URBANÍSTICA POR EXPROPIACIÓN (ART. 152 - 155 TRLUC)	— Cuando debe ejecutarse el planeamiento por polígonos completos o bien cuando deben llevarse a cabo actuaciones tendentes a la obtención de terrenos destinados a sistemas urbanísticos de titularidad pública. — Es un sistema excepcional. — La Administración determina el polígono o unidad de actuación en función de los medios económicos, financieros, la colaboración privada, entre otros. — El procedimiento a seguir: • Procedimiento de tasación conjunta. (Art. 210 - 211 TRLUC) • Procedimiento Individualizado. (Art. 212 TRLUC) • Excepcionalmente la Administración puede liberar de expropiación a una finca mediante la disposición de varias condiciones. (Art. 214.1 TRLUC)
OCUPACIÓN DIRECTA (ART. 156 TRLUC)	— Obtención de terrenos que siendo calificados por el planeamiento como sistemas generales o locales, incluidos en ámbitos de actuación, hayan de ser cedidos al dominio público. — Mientras no se lleva a cabo la ejecución del planeamiento se permite su ocupación por la Administración, reconociendo al propietario al derecho a la distribución equitativa de beneficios y cargas. — Efectos de la ocupación directa: • Transmisión anticipada a la Administración. • Derecho a indemnización. • Subrogación de la Administración. • Derecho de los propietarios de las viviendas a ser realojados. — Requisitos que debe cumplir la Administración actuante: • Justificación necesidad ocupación. • Exposición pública del acuerdo de aprobación inicial. • Debe formular una relación de bienes y derechos. • Finalizado período de prueba y estudiadas las alegaciones se procederá a la aprobación definitiva de la relación de bienes y derechos. • En el plazo de un mes a contar des de la aprobación definitiva de la relación de bienes y derechos se otorgará la acta de ocupación.

A) La modalidad de compensación básica

Esta modalidad del sistema de actuación urbanística por reparcelación se caracteriza porque son los propietarios quienes aportan los terrenos de cesión obligatoria a la Administración competente, ejecutan a su cargo la urbanización, en los términos y con las condiciones establecidas por el planeamiento y se constituyen mediante documento público en Junta de Compensación.

a) Las Juntas de Compensación: naturaleza jurídica, constitución, inclusión y exclusión de nuevos miembros

La Junta de Compensación, tiene naturaleza administrativa, personalidad jurídica propia y plena capacidad para el cumplimiento de sus fines, debiendo existir en su órgano rector un representante de la Administración actuante. La Junta de Compensación no adquiere propiamente personalidad hasta su inscripción en el Registro de Entidades Urbanísticas Colaboradoras, que puede tener lugar por acto expreso o por silencio administrativo si transcurrido un mes desde la entrada de la documentación en el registro no ha recaído resolución expresa.

Para la constitución de la Junta de Compensación se requiere el acuerdo de las personas que sean titulares de más del 50% de la superficie del polígono de actuación urbanística. A tal efecto, las personas propietarias pueden constituir una entidad urbanística colaboradora provisional o bien formular directamente las bases y estatutos de la Junta, sometiéndolos a la aprobación de la Administración competente. La reforma de la Ley de Urbanismo de 2012, modificando el artículo 123.3 TRLUC amplió de uno a tres años el plazo de vigencia de las entidades urbanísticas colaboradoras provisionales para posibilitar el completo cumplimiento de las finalidades encomendadas.

Cualquier propietario puede incorporarse a la Junta de Compensación durante el proceso de aprobación de las bases y estatutos, así como también dentro del plazo de un mes desde la notificación del acuerdo de aprobación de su constitución. Con respecto este particular, el art. 171.2 del RLUC prevé que las solicitudes de incorporación que se formulen con posterioridad a este momento podrán ser rechazadas.

En el caso de los propietarios que no se incorporen a la Junta de Compensación pero manifiesten, en el trámite de audiencia de las bases, su compromiso a participar en la ejecución del planeamiento, deberán prestar garantía por importe del 12% de los gastos estimados de urbanización correspondientes a la finca o fincas de que se trate, de acuerdo con la proporción de su superficie con respecto a la del total del sector, dentro del plazo de un mes a contar desde la notificación del acuerdo de aprobación de constitución de la Junta.

No obstante, si algunos de los propietarios ni se incorporan a la Junta ni manifiestan su compromiso de participar en la ejecución del planeamiento, la Junta podrá solicitar a la Administración competente la expropiación de sus fincas, gozando en tales casos de la condición de beneficiaria de la expropiación, o bien podrá solicitar la ocupación de las mencionadas fincas a su favor, de conformidad con lo establecido por el art. 130 TRLUC, para posibilitar de esta manera la ejecución de las obras de urbanización.

Por otro lado, las bases de actuación de la Junta también pueden preveer la incorporación de los promotores y de las empresas urbanizadoras que tengan que participar junto con los propietarios en la gestión del polígono de actuación urbanística, de conformidad con los requisitos y con las condiciones previstas por los estatutos y las bases de actuación. Tal previsión tiene la finalidad de garantizar que la ejecución de las obras de urbanización se realiza en las mejores condiciones para la comunidad de reparcelación, tanto desde el punto de vista económico como desde el punto de vista técnico.

Una vez sentado lo anterior también se ha de señalar que el TRLUC prevé (art. 130.2) dos supuestos en los que no resulta necesaria la constitución de la Junta de Compensación, que son los siguientes:

a) Si hay una única persona propietaria o bien una única comunidad pro indiviso, siempre y cuando esta situación se mantenga mientras se ejecuten las obras de urbanización.
b) Si lo acuerda el Ayuntamiento correspondiente, siempre y cuando el proyecto de reparcelación voluntaria cumpla los requisitos y los criterios de representación y de actuación establecidos reglamentariamente.

Por último, en el caso de propietarios incorporados a la Junta de Compensación que no resulten adjudicatarios de las fincas resultantes del proyecto de reparcelación, la aprobación de dicho proyecto dará lugar a la exclusión de la Junta de tales personas a partir de la percepción o depósito de la indemnización por el equivalente económico. Esta exclusión también se produce en los supuestos de expropiación por incumplimiento de los deberes de participación en la ejecución del planeamiento.

La aprobación de los estatutos y las bases de actuación de la Junta de Compensación pueden ser impugnadas ante la jurisdicción contencioso-administrativa debiendo respetar los límites de la discrecionalidad (SSTSJC de 9 de junio de 2000 nº 514, Junta Compensación Terrassa. Ponente: Pilar Martín Coscolla; 20 de mayo de 2004 nº 379, Proyecto Compensación Montmeló. Ponente: Pilar Martín Coscolla). A la Junta de Compensación, integrada por los vecinos, se le atribuyen importantes funciones administrativas y por tanto, en ocasiones, actúa en lugar de la propia Administración, como estamos viendo. En la fase de ejecución del planeamiento tienen diversos privilegios que, en puridad, son propios de la Administración (vía de apremio para el cobro de sus créditos, pudiendo ser beneficiaria de la expropiación). En ese contexto, y una vez aprobado el proyecto de urbanización que veremos a continuación estos, los estatutos y bases de actuación se someten a la Ley de Contratos del Sector Público (SSTJCE, Scala de Milán, de 12 de Julio de 2001 y 25 de Marzo de 2010, Cuartel Wittekind) pues las Juntas de Compensación son entidades públicas (art. 3 LCSP), no tienen carácter industrial o mercantil y el objeto de las obras de urbanización se enmarca en la categoría de contratos de obras.

b) El proyecto de reparcelación

Según establece el art. 134.2 del TRLUC, la Junta de Compensación debe formular, mediante el otorgamiento de escritura pública, un proyecto de reparcelación en el que se repartan los beneficios y cargas que deriven de la ordenación entre todos los propietarios del polígono de actuación urbanística.

El proyecto de reparcelación ha de incluir todas las fincas comprendidas en el polígono de actuación, aunque los propietarios no se hayan incorporado a la Junta de Compensación, quedando afectas al cumplimiento de los deberes legalmente impuestos.

Este proyecto se ha de elaborar a tenor de los acuerdos que, por unanimidad, adopten los miembros de la Junta de Compensación. En el caso de que no existiese tal acuerdo, se debe estar a lo establecido por el art. 126 TRLUC, en concordancia con lo que se dispone en los arts. 130 a 173 RLUC.

La tramitación del proyecto de reparcelación es diferente según la iniciativa de los particulares que lo hayan elaborado. Así podemos distinguir:

1) *Casos de reparcelación voluntaria y de propietario único:* En estos supuestos, que se caracterizan por la inexistencia de la aprobación inicial, la Administración actuante somete la propuesta de proyecto de reparcelación a información pública por el plazo de un mes debiendo dar, simultáneamente, audiencia al resto de personas interesadas mediante notificación personal. Una vez cerrado el trámite de información pública, la Administración tiene el plazo dos meses para pronunciarse sobre la propuesta de proyecto formulada y para notificar su resolución. En estos casos, el silencio tendrá sentido negativo.

2) *Resto de supuestos.* Básicamente se seguirá el procedimiento establecido en el art. 119.2 TRLUC, es decir, una vez presentada la propuesta de proyecto de reparcelación por parte la Junta de Compensación, la Administración actuante ha de proceder a su aprobación inicial, que se ha de producir en un plazo de dos meses a contar desde la presentación de la documentación completa. Una vez aprobada inicialmente la propuesta, ha de ser sometida a información pública por un plazo de un mes debiendo de dar, simultáneamente, audiencia al resto de personas interesadas mediante notificación personal. Una vez cerrado el trámite de información pública, la Administración tiene el plazo dos meses para pronunciarse sobre la propuesta de proyecto formulada y para notificar su resolución. En este caso, el silencio también tendrá sentido negativo.

Por su parte, el art. 128.3 TRLUC especifica el contenido que han de tener las certificaciones de los acuerdos de aprobación definitiva de los proyectos de reparcelación a los efectos de su inscripción en el Registro de la Propiedad.

c) Potestades de las Juntas de Compensación sobre las fincas

Según dispone el TRLUC, la aportación de terrenos a la Junta de Compensación no supone la transmisión a ésta de los predios resultantes de la gestión común (art. 132.1), con la excepción que los propios estatutos de la Junta establezcan otra cosa. Además, en cuanto a los terrenos aportados por los propietarios, la Junta actúa como fiduciaria con pleno poder dispositivo sin más limitaciones que las establecidas por la norma estatutaria.

Sin perjuicio de lo anterior, y como ya se ha visto, la Junta de Compensación ostenta la facultad de poder instar a la Administración actuante la expropiación de las fincas de aquellos propietarios que no se hayan incorporado (y que no hayan manifestado su compromiso de participar en la ejecución del planeamiento prestando la correspondiente fianza), siendo la beneficiaria de dicha expropiación. La Junta de Compensación también será beneficiaria de la expropiación de los terrenos a causa del incumplimiento de los deberes de los propietarios de la fincas incluidas en la comunidad de reparcelación (tanto si son miembros de la Junta como si no lo son).

Por último, otra de las facultades que tiene atribuidas la Junta de Compensación es la de solicitar al Ayuntamiento competente el cobro por la vía de apremio de las cantidades que sus miembros le adeuden.

d) Responsabilidades de la Junta de Compensación

La responsabilidad de la Junta de Compensación (siguiendo a JORDI ABEL) se puede sistematizar del siguiente modo:

1) *Responsabilidad frente a la Administración.* La Junta de Compensación es directamente responsable, frente al Ayuntamiento correspondiente, de la urbanización completa del sector de planeamiento urbanístico o el polígono de actuación urbanística y, si así se establece expresamente, de la edificación de los solares resultantes (art. 133.1 TRLUC). Estas obligaciones son directamente asumidas por la Junta, que no podrá delegarlas ni subrogarlas en otras personas, con la excepción de la conservación de las obras de urbanización en los supuestos en los que previamente se haya constituido y aprobado una entidad urbanística colaboradora de conservación (STS de 3 de octubre de 2002. Ar. 2002/8724. Avales Junta Compensación. Ponente: P. J. YAGÜE GIL)
2) *Responsabilidad frente a terceros.* La Junta de Compensación tiene personalidad jurídica propia e independiente de la de sus miembros y plena capacidad de obrar para el cumplimiento de sus fines, por lo que asume directamente las responsabilidades derivadas de su actuación. Así, como entidad urbanística colaboradora, tiene capacidad para contratar

y obligarse, pudiendo adoptar todo tipo de acuerdos congruentes con el cumplimiento de sus fines.

3) *Responsabilidad de los miembros de la Junta con respecto a ésta.* Los estatutos de la Junta vinculan a todos sus miembros que, de manera general, han de cumplir con todo lo que en éstos se establezca.

Asimismo, los miembros de la Junta de Compensación son responsables del pago de las cantidades que, debidamente aprobadas, les sean liquidadas. El incumplimiento de esta obligación, como ya sabemos, faculta a la Junta a poder solicitar del Ayuntamiento el correspondiente el cobro por la vía de apremio y, en su caso, la expropiación de los terrenos aportados.

e) Disolución de la Junta de Compensación

La Junta de Compensación se disuelve mediante acuerdo de la propia Junta, con el quórum estatutariamente establecido, que deberá ser aprobado por el Ayuntamiento o Administración actuante.

El art. 131.1 TRLUC establece que la Junta de Compensación únicamente puede ser disuelta por tres motivos, a saber:

1) Que la Junta haya cumplido con sus obligaciones y haya entregado las obras de urbanización de conformidad con el proyecto aprobado.
2) Que la Administración actuante haya recibido los terrenos de cesión obligatoria y gratuita.
3) Que por parte de la Administración haya sido satisfecho el justiprecio de los terrenos expropiados a los miembros de la comunidad de reparcelación no incorporados voluntariamente a la Junta de Compensación o bien a aquellos que, una vez incorporados, no hayan abonado las cuotas debidamente aprobadas, siendo la Junta la beneficiaria de dichas expropiaciones.

Por último, el art. 195.3 RLUC, establece que, una vez acordada la disolución de la Junta de Compensación, su órgano rector se convierte en órgano de liquidación cuya principal función será la de hacer efectivos los cobros pendientes y saldar las deudas, cobros y deudas que prescriben en el plazo de tres años desde la aprobación de la cuenta de liquidación definitiva de la reparcelación (art. 122.5 TRLUC).

B) La modalidad de compensación por concertación

La ejecución del polígono de actuación urbanística en la modalidad de compensación por concertación corresponde a los propietarios que hayan concertado con el Ayuntamiento su gestión urbanística integrada, de conformidad con lo establecido por la Ley. Concretamente, el ejercicio de la iniciativa en esta modalidad del sistema de reparcelación, corresponde a los propietarios cuyas fincas representen más del 25% de la superficie total del polígono de actuación urbanística de que se trate (art. 135.2 TRLUC), que deberán formalizar por escrito su compromiso ante la Administración actuante, debiendo adjuntar también un proyecto de bases.

El ejercicio de esta iniciativa se puede llevar a cabo en cualquier momento en los polígonos objeto de ejecución, a través de la modalidad de compensación básica, excepto en los casos en los que con anterioridad se hayan presentado ante la Administración actuante las bases y los estatutos necesarios para la constitución de la Junta de Compensación. Asimismo, también se puede ejercer la iniciativa si, presentados los documentos anteriormente indicados, la Junta de Compensación no llega a constituirse o cuando, una vez constituida, esta incumpliese sus obligaciones dentro de los plazos establecidos por el ordenamiento.

a) El contenido del proyecto de bases para la concertación

El proyecto de bases para la concertación ha de tener el contenido siguiente:

1) Ha de especificar los documentos que los propietarios encargados de llevar a cabo la ejecución urbanística deben redactar.
2) Los criterios de ejecución de las obras.
3) El plazo de ejecución de las obras.
4) Las facultades de vigilancia que corresponden a la Administración.
5) Los factores determinantes de los precios de venta de los solares resultantes.
6) Los deberes de conservación y mantenimiento.
7) Las penalizaciones por incumplimiento.
8) Los supuestos de resolución y de caducidad.
9) Las garantías y compromisos necesarios para la ejecución del plan.

b) Tramitación

Una vez presentada a la Administración tanto la iniciativa como el proyecto de bases serán sometidas a información pública por un periodo mínimo de un mes, notificándose de forma simultánea y personal a los propietarios dicha documentación y abriéndose por igual período de tiempo el trámite de audiencia a los interesados. Dicha notificación deberá contener las especificaciones que implica la modalidad de compensación por concertación y los efectos expropiatorios que puede conllevar la no incorporación.

Finalizado el plazo de información pública sin haberse presentado otras iniciativas en competencia, la Administración actuante deberá pronunciarse, en el plazo de un mes, sobre la iniciativa formulada y sobre las bases que esta incorpora (art. 137.1 TRLUC).

La denegación de la iniciativa podrá ser acordada por razones de legalidad, por no dar un adecuado cumplimiento al principio de distribución de beneficios y cargas o cuando otras personas propietarias del ámbito de actuación que representen al menos el 50% de la superficie de éste promuevan la ejecución por la modalidad de compensación básica, durante el trámite de audiencia a la propuesta de proyecto de bases. En estos casos, se suspenderá la tramitación del procedimiento durante un plazo de dos meses y los propietarios promotores de la iniciativa de ejecución a través de la modalidad de compensación básica han de formular los estatutos y las bases de actuación necesarias para la constitución de la Junta de Compensación (art. 137 TRLUC y art. 176.2 RLUC).

c) Competencia de proyectos

El art. 177.1 RLUC señala que en los supuestos en los que los propietarios que representen más del 25% de la superficie total del ámbito manifiesten, durante el trámite de audiencia de la propuesta del proyecto de bases, su voluntad de presentar otras iniciativas en competencia, la tramitación del proyecto será suspendida durante un plazo de dos meses, plazo durante el cual aquellos propietarios que hayan manifestado esta voluntad deberán de formular el correspondiente proyecto de bases.

Una vez presentadas las propuestas de proyectos, la Administración actuante debe aprobar el que mejor cumpla con los criterios contenidos en el art. 177. 2 RLUC (porcentaje de propiedad en el ámbito, la equitativa distribución de beneficios y cargas, la mayor calidad de la edificación y urbanización, la cantidad de techo protegido, los plazos de finalización, etc.).

d) Concertación de la gestión urbanística

Según dispone el art. 179.1 RLUC, una vez aprobado el proyecto de bases, o resuelta la competencia de proyectos, los propietarios que hayan formulado las bases aprobadas, se convierten en titulares por concertación de la gestión urbanística integrada constituyéndose, en el caso de ser más de una persona física o jurídica, en Junta de Concertación (que se ha de ajustar a las determinaciones contenidas en el art. 191 RLUC) y no podrá ser disuelta hasta que no se haya cumplido íntegramente el contrato para llevar a cabo la gestión urbanística integrada (art. 179.3 RLUC).

Los titulares por concertación de la gestión urbanística tienen una serie de deberes, siendo el principal de ellos la redacción del proyecto de reparcelación y el ejecutar, de conformidad con lo establecido por el correspondiente plan, las obras de urbanización.

Asimismo son titulares de una serie de derechos. Concretamente, son beneficiarios de la expropiación de los terrenos de los propietarios que no cumplan con sus obligaciones (correspondiéndoles en estos casos la redacción del proyecto de tasación conjunta) y tienen derecho a una retribución que puede consistir en terrenos edificables o en solares.

C) La modalidad de cooperación

A la luz de lo establecido por el art. 139.1 TRLUC, la modalidad de cooperación puede ser definida como aquella tipología del sistema de reparcelación en la que los propietarios del polígono o unidad de actuación aportan a la Administración actuante el suelo de cesión obligatoria y es esta, con cargo a aquéllos, la que ejecuta las obras de urbanización elaborando, en el caso de ser necesario, el proyecto de reparcelación. Este proyecto también podrá ser formulado por los propietarios dentro de los tres meses siguientes a la aprobación de la delimitación del polígono de actuación urbanística o en cualquier momento posterior, si la Administración no lo hubiera hecho.

En esta modalidad del sistema de reparcelación, todos los propietarios del suelo comprendidos dentro del ámbito del polígono de actuación quedan vinculados a la gestión del órgano urbanístico actuante, limitándose su participación a la aportación de los suelos de cesión obligatoria y al pago de los costes de urbanización. Asimismo, este órgano puede exigir a los propietarios el pago de anticipos y, en caso de impago, podrá obtener su cobro a través de la vía de apremio o bien determinarlo mediante la adjudicación a su favor de las fincas resultantes. Todo ello sin perjuicio de su facultad de expropiar las fincas cuyos propietarios incumplan sus obligaciones.

La valoración de las parcelas, construcciones preexistentes y otros bienes y derechos que integran el sistema de gestión, debe hacerse a la fecha de la aprobación inicial del proyecto de reparcelación (STSJC de 27 junio de 2008 nº 571, Ar. 449, Proyecto reparcelación calle Anglesola de Barcelona. Ponente: José JUANOLA SOLER). Además y en general, las personas ocupantes legales de viviendas afectadas, que son su residencia, por este y otros sistemas de reparcelación tienen derecho a ser realojados con las condiciones del art. 128 RLUC y el Decreto 80/2009, de 15 de mayo.

a) Iniciativa

El art. 140.1 TRLUC manifiesta que la iniciativa del proyecto de reparcelación le corresponderá a:

1) Los propietarios de las fincas cuya superficie represente más del 50% de la superficie total reparcelable,dentro de los tres meses siguientes a la aprobación del polígono de actuación urbanística.
2) La Asociación Administrativa de Cooperación, si se ha constituido dentro del plazo señalado en el apartado anterior.
3) La Administración actuante, ya sea de oficio o a instancia de alguno de los propietarios, si ni éstos ni la Asociación Administrativa de Cooperación han ejercido su prioridad o bien habiendo formulado un proyecto, y habiéndose apreciado defectos, no los enmiendan dentro del plazo concedido a tal efecto.

b) Las Asociaciones Administrativas de Cooperación

Las Asociaciones Administrativas de Cooperación son entidades colaboradoras de la Administración (como también lo son las Juntas de Compensación y de Concertación) que gozan de personalidad jurídica propia, naturaleza administrativa y plena capacidad de obrar para el cumplimiento de sus fines, a partir del momento de su inscripción en el Registro de Entidades Urbanísticas Colaboradoras.

Su regulación es estatutaria y sus estatutos son aprobados por la Administración actuante. Los acuerdos de estas asociaciones solo vincularán a sus miembros y cuando sean adoptados en el ejercicio de funciones públicas podrán ser recurridos en alzada ante la citada Administración (art. 193.8 RLUC).

Si por algo se han caracterizado estas entidades colaboradoras ha sido por su escaso éxito, debido en gran parte a que no pueden intervenir directamente en el proceso de adjudicación de la obra urbanizadora, puesto que ello le corresponde a la Administración, de conformidad con las previsiones de la Ley de Contratos del Sector Público.

c) El concesionario de la gestión urbanística integrada

Según establece el art. 141 TRLUC, la modalidad de cooperación puede desarrollarse a través de la concesión de la ejecución urbanística integrada. Así, el concesionario se configura como la persona pública o privada (ya sea física o jurídica) distinta de los propietarios del suelo, seleccionado en pública competencia, mediante convenio estipulado en el programa del planeamiento y que asume de un modo voluntario la responsabilidad de promover la ejecución de la urbanización sin que se le exija la adquisición del suelo.

Este concesionario ha de formular, si procede, el proyecto de tasación conjunta y el proyecto de urbanización e incluso, la elaboración del planeamiento derivado y del proyecto de urbanización complementario.

d) El procedimiento para la adjudicación de la gestión urbanística integrada

Los licitadores han de formular un proyecto de bases, con el contenido establecido por art. 175 RLUC y cumpliendo, además, con los requisitos que haya previsto la Administración actuante. Dicho proyecto se somete a audiencia de las personas propietarias con el fin que puedan proponer sugerencias o mejoras, así como para que se comprometan a participar en la ejecución del planeamiento, constituyendo una fianza por cuantía del 12% de los gastos estimados de urbanización correspondientes a la finca de que se trate (art. 136.2 RLUC).

Una vez presentados los proyectos de bases, estos han de ser valorados teniendo en cuenta los criterios establecidos en el art. 177.2 RLUC y, especialmente, la mayor calidad de la urbanización y, en su caso de la edificación, que deberán ser observados aplicando los correspondientes varemos contenidos en la legislación de contratos del sector público y atendiendo al criterio de sostenibilidad ambiental.

La resolución de la licitación pública puede consistir en declararla desierta o bien en la adjudicación de la concesión de la gestión urbanística integrada al participante que haya obtenido una mayor puntación. Dicha resolución será notificada a todos los propietarios del ámbito de actuación y, en su caso, a aquellas personas propietarias que en el trámite de audiencia se hubieran comprometido a participar en la ejecución, debiendo concretarse el importe de la garantía que debe ser prestada y el plazo para hacerlo (que no puede ser inferior a 1 mes).

Finalmente, la adjudicación da lugar al otorgamiento del correspondiente contrato y el adjudicatario, en cuanto desarrolla una actividad que es de servicio público, participa de la condición de concesionario de éste, teniendo la consideración de agente público, pudiendo percibir su remuneración en metálico o en terrenos edificables.

D) Sectores de urbanización prioritaria

En el art. 142 TRLUC se define a los sectores de urbanización prioritaria como los ámbitos de suelo urbano no consolidado o urbanizable delimitado para cualquier uso, que sean objeto de la correspondiente declaración por parte de la Administración competente. Esta urbanización inmediata en que consiste la especificidad del sistema de gestión, se justifica bien por circunstancias especiales de carácter urbanístico o demográfico, de desarrollo de sistemas urbanos u obtención inmediata de suelo urbanizado o bien porque así lo dispone el planeamiento territorial. Los requisitos que se han de cumplir para proceder a la declaración son los siguientes:

1) Que el régimen jurídico del suelo objeto de la actuación urbanística sea el de urbano no consolidado o urbanizable delimitado.
2) Los ámbitos del sector de urbanización prioritaria han de constituir un único polígono de actuación urbanística. Si el planeamiento aprobado con anterioridad englobase a más de un polígono, la declaración comporta la reestructuración del ámbito como un solo polígono.

Por otro lado, nos encontramos ante una modalidad del sistema de reparcelación que, por sus peculiaridades, utiliza una entidad pública que actúa como agente urbanizador. Nos estamos refiriendo a l'Institut Català del Sol (INCASOL).

a) Iniciativa

La iniciativa para llevar a cabo esta modalidad del sistema de reparcelación se caracteriza porque ha de provenir siempre del sector público, es decir, de la Administración competente. Así, según el art. 142.2 TRLUC, los órganos competentes para proceder a la declaración del sector de urbanización preferente son:

— Las comisiones territoriales de urbanismo, a propuesta de las corporaciones municipales interesadas o de la Dirección General de Urbanismo, con informe favorable del Ayuntamiento correspondiente.
— Los ayuntamientos que tengan un plan de ordenación urbanística municipal o un programa de actuación urbanística, de conformidad con lo que disponga el planeamiento general y previo informe del Director General de Urbanismo.

b) Procedimiento

En estos casos, el procedimiento tiene carácter bifásico, es decir, nos encontramos con una primera fase de naturaleza declarativa o constituyente y con una segunda fase de aplicación forzosa o ejecutiva en caso de incumplimiento de la obligación de urbanizar. Así, la primera de estas fases se estructura de la siguiente manera:

Una vez formulada la propuesta de declaración de sector de urbanización preferente, que debe de tener el contenido previsto en el art. 184.2 RLUC, se abrirá un periodo de audiencia, mediante su exposición al público y notificación personal a las personas interesadas, que podrán alegar lo que consideren procedente en el plazo de un mes desde la fecha de la exposición o de la notificación personal.

Tras este periodo, la Administración adoptará el correspondiente acuerdo de declaración y lo notificará a las personas propietarias incluidas en el ámbito de delimitación, advirtiéndoles de los efectos de la declaración de incumplimiento, debiendo además publicarse en el correspondiente Diario Oficial e inscribirse en el registro civil con indicación de las fincas incluidas en dicho régimen.

Una vez notificado el acuerdo, la Administración debe de proceder a elaborar el planeamiento derivado que sea necesario así como el proyecto de urbanización complementario. De igual modo, las obras de urbanización, tal y como señala el art. 144.2 TRLUC, se deben ejecutar en los plazos previstos en el instrumento de planeamiento derivado o en el proyecto de urbanización complementario.

El sistema de actuación urbanística será el de reparcelación por cooperación y, de esta forma, la Administración ha de formular de oficio el proyecto de reparcelación que se ha de aprobar definitivamente en un plazo de un año, a contar desde la aprobación definitiva del instrumento de planeamiento derivado y si este ha sido aprobado con anterioridad dentro del año siguiente a la publicación del acuerdo de declaración del sector de urbanización prioritaria (art. 145 TRLUC).

La segunda fase, viene determinada por el incumplimiento de la obligación de urbanizar, que se produce cuando por parte de las personas propietarias o la personas u organismos que costeen las obras de urbanización no depositan, en el plazo de un mes desde que son requeridos para ello, las cantidades a cuenta de la obra urbanizadora a realizar en los seis meses siguientes, o por el incumplimiento de la obligación de edificar que se produce cuando las obras de edificación no se inician dentro del plazo previsto en el art. 149.1 TRLUC o dentro del plazo señalado por la correspondiente licencia.

La declaración de incumplimiento de la obligación de urbanizar es acordada por la Administración actuante a la vista de la certificación de descubierto y con audiencia previa a la persona interesada, advirtiéndole de los efectos que de ello se derivan. La declaración se debe comunicar al interesado en el plazo máximo de diez días desde su adopción. (art. 186.2 RLUC).

La declaración de incumplimiento de la obligación de edificar es acordada por el Ayuntamiento del término donde radique la finca, iniciando el correspondiente procedimiento (previsto en el art. 186.5 RLUC) y en el caso de no hacerlo en el plazo de un mes, lo debe realizar por subrogación y una vez requerido el ayuntamiento, la Dirección General de Urbanismo (art. 186.4 RLUC).

c) Consecuencias de la declaración de incumplimiento

Si la declaración de incumplimiento se produce por la falta de pago de las cantidades anteriormente apuntadas (incumplimiento de la obligación de urbanizar), la Administración podrá exigir las cuotas por la vía de apremio y también estará legitimada para expropiar los terrenos por el valor que sea determinado por el proyecto de tasación conjunta (ostentando la condición de beneficiara de la expropiación). La Administración dispone de un plazo de dos meses para optar por alguna de estas soluciones y, en el caso de que no lo hiciese, podrá proceder a la venta forzosa de los terrenos. (art. 151 TRLUC).

De este modo, si transcurridos los dos meses no se ha optado ni por la vía de apremio ni por la expropiación, se deberán iniciar los trámites para la venta forzosa que podrá ser a través de subasta o por concurso público. En estos casos, el propietario de la finca dispone de un plazo de ocho días, desde la notificación del correspondiente acuerdo, para solicitar la venta voluntaria y esa petición, de ser aceptada por la Administración, se deberá formalizar el acuerdo en escritura pública en el plazo de 3 meses, debiendo constar en éste la obligación por parte de la persona adquirente de pagar las cuotas adeudadas en el plazo máximo de quince días y de iniciar las obras de edificación en el plazo máximo de 6 meses.

Por último, si la declaración de incumplimiento versa sobre el deber de edificar, la Administración, también, el plazo de dos meses, podrá optar por la expropiación de los terrenos o por la enajenación forzosa de estos.

2) El sistema de actuación urbanística por expropiación

El sistema de actuación urbanística por expropiación tiene por objeto, según dispone el art. 152 TRLUC, la ejecución del planeamiento y, en su caso, la edificación. Este sistema se aplica cuando debe ejecutarse el planeamiento por polígonos completos o bien cuando deben llevarse a cabo actuaciones aisladas tendentes a la obtención de terrenos destinados a sistemas urbanísticos de titularidad pública y en aquellos otros supuestos contemplados en la legislación urbanística (imposición de servidumbres o modificación o supresión de las existentes). Es un sistema excepcional, como dijimos.

Es a la Administración actuante a quien corresponde determinar qué polígono o unidad de actuación deberá ejecutarse a través del sistema de expropiación; decisión que ha de adoptar, en base a las necesidades, los medios económicos financieros con los que cuente, la colaboración de la iniciativa privada y demás circunstancias concurrentes en cada caso concreto (art. 121.3 TRLUC).

El procedimiento a seguir para la ejecución en este sistema varia según se adopte el procedimiento de tasación conjunta (artículos 210 y 211 RLUC) o el procedimiento individualizado (art. 212 RLUC). Incluso cabe la posibilidad que, excepcionalmente, la Administración pueda liberar de expropiación a una finca mediante la imposición de determinadas condiciones, siempre y cuando la adopción de la mencionada medida sea compatible con los intereses públicos que legitimen dicha actuación (art. 214.1 RLUC).

La liberación de la expropiación se puede conceder de oficio o a instancia del interesado, durante el trámite de información pública del proyecto de tasación conjunta o en cualquier momento anterior o posterior, hasta la fase del pago y toma de posesión.

En el caso que la Administración expropiante considere justificada la petición de liberación, elaborará una propuesta de resolución que señalará los bienes afectados por la expropiación y las demás condiciones establecidas en el art. 214.4 RLUC. Esta propuesta debe ser sometida a información pública por un plazo no inferior a quince días, otorgándose idéntico plazo tanto al beneficiario de la expropiación como a la propiedad para que se puedan pronunciar.

Una vez finalizado el periodo de audiencia, y en el caso que la propiedad acepte las condiciones establecidas por la Administración expropiante, ésta ha de dictar la correspondiente resolución, en la que se han de tener en cuentas los aspectos recogidos en el art. 214.5 RLUC y que ha de ser notificada a los interesados y publicada en Boletín Oficial correspondiente.

Finalmente, el incumplimiento por el propietario de los deberes urbanísticos fijados en la resolución de expropiación determinará, bien la ejecución de las garantías y la utilización de la vía de apremio, bien la expropiación por incumplimiento de la función social de la propiedad.

3) La ocupación directa

La ocupación directa consiste en la obtención de terrenos que siendo calificados por el planeamiento como sistemas generales o locales, incluidos en ámbitos de actuación, hayan de ser cedidos al dominio público, si bien mientras no se lleva cabo la ejecución del planeamiento (hecho que conlleva la cesión efectiva) se permite su ocupación por la Administración, reconociendo al propietario el derecho a la distribución equitativa de beneficios y cargas (art. 156 TRLUC).

De la ocupación directa por la Administración de los terrenos anteriormente señalados se derivan una serie de efectos que son los siguientes:

1) Transmisión anticipada de la posesión a la Administración actuante de los suelos afectados por el planeamiento a un sistema urbanístico.
2) Nacimiento del derecho de los propietarios a percibir una indemnización por los perjuicios que se les cause por la ocupación anticipada. Esta indemnización incluye el tiempo que se han visto privados de los terrenos comprendido entre la ocupación y la aprobación definitiva del instrumento de equidistribución de beneficios y cargas.
3) Subrogación de la Administración actuante en la posición de los titulares originarios en el posterior procedimiento de reparcelación.
4) Nacimiento del derecho de los titulares de bienes y derechos incompatibles, con la ocupación a percibir las indemnizaciones que les corresponda por razón de la ocupación temporal.
5) Nacimiento del derecho de los ocupantes legales de las viviendas a ser realojados con las condiciones y requisitos previstos en el art. 219 RLUC.

El procedimiento de ocupación directa de los terrenos se regula en el art. 156.2 TRLUC que es desarrollado por el art. 215 RLUC. Dentro del primero se contemplan una serie de requisitos para poder proceder, por parte de la Administración actuante, a su tramitación. Son los siguientes:

a) Justificación de la necesidad de la ocupación, su ejecutividad y la concreción del ámbito de reparcelación en el cual los propietarios han de hacer efectivos sus derechos y obligaciones, junto con la relación de los terrenos, bienes y derechos afectados. También debe ser determinado el aprovechamiento urbanístico que se atribuye a las propiedades objeto de ocupación y cuantificar las indemnizaciones que sean procedentes con objeto de la ocupación y extinción de los derechos que ello comporte.

b) Exposición pública del acuerdo de aprobación inicial, en el que han de constar todos los aspectos a los que se hace referencia en el apartado anterior, durante un plazo mínimo de quince días y con notificación personal por un idéntico periodo, a los propietarios y titulares de derechos inscritos en el Registro de la Propiedad, así como a los titulares de otros derechos que puedan ser conocidos (art. 215.4 RLUC).
c) Una vez hecho lo anterior, se debe formular una relación de bienes y derechos que permita solicitar al registro de la propiedad su anotación mediante nota marginal a la inscripción de las fincas afectadas.
d) Finalizado el periodo de prueba, y tras estudiar las alegaciones que en su caso hayan podido ser presentadas, se procederá a la aprobación definitiva de la relación de bienes y derechos. Ello comporta la declaración de necesidad de ocupación directa y constituye un título suficiente para proceder a la ocupación inmediata de los terrenos. La declaración de necesidad de ocupación debe publicarse en el Boletín Oficial de la Administración al que pertenezca el órgano actuante y también debe ser notificado a los interesados.
e) En el plazo de un mes a contar desde la aprobación definitiva de la relación de bienes y derechos, se procederá al otorgamiento del acta de ocupación, debiendo constar en dicho documento todos los requisitos previstos en el art. 215.7 RLUC. Asimismo, deberá hacerse entrega a todos los propietarios y titulares de derechos que vayan a participar en la reparcelación de un certificado del acta de ocupación.

Por último, previamente a la ocupación efectiva de los terrenos por parte de la Administración actuante, se deberá proceder al pago de las correspondientes indemnizaciones (art. 218.3 RLUC).

Bibliografía y jurisprudencia. Para ir más lejos

Entre las obras que se han escrito sobre este tema resultan especialmente destacables: L. Cosculluela Montaner. «Teoría general de la gestión urbanística», RDU, núm. 53, 1977; F. Merelo Abela. «Régimen jurídico del suelo y gestión urbanística», Ed. Praxis, Barcelona. García Rubio, T. «La Gestión Urbanística en el Estado Autonómico». Revista Aranzadi de Urbanismo y Edificación, Navarra. Asimismo véase R. Revilla Ariet. «El Dret urbanístic de Catalunya», Ed. Tirant lo Blanch i Generalitat de Catalunya-Institut d'Estudis Autonòmics, Valencia-Barcelona. Esta obra ha quedado aparentemente un tanto desfasada tras la aprobación del TRLUC pero sigue conservando su interés como manual de conceptos básicos y referencias jurisprudenciales claras y precisas.

En el àmbito andaluz, ver por todos Martín Valdivia, S. Mª (coord.) «La gestión urbanística en Andalucía». Ed. Lex Nova, Valladolid 2010.

Sobre los concretos sistemas de gestión urbanística véase Jose S. Martín Blanco. «La compensación urbanística. Principio y sistema», Facultad de Derecho de la Universidad Complutense de Madrid y Instituto de Estudios de la Administración Local, Madrid. J. R. Fernández Torres. «Las expropiaciones urbanísticas», 3ª edición Ed. Aranzadi, Pamplona. J.M. Trayter, «Jurados autonómicos de expropiación y derechos de los ciudadanos», en *La aplicación del sistema de valoraciones de la Ley del Suelo* (coord. J.M. Trayter), Barcelona, pp. 21-53 (también publicado en el libro homenaje al profesor A. Pérez Moreno, pp. 1.105-1.140).

Asimismo y de forma reciente véanse los siguientes trabajos: Mª Fuensanta Gómez Manresa. «La ejecución privada del planeamiento urbanístico», *Revista Aranzadi de Urbanismo y Edifica-*

ción núm. 17, 2008; F. PERALES MADUEÑO «Ejecución del planeamiento. Especial atención a la figura del agente urbanizador», *Revista Aranzadi de Urbanismo y Edificación* núm. 16, 2007; J. R. FERNÁNDEZ TORRES «Expropiaciones urbanísticas y venta o substitución forzosa», *Revista Aranzadi de Urbanismo y Edificación* núm. 16, 2007; F. GARCÍA RUBIO «El sistema de cooperación urbanístico como sistema de ejecución del planeamiento: situación actual y perspectivas de futuro», *Revista Aranzadi de Urbanismo y Edificación* núm. 15, 2007; A. PALOMAR OLMEDA «Algunas cuestiones sobre la expropiación forzosa en la actualidad: El procedimiento expropiatorio y la determinación del justiprecio», *Revista Aranzadi de Urbanismo y Edificación* núm. 10, 2004; J. ABEL FABRÉ «Gestión Urbanística» en (Joan M. Trayter. Dir.) «Comentarios a la Ley de Urbanismo de Cataluña», Ed. Thomson-Aranzadi, 3ª Ed. Navarra. Obra que hemos seguido básicamente en el texto.

Respecto a la jurisprudencia más destacada, además de la citada en el texto, véase: MIGUEL ÁNGEL RUIZ LÓPEZ. Comentario a la Sentencia del Tribunal Supremo de 28 de enero de 2008, «Las cesiones de aprovechamiento en suelo urbano no consolidado», *Revista Aranzadi de Urbanismo y Edificación* núm. 17, 2008; S. MARTÍN VALDIVIA. «El principio de beneficios y cargas como garantía última del propietario en las expropiaciones urbanísticas (A propósito de la sentencia del Tribunal Supremo, Sala Tercera, de 31 de octubre de 2006, sobre valoración en expropiaciones para patrimonios públicos del suelo), *Revista Aranzadi de Urbanismo y Edificación* núm. 15, 2007; R. O. BUSTILLO BOLADO. «Obras de urbanización en el sistema de compensación y principios de publicidad y concurrencia en la contratación pública: Comentario a la STSJ de Madrid de junio de 2006», *Revista Aranzadi de Urbanismo y Edificación* núm. 14, 2006; A. ANTÓN OLIVA y I. SANZ JUSDADO» ¿Reversión de terrenos cedidos a la Administración libre, gratuita y obligatoriamente en ejecución del planeamiento urbanístico? Comentario a la Sentencia de 7 de julio de 2003 (Rj 2003, 6312)de la Sala de lo Contencioso-Administrativo del Tribunal Supremo», *Revista Aranzadi de Urbanismo y Edificación* núm. 9, 2004; F. GARCÍA RUBIO. «El cambio del sistema de actuación urbanístico: límites a la discrecionalidad de la actuación urbanística», *Revista Aranzadi de Urbanismo y Edificación* núm. 9, 2004.

Entre las sentencias que destacamos, además de las citadas en el texto, STSJC de 30 de mayo de 2007, nº 514, Ar. 312733, Modificación Plan General Metropolitano Colonia Castells. Ponente: Manuel TÁBOAS BENTANACHS. La misma declara la improcedencia de seguir el *sistema de gestión por expropiación* en base a una incorrecta apreciación de los hechos determinantes que habilitan a poner en marcha la expropiación (la falta de colaboración de los particulares).

Respecto a las cesiones gratuitas a la Administración en el *sistema de cooperación* véase STSJC de 11 de diciembre de 2007, nº 1062, Ar. 118179. Plan Especial Port de Badalona. Ponente: Manuel TÁBOAS BENTANACHS.

Es estos casos, el Ayuntamiento participa en igualdad de condiciones en el reparto de benficios y cargas con el resto de propietarios afectados. STSJC de 18 de diciembre de 2007, nº 1097, Ar. 139438. Plan Especial Port de Badalona. Ponente: Manuel TÁBOAS BENTANACHS.

Respecto al *sistema de compensación* y los acuerdos de la Junta de Compensación véase STSJC de 27 de septiembre de 2007, nº 825, Ar. de 2008 nº 52, urbanización los Pinares de Malgrat de Mar. Ponente: Maria Pilar MARTÍN COSCOLLA.

Sobre la *recepción de las obras de urbanización* por parte del Ayuntamiento el plazo del silencio positivo (3 meses, art. 169 RLUC) véase STSJC 1 de abril de 2009, nº 300, Ayuntamiento de Rubí. Ponente: Manuel TÁBOAS BENTANACHS.

TEMA VI
LA EDIFICACIÓN

SUMARIO:
1. La intervención administrativa en la edificación. A) Fundamento y límites. B) Actos sujetos a licencia urbanística; actos sujetos a comunicación previa; actos no sujetos a intervención administrativa. C) La licencia urbanística. D) La comunicación previa. E) La habitabilidad de las viviendas: la comunicación previa de primera utilización u ocupación. La cédula de habitabilidad. 2. Deberes de conservación y rehabilitación. La declaración de ruina. A) Planteamiento. B) Los deberes legales de uso, conservación y rehabilitación. Las órdenes de ejecución. C) La declaración de ruina. Los bienes culturales de interés nacional y los bienes catalogados o bienes culturales de interés local. 3. La incidencia de la legislación sectorial. La legislación ambiental de actividades. La legislación del comercio. 4. La problemática de las viviendas vacías: Breve *excursus*. Bibliografía y jurisprudencia. Para ir más lejos.

1. LA INTERVENCIÓN ADMINISTRATIVA EN LA EDIFICACIÓN

A) Fundamento y límites

El uso artificial del suelo y del subsuelo por parte de los particulares debe adecuarse a la legalidad urbanística y, en particular, al plan. Para garantizar esta finalidad, la Administración interviene en la actuación urbanística de los particulares a través, fundamentalmente, de dos técnicas: la licencia urbanística y la comunicación previa o simple comunicación. Mientras que la licencia urbanística se enmarca en la tradicional técnica de autorización, que implica que la Administración realiza, con carácter ex ante, un control de la actividad; mediante la comunicación previa, en cambio, ese control previo no existe, sino que los particulares pueden iniciar la actividad desde el momento en que lo comunican a la Administración y, bajo su responsabilidad, asumen que cumplen con todos los requisitos previstos legalmente, circunstancia que la Administración verificará con carácter ex post, con motivo del ejercicio de sus potestades de inspección y control.

Las leyes que regulan el tema y que incorporan las reglas de la Directiva 2006/123, de 12 de diciembre, denominada directiva de servicios (así, art. 11 TRLS 2015; art. 69 LPACAP; art. 84, 84 bis y 84 ter LBRL; y la Ley catalana de simplificación administrativa 16/2015, de 21 de julio, que modifica el TRLUC en los artículos 187, 187 bis y 187 ter y la Ley de Derecho a la vivienda y otras leyes sectoriales ambientales y referidas a las actividades económicas) sientan los principios de simplificación administrativa, sustitución de la licencia por la simple comunicación previa, un progresivo control a posteriori de las actuaciones de rehabilitación, regeneración o renovación urbanas, y la interdicción de imponer nuevos actos de limitación por meros reglamentos u ordenanzas municipales, dada la reserva de Ley que opera en este ámbito.

Tanto la licencia urbanística (en todas sus modalidades, obras, parcelación, primera ocupación) como la comunicación previa forman parte de la actividad de limitación de la Administración Pública. El punto de partida reside en el valor constitucional de la libertad (art. 1.1 CE) que preside nuestro Estado de Derecho según el cual «todo lo que no está expresamente prohibido, está permitido». Ahora bien, en determinados ámbitos, como el urbanístico, esa regla se matiza por razones de seguridad, salubridad, medioambientales o de protección del patrimonio histórico, pues el ordenamiento en estos casos somete la actuación de los particulares a un control previo o posterior de la Administración y ésta sólo podrá realizarse con la comprobación a la adecuación a la legislación urbanística. Esta potestad administrativa de limitación (potestad es sinónimo de poder y aquí es el de autorizar o no las actividades privadas) al constituir un límite al ejercicio de un derecho (pues como hemos dicho en esta fase del proceso urbanístico el derecho ya lo tiene el particular en su patrimonio), el ordenamiento establece una serie de fundamentos y controles (límites) que debe respetar la Administración y que en realidad son principios generales que no pueden ser orillados tanto en la concesión o denegación, como en la fase de inspección y sanción incluso a nivel normativo, pues tanto la ley urbanística como las distintas ordenanzas municipales, han de respetar estos principios (art. 3 ley 25/2009, de 22 de diciembre). Constituyen un límite al legislador. Entre ellos *destacaremos, en primer término*, la existencia de un fundamento normativo previo y específico para la exigencia de la autorización o comunicación. En este sentido y de acuerdo con la Constitución y con la doctrina de las *materias reservadas a la Ley*, la Administración puede restringir un derecho (art. 33 CE) o una libertad de las recogidas en el Título I de la CE, siempre que cuente con un apoderamiento explícito de la Ley urbanística, aprobada por el Parlamento Estatal o Autonómico (art. 187 TRLUC), sin que quepa exigir de nuevo autorización vía ordenanza o reglamento no previsto en la Ley (STC 83/84, de 24 de julio; STS de 10 de julio de 1991, Ar. 1991/6163. Ponente: José María Reyes Monterreal. Así mismo, véase también art. 8 ROAS).

En segundo lugar, elección de la técnica autorizatoria *ha de ser congruente y proporcionada* con los valores constitucionales que con ella quieren protegerse. Debe existir, por tanto, una *adecuación entre el medio utilizado por la Administración y el fin que se pretende*. Quiere esto decir —tal y como afirman García de Enterría y T. R Fernández— que si en un caso concreto es suficiente a estos fines con la mera regulación de la actividad y la represión a posteriori del mal uso de la libertad reconocida, es decir con la implantación de un sistema de corte represivo, no debe imponerse un control preventivo de carácter general y, si las circunstancias obligan a establecer éste, debe elegirse la técnica de la comunicación previa con preferencia a la autorización y la modalidad de autorización reglada antes que la discrecional, el silencio positivo mejor que el negativo (STS 3 de junio de 1992, Ar. 4822. Ponente: Pedro Esteban Álamo). Así se recoge también en el art. 187.4 TRLUC.

Este es, en definitiva, el contenido del principio de proporcionalidad, principio que debe ser respetado tanto por la norma que establece la limitación (principio de proporcionalidad en la Ley), como por la Administración al dictar el acto administrativo de concesión o denegación de la licencia (principio de proporcionalidad en aplicación de la Ley).

Junto a lo anterior, y en tercer lugar, es necesario que la Administración en caso de *duda respecto a la técnica de intervención concretamente utilizada opte por la que suponga una menor restricción a la libertad individual. In dubio pro libertate* es un principio de inexcusable observancia en la materia, que si bien ya tenía consagración positiva en el ordenamiento preconstitucional (art. 6.2 RSCL: si fueran varios —los actos de intervención—, se elegirá el menos restrictivo de la libertad individual; también posteriormente el art. 34.2 LPACAP), ahora se presenta con la fuerza renovada que le presta la norma constitucional. La libertad es la regla; la limitación es, en cambio, la excepción que, como tal, ha de ser interpretada restrictivamente.

En este sentido, el art. 3 del hoy derogado Reglamento de Obras, Actividades y Servicios de los entes locales en Cataluña (ROAS) decía que «la actividad de intervención de los entes locales se ha de ajustar a los principios de... proporcionalidad y congruencia con los motivos y los fines que justifiquen la potestad para intervenir, el respeto a la libertad individual y la menor onerosidad para los ciudadanos.»

Desde este punto de vista, como hemos visto, la reiteración de licencias diversas persiguiendo los mismos fines y exigiendo parecidos (cuando no iguales) requisitos para el desempeño de la actividad, resulta una operación contraria a esos principios (la proporcionalidad, debida congruencia entre la limitación de la libertad y los fines que se persiguen y la obligada valoración pro libertate) y, por tanto, a la constitucionalidad de la norma así interpretada y, por supuesto, a su aplicación concreta por la Administración Pública. Así ocurre, a nuestro juicio, con la reduplicación de controles que significaban la cédula de habitabilidad y la licencia de primera ocupación prevista en los artículos 26 y 27 LDV. Tampoco es dable prever para una misma finalidad o actuación, la licencia y la comunicación previa o declaración responsable. Únicamente puede exigirse uno de los títulos de intervención.

Tampoco es discutible, en cuarto lugar, la vigencia del principio de igualdad (arts.14 CE, 2 RSCL y 3 ROAS) tanto en la actividad administrativa de autorización como cuando se exige la mera comunicación previa (en ese sentido STS de 17 de marzo de 1992, (Ar. 3280, licencia de obras y actividades. Ponente: J. García Ramos Iturralde); STS de 4 de julio de 1994, (Ar. 6046, licencia de actividad. Ponente: Antonio Nabal Recio).

La actividad de limitación ejercida por la Administración debe perseguir el interés público y la finalidad prevista en el ordenamiento jurídico. Por tanto, una de las causas de ilegalidad del acto administrativo de concesión o denegación de licencias urbanísticas es la *desviación de poder*, es decir, el ejercicio de potestades administrativas para fines distintos de los previstos por el ordenamiento (art. 83.3 LJCA, art. 106.1 CE y art. 48 Ley 39/2015). En este sentido se han distinguido, tradicionalmente, la desviación de poder grosera o máxima, es decir, la persecución por la Administración de fines particulares, partidistas o de otra naturaleza ajena al interés público de la desviación de poder sutil o simple, que se produce cuando en el ejercicio de la actividad autorizatoria la Administración persigue un interés público pero distinto a aquel previsto por la norma (STS de 20 de enero de 1995, Ar. 548, Licencia de construcción cercana a conjunto histórico-artístico. Ponente: Fernando Cid Fontan).

Por otro lado, y esto se refiere únicamente a la licencia, en sexto lugar, *la Administración pública debe razonar con una sucinta referencia de hechos y fundamentos jurídicos los motivos por los cuales ha decido dictar un acto administrativo denegatorio de la licencia solicitada* (art. 35 LPACAP) so pena de incurrir en un vicio de anulabilidad del acto (art. 48 LPACAP) o incluso caer de lleno en la arbitrariedad (art. 9.3 CE), circunstancia que conllevaría la nulidad del acto así dictado. En la actividad autorizatoria la jurisprudencia impone este requisito de la motivación con mayor contundencia si cabe. La motivación como exigencia (dice la STS de 23 de noviembre de 1993, Ar. 9033, instalación de máquinas automáticas de fotografía. Ponente: Eladio Escusol Barra) no se satisface con cualquier fórmula, sino que es necesario señalar los hechos y las circunstancias concurrentes en términos suficientes, expresivos de la razón de la decisión administrativa.

Finalmente, y en séptimo lugar, en el ejercicio de sus potestades de intervención, la Administración debe seguir el procedimiento legalmente establecido, ya que éste constituye una firme garantía para el administrado, y también es un requisito de objetividad y eficacia en la actuación administrativa.

Así, *para el caso de la licencia*, ésta debe ser otorgada siguiendo los trámites legalmente previstos y por el órgano competente, esto es, *el Alcalde* «salvo que las leyes sectoriales lo atribuyan expresamente al Pleno o a la Junta de Gobierno Local» (art. 21 LRBRL; art. 72 ROAS). *Dicha competencia no es susceptible de delegación* (art. 21.3 LRBRL). En los municipios con una gran población, la Ley de modernización del régimen local de 2003 atribuye la competencia a la Junta de Gobierno Local, salvo que la legislación sectorial la atribuya a otro órgano (art. 127 LBRL). En cuanto a los trámites a realizar, que después analizaremos, en base al actual art. 47.1.e) LPACAP han de ser considerados *nulos* de pleno derecho, en primer término, los *actos de limitación* (licencia) *dictados al margen de todo trámite* (así, por ejemplo, STS de 11 de julio de 1990, Ar. 6753, anulación de la licencia. Ponente: Salvador Ortolà Navarro). En segundo lugar, *si la Administración ha efectuado algún trámite, pero ha obviado hitos esenciales del procedimiento (entre los que destaca el trámite de audiencia), nos encontramos igualmente ante un acto nulo* [entre otras, STS de 19 de marzo de 1986 (Ar. 1838, impugnación de licencia del hogar del Desvalido de Barcelona. Ponente:

Saturnino Gutiérrez de Juana); STS de 3 de octubre de 1989 (Ar. 7218, clausura de una escuela de logopedia. Ponente: Francisco González Navarro)]. De la razón anteriormente expuesta, ya en tercer lugar, *se deduce también que es aplicable la sanción radical de nulidad de pleno derecho en aquellos casos en que la Administración ha observado un procedimiento, pero no el concreto procedimiento previsto por la Ley para ese supuesto*, aunque el resultado práctico conseguido con el iter procedimental seguido y el que se hubiera alcanzado con el procedimiento correcto sean idénticos. Estos casos siguen estando castigados por la redacción utilizada en el art. 47.1.e) LPACAP («los dictados prescindiendo total y absolutamente del procedimiento establecido»), sobre todo cuando el procedimiento elegido es más sencillo que el previsto por la norma de aplicación).

En lo referente a la *comunicación previa*, no existe un procedimiento para su otorgamiento, pero sí que, con carácter *ex post*, si al poner en marcha sus potestades de inspección y control, la Administración comprueba alguna irregularidad, deberá respetar un procedimiento con la necesaria observancia del trámite de audiencia, tal y como ya recogen los arts. 6 y 7 de la Ley catalana de simplificación administrativa (art. 69 de la LPACAP).

Así, *la comunicación previa* permite el reconocimiento o ejercicio de un derecho o el ejercicio de una actividad desde el día de su presentación, y faculta a la Administración pública urbanística a verificar la conformidad de los datos que en ella se contienen a posteriori (así, art. 36.2 de la Ley 26/2010, de 3 de agosto, de procedimiento administrativo de Cataluña).

La Administración, sin embargo y en aras del principio de seguridad jurídica, tiene el plazo de 3 meses (plazo supletorio recogido en el art. 21.2 LPACAP) para ejercer ese control o verificación posterior. Pasado dicho plazo, deberá actuarse por las vías impugnatorias y garantías de la revisión de oficio u otras (STSJC de 14 de septiembre de 2020, n. 3609. Ponente: Manuel Táboas Bentanachs).

En definitiva, este marco jurídico exige un cambio de mentalidad en los gestores administrativos y también en los ciudadanos que han de entender que el nuevo régimen de limitación administrativa es ese y que no se requiere ya una resolución expresa de la Administración como ocurría antaño. Del análisis de las ordenanzas locales en materia urbanística se comprueba que la documentación exigible para la presentación de la comunicación previa es tan exhaustiva (cuestionarios de estadística, justificantes, constitución de garantías, exención de dirección técnica o facultativa, documentos de gestión de residuos, póliza de seguros, fotografías, documentación justificativa de las obras, etc.) que, en realidad, estamos ante auténticas licencias con diferente nombre, vulnerando así la regulación, espíritu y finalidad de la comunicación previa previsto en el art. 69 LPACAP que se refiere a ella como un único documento.

B) Actos sujetos a licencia urbanística; actos sujetos a comunicación previa; actos no sujetos a intervención administrativa

Actualmente, y a raíz de las modificaciones operadas por la normativa de transposición de la Directiva Servicios a las que nos acabamos de referir, el TRLUC distingue tres tipos de actos: actos sujetos a licencia urbanística (art. 187 TRLUC); actos sujetos a comunicación previa (art. 187 bis TRLUC); y actos no sujetos a intervención mediante licencia o comunicación previa (art. 187 ter TRLUC).

A la hora de articular este sistema, se tienen en cuenta, entre otros criterios, el tipo de suelo en el que se actúa, la magnitud de la actuación a realizar y sus potenciales riesgos. Respecto a esta última cuestión, en aquellos supuestos en que la actuación urbanística puede poner en riesgo, por ejemplo, la salud o la seguridad de las personas o el medio ambiente, la Ley establece un régimen de licencia urbanística para que así garantizar, con el control previo de la Administración, la protección de los referidos intereses.

Así, es posible hacer referencia las siguientes actuaciones:

a) En cuanto a los actos de edificación, el deber de solicitar y obtener licencia urbanística previa alcanza a una serie de actos de transformación o utilización artificial del suelo y del subsuelo, de edificación o de construcción, pero no a todos como se había reconocido tradicionalmente (art. 187 ter TRLUC).

Así, por ejemplo, están sujetos a licencia, la construcción de edificios de nueva planta, la intervención en los edificios existentes que requieran la elaboración de un proyecto técnico, la demolición total o parcial de la construcción o el cambio de los edificios a un uso residencial. También la acumulación de residuos y el depósito de materiales que alteren las características del paisaje, la tala de masas arbóreas o de vegetación arbustiva, la instalación de casas prefabricadas o instalaciones similares, sean provisionales o permanentes, y otras previstas, necesariamente, en una ley.

En cambio, no están sujetas a licencia, sino a comunicación previa, las construcciones e instalaciones de nueva planta, y las obras de ampliación, reforma, modificación o rehabilitación o demolición total o parcial de construcciones e instalaciones existentes que no requieran la elaboración de un proyecto técnico; la construcción o la instalación de muros y vallas; o la colocación de carteles y vallas de propaganda visibles desde la vía pública.

Finalmente, no están sujetos a ningún tipo de actividad de limitación las obras de urbanización previstas en los planes y los proyectos debidamente aprobados; las parcelaciones o la división en fincas incluidas en un proyecto de reparcelación; las obras y las actuaciones en cumplimiento de una orden de ejecución o de restauración en los supuestos en que la legislación de régimen local o la legislación urbanística eximen de licencia previa (así, por ejemplo: art. 206 TRLUC, orden de derribo de obras ilegales; las ordenes de ejecución del art. 197 TRLUC).

b) Con respecto a las parcelaciones urbanísticas, es decir, la división de terrenos en dos o más lotes que puede dar lugar a la constitución de un núcleo de población (art. 191 TRLUC), la legislación urbanística las somete a previa licencia excepto cuando están incluidas en un proyecto de reparcelación (art.

187 ter TRLUC).La Ley pretende evitar que por este procedimiento se transforme suelo rústico en urbano y comiencen a surgir, al margen del planeamiento, edificaciones sin los servicios mínimos que ha de tener toda urbanización. Por ello, el artículo 195 TRLUC prohíbe la realización de parcelaciones en suelo no urbanizable. En cambio, en suelo urbano y urbanizable es el plan quien ha de prever la división en parcelas. La licencia de parcelación comprobará que esto sea así, es decir, que el POUM en suelo urbano o el plan parcial, en el caso de suelo urbanizable, recoja esa división y que se respete la superficie mínima exigible (arts. 191-192 TRLUC). En esta línea, los notarios y registradores de la propiedad han de solicitar la licencia con carácter previo a la autorización e inscripción en el registro de la propiedad de las escrituras de división de terrenos (en este sentido el Real Decreto 1063/97, de 4 de julio, por el que se aprueba el reglamento sobre inscripción en el registro de la propiedad de los actos de naturaleza urbanística y legislación hipotecaria). La licencia se entiende concedida por el transcurso de un mes sin que la Administración conteste (STSJC de 23 de junio de 2009, nº 612 Ayuntamiento Matadepera. Ponente: Manuel Táboas Bentanachs).

Por último, señalar que son indivisibles las parcelas cuya dimensión sea menor al doble de la superficie determinada como mínima por el planeamiento urbanístico (art. 196 TRLUC).

c) Hay que tener en cuenta que se excepciona de la obtención de previa licencia todas las obras públicas de interés general (así lo establece para la Administración del Estado, la Disposición Adicional Décima TRLS 2015 de aplicación plena. Asimismo, para las obras de la Generalitat y sus entidades de Derecho público art. 190 TRLUC), cuya ejecución tampoco puede ser suspendida por la Administración urbanística, que debe, en el plazo de un mes, aclarar si se adecuan o no al plan, prevaleciendo en caso de discrepancia la decisión

Estatal o de la Generalitat a través del Govern (Art. 190.2 TRLUC).

Lo mismo ocurre por la aplicación de la distinta normativa sectorial con las obras de infraestructura ferroviaria, los puertos y las obras hidráulicas donde se excluyen la necesidad de solicitar y obtener previa autorización o licencia para determinadas obras y actuaciones por parte de la Administración autonómica y, sobre todo, municipal.

Así, por ejemplo, el artículo 127 de la Ley de Aguas (Real decreto legislativo 1/2001, de 20 de julio) dispone: «las obras hidráulicas de interés general y las obras y actuaciones hidráulicas de ámbito supramunicipal, incluidas en la planificación hidrológica y que no agoten su funcionalidad en el término municipal donde se ubiquen no estarán sujetas a licencia ni a cualquier acto de control preventivo municipal a los que se refiere el párrafo b) del artículo 84 de la Ley 7/1985, de 2 de abril, reguladora de las bases de régimen local».

Sin embargo, el Tribunal Constitucional ha matizado estas exclusiones de la siguiente manera:

Primero fue en relación con la excepción de las licencias municipales para las obras portuarias. La STC 40/1998, de 28 de febrero, que cita a la anterior STC 149/1991, matiza y precisa la exención (En la misma línea, STC 31/2010 de 28 de Junio 2010). Recuerda así que la legitimidad de las normas que autorizan al Estado a asumir la competencia para realizar obras y modular las competencias urbanísticas de los municipios (por ejemplo, substituyendo la licencia por un informe previo cuando existan razones que así lo justifiquen) no depende del espacio físico donde las obras hayan de realizarse, sino de la finalidad que constituye su razón de ser. Por consiguiente, las obras no estrictamente portuarias a realizar en la zona de servicio del puerto sí estarían sometidas a licencia municipal. Esta es, en efecto, la doctrina que, con carácter general, cabe extraer también de la STC 204/2002, de 31 de octubre, a propósito del art. 166.3 de la Ley 13/1996, de 30 de diciembre, donde se establecía que las obras que se realicen en el ámbito de un aeropuerto y la zona de servicio por AENA «no estarán sometidas a los actos de control preventivo municipal a que se refiere el artículo 84. 1 b) de la Ley 7/1985». El TC llega a la conclusión de que tal exclusión es inconstitucional (L. Martín Rebollo).

Finalmente se ha de señalar que los ayuntamientos, en Cataluña, sólo pueden acordar la suspensión de estas obras cuando pretenda llevarlas a cabo en ausencia o en contradicción con la notificación de conformidad con el planeamiento urbanístico y sin la decisión del Gobierno de la Generalitat de ejecutar el proyecto. La suspensión se comunicará al órgano redactor del proyecto y al Consejero de Política Territorial y Obras Públicas (art. 190.3 TRLUC).

C) La licencia urbanística

a) Régimen general de las licencias urbanísticas. La regla del silencio positivo

La licencia urbanística responde a la concepción clásica de los actos de autorización (TR Fernández). En estos casos la Administración, con la concesión de la licencia, remueve los obstáculos que se oponen al libre ejercicio un derecho del que ya es titular el propietario, previa comprobación que con dicho ejercicio no se pone en peligro ningún interés protegido por nuestro ordenamiento jurídico (art. 74 ROAS).

Al ser normalmente la última fase del proceso urbanizador y constructivo (la licencia urbanística por excelencia continúa siendo la de edificación), la Administración debe comprobar que se hayan cumplido los requisitos previos que impone el ordenamiento. De ese modo, para el suelo urbano se subordina la edificación a que los terrenos tengan la condición de solar (art. 29 y 49.1 TRLUC), después de haber cumplido con los deberes de cesión, equidistribución y urbanización. Así, una vez verificado el cumplimiento de dichos deberes, el propietario adquiere el derecho a edificar. El derecho a edificar, por tanto, no lo otorga la licencia; es preexistente a ella, ya que lo tiene el particular desde el momento que cumple con los deberes impuestos por la ley y el plan, si bien su ejercicio se somete a la previa solicitud y concesión de la misma.

Por ello, *la licencia urbanística es de carácter reglado*, es decir debe otorgarse o denegarse de conformidad con lo establecido por la Ley, el planeamiento urbanístico y las ordenanzas municipales (art. 188 TRLUC). Así lo tiene «machaconamente» reiterado el Tribunal Supremo (STS de 22 de enero de 1996, Ar. 1996/30. Licencia de construcción de naves industriales. Ponente: J.M. Sanz Bayón). Ante la solicitud de licencia, la Administración debe comprobar el cumplimiento de la legislación urbanística y únicamente cabe una única solución justa: Si se cumplen los requisitos, la licencia debe otorgarse; en caso contrario debe denegarse. No hay margen de discrecionalidad o apreciación subjetiva alguna. Su naturaleza es reglada (STSJC de 8 de noviembre de 2001 nº 1074. Licencia de obras Sant Pere de Ribes. Ponente: Francisco López Vázquez).

En este sentido, no cabe someter la concesión de licencia a consideraciones o hechos futuros (STS de 9 de octubre de 1995, Ar. 1995/7221 licencia de obras. Ponente: Barrio Iglesias) que no sea el cumplimiento estricto de la normativa vigente aplicable.

También se niega todo carácter discrecional a la autorización que debe conceder la Generalitat, previa a la municipal para construir en suelo no urbanizable (arts. 48, 49 y 50 TRLUC). La utilización de conceptos como «actuaciones urbanísticas de interés público» que han de emplazarse en el medio rural son conceptos jurídicos indeterminados que excluyen todo margen de apreciación subjetiva en su aplicación (así STS de 5 de junio de 1995, Ar. 1995/4939 servidumbre protección. Ponente: P. Esteban Álamo; STSJC de28 de enero de 2004, Ar. 2004/156573. Licencia de obras, Espinelves. Ponente: Francisco López Vázquez).

Por otro lado, la licencia urbanística tiene carácter real, pues su objeto no recae en las condiciones personales del solicitante sino, por el contrario, en el bien, de manera que un posible cambio de las personas es intrascendente ya que, además, las licencias urbanísticas son transmisibles.

Otra consecuencia del carácter reglado de las licencias es que, ante el silencio de la Administración, transcurrido un determinado plazo, estas se entenderán concedidas. Es la técnica del silencio administrativo positivo (art. 188.2 TRLUC y arts. 81 y 82 ROAS), sólo exceptuada en relación a ciertas actuaciones en suelo no urbanizable, como es el caso de las obras de edificación, construcción e implantación de instalaciones de nueva planta (art. 11.b TRLS) o la ubicación de casas prefabricadas e instalaciones similares (art.11.c TRLS), todo ello de acuerdo con la interpretación de estas previsiones efectuada por la STC 143/2017, de 14 de diciembre. De ese modo, para *la licencia referida a obras mayores* se entenderá que, transcurridos *dos meses* desde la solicitud de la licencia sin respuesta por parte de la Administración, esta ha sido concedida por silencio administrativo positivo, sin necesidad de denuncia de la mora ni de solicitud de certificado alguno. En el caso de las obras menores (las que no implican modificación de la fachada o de elementos estructurales), el plazo se reduce a un mes (art. 81 ROAS).

La distinción entre obras mayores y obras menores (que dicho sea de paso, hoy en día, carece de sentido pues las licencias de obras menores han sido sustituidas por la comunicación previa) ha sido concretada en los términos anteriores por la jurisprudencia (STS de 4 de abril de 1995, Ar. 1995, 3154. Ponente: J.M. Sanz Bayón). El mismo plazo se prevé para otros supuestos (así por ejemplo, las licencias de parcelación, arts. 191-192 TRLUC). Incluso si las actuaciones no requieren de la elaboración de un proyecto técnico, ya no están sujetas a licencia sino a comunicación previa, art. 187 bis a) TRLUC, circunstancia en la que estarán incursas la mayoría de obras menores. Ahora bien, en ningún caso podrán considerarse adquiridas por silencio administrativo positivo facultades urbanísticas que contravengan lo dispuesto en el TRLUC o el planeamiento urbanístico (art. 5.2 TRLUC).

La interpretación de este precepto ha sido controvertida, ya que la Administración urbanística lo utiliza en ocasiones de manera desviada, invocándolo automáticamente cuando se le pasa el plazo para resolver, entendiendo de esta manera que no se ha producido el silencio positivo y evitando las posibles indemnizaciones por responsabilidad patrimonial de la Administración. En este punto, debe tenerse en cuenta que la interpretación (o invocación sistemática) amplia y constante del referido artículo, se ve limitada por lo dispuesto en la legislación de procedimiento administrativo, que entiende que son nulos de pleno derecho los actos obtenidos por silencio por los que se adquieren facultades contrarias al ordenamiento jurídico (art. 47.1.f) LPACAP). De este modo, cuando la Administración constata que, incumpliendo su obligación de resolver en el plazo legalmente previsto, se ha producido la concesión de una licencia por silencio y esta es contraria al ordenamiento jurídico no puede, sin más, invocar el art. 5.2 TRLUC, sino que, a nuestro juicio, debería incoar el correspondiente procedimiento de revisión de oficio de actos nulos previsto en el art. 106 y siguientes LPACAP, al ser esta una Ley básica y común, aplicable a todas las Administraciones Públicas (en este sentido STSJ de la Comunidad Valenciana de 2 de febrero de 2001 que reproduce la pionera doctrina de la STS de 20 de mayo de 1966).

Sin embargo, no es esta la interpretación que lleva cabo la jurisprudencia mayoritaria, que, en aplicación del art. 5.2 TRLUC, entiende que los actos contrarios al ordenamiento no se pueden adquirir por silencio positivo «pues el silencio no es la panacea que sane aquello que en sí mismo contiene el germen de su incurable enfermedad, ni esponja que limpie los vicios y defectos contenidos en la esencia misma del acto» (STS de 18 de marzo de 1970, Ar. 3635, que fue pionera en esa doctrina).

A esta interpretación se sumó el art. 11.3 TRLS al afirmar que «en ningún caso podrán entenderse adquiridas por silencio administrativo facultades o derechos que contradigan la ordenación territorial o urbanística» precepto de carácter básico en virtud de lo establecido en su Disposición Final Primera (recogida de la doctrina de la STS de 28 de enero de 2009. Recurso de Casación en interés de Ley. Ar. 2009/1471. Ponente: Ernesto Peces Morate. Según esta línea jurisprudencial, actualmente mayoritaria, el silencio positivo «contra legem» no tiene cabida en relación a las licencias municipales de obras). Sin embargo, esta opción del legislador urbanístico no excluye la reclamación de responsabilidad por daños.

b) El procedimiento para el otorgamiento de la licencia urbanística. La resolución

El art. 188.2 TRLUC establece que el procedimiento para otorgar y denegar las licencias urbanísticas se ajustará a lo dispuesto en la legislación de régimen local.

La solicitud, que será presentada en el Ayuntamiento que corresponda, debe precisar el objeto y condiciones de la obra, así como la actuación o actuaciones proyectadas con el detalle suficiente para su debida verificación del cumplimiento de la normativa urbanística y las ordenanzas municipales.

A la solicitud de licencia deberá acompañarse el correspondiente proyecto técnico (en especial, si son licencias de obras mayores; arts. 2 y 4 Ley 38/1999, de 5 de noviembre, de ordenación de la edificación, LOE) aunque, en la actualidad únicamente será visado por el Colegio profesional cuando se solicite expresamente por los clientes o las Administraciones o cuando lo establezca el Gobierno mediante Real Decreto (art. 13 Ley Colegios Profesionales). Si se observan deficiencias, las Administración habrá de requerir al interesado para que en un plazo de 10 días (ampliables a 5 más) las subsane procediendo a su archivo en caso contrario (art. 68 LPACAP). El proyecto técnico cumple así una función de definición y determinación de las exigencias técnicas y su adecuación a la normativa aplicable. Debe acompañarse del visado colegial que acredita la habilidad técnica del autor del proyecto, su prestigio e independencia, así como también verifica la documentación presentada, visado que no sustituye al control de la Administración (STS de 10 de enero de 1990, Ar. 158. Ponente: Julián García Estartús).

Además, los municipios pueden exigir que la solicitud se acompañe de un informe de idoneidad técnica para verificar que el proyecto y la documentación técnica cumplen con la normativa aplicable (art. 188.3 bis TRLUC, en la versión introducida por la Ley 3/2023, de 16 de marzo, de medidas fiscales, financieras, administrativas y del sector público para 2023.

En la tramitación del expediente ha de constar un informe técnico y un informe jurídico y, en el caso de que éstos sean contradictorios en cuanto a la interpretación de la normativa aplicable, es preceptivo también el informe del Secretario del Ayuntamiento. Éste último informe también es preceptivo en los supuestos de falta de otra asistencia letrada. El informe jurídico del secretario alcanza todos los extremos del expediente, no sólo al procedimiento, y su ausencia comporta la nulidad del acto (STS de 25 de junio de 2001, Ar. 2001/6178. Ponente: Ricardo Enríquez Sancho; STS de 14 de marzo de 2001, Ar. 2001/2743. Ponente: Juan Manuel Sanz Bayón).

Cuando sean necesarias diferentes licencias municipales para diversas actuaciones directamente relacionadas entre sí, se tramitarán en un único expediente sin perjuicio de la diferente documentación técnica que deba presentarse. Si es preciso contar con certificaciones, informes u otros documentos expedidos por la misma Corporación, la oficina que tramite el expediente principal, los recabará directamente comunicándolo así al interesado. Es necesario señalar que queda vedada a la Administración exigir distintas licencias para proteger el mismo bien jurídico.

Los interesados que puedan resultar afectados por el otorgamiento de la licencia podrán comparecer ante el Ayuntamiento y formular alegaciones, así como presentar los documentos que estimen oportunos. La Corporación local ha de conceder audiencia de las actuaciones practicadas a los interesados que resulten identificables en el expediente administrativo o se personen en el mismo, pudiendo presentar en el plazo de 10 días alegaciones (art.80 ROAS).

La resolución corresponde, como dijimos, al presidente de la Corporación (o a la Junta de Gobierno Local), salvo que la normativa sectorial o específica atribuya la competencia a otro órgano. Su denegación debe ser motivada con sucinta referencia de hechos y fundamentos jurídicos en los que se base la Administración para la adopción de tal decisión, dejando de esta forma abierta la vía del recurso.

c) La caducidad de las licencias

Todas las licencias urbanísticas para la ejecución de obras deben fijar un plazo para comenzarlas y otros para acabarlas, en función del principio de proporcionalidad. Si las licencias no los establecen, el plazo para dar inicio a las obras es de un año y el plazo para acabarlas es de tres años.

La licencia urbanística caduca si al acabar cualquiera de los plazos anteriores, o las prórrogas correspondientes, no se han comenzado o no se han acabado las obras. A tales efectos, la licencia debe incorporar la correspondiente advertencia.

Si la licencia urbanística ha caducado, las obras no se pueden iniciar ni proseguir si no se pide y se obtiene una nueva, ajustada a la ordenación urbanística en vigor, excepto en los casos en que se haya acordado la suspensión de la concesión.

Las personas titulares de una licencia urbanística tienen derecho a obtener una prórroga tanto del plazo de comienzo como de finalización de las obras, y la obtienen, en virtud de la Ley, por la mitad del plazo que se trate, si la solicitan de una manera justificada antes de agotarse los plazos establecidos.

Una vez caducada la licencia urbanística, el órgano municipal competente debe hacer una declaración formal de caducidad y tiene que acordar el archivo de las actuaciones, de oficio o a instancia de terceras personas y con audiencia previa de la persona titular (art. 189 TRLUC).

La caducidad de la licencia no impide que el interesado pueda solicitar una nueva licencia, si bien su otorgamiento o denegación se valorará de acuerdo con la normativa vigente en ese momento; y no atendiendo a la normativa que, en su caso, amparó la licencia caducada.

D) La comunicación previa

Como hemos visto, otra técnica de limitación de la actividad urbanística distinta de la licencia y potenciada en la reforma del TRLUC (art. 187 bis) es la comunicación previa (o simplemente comunicación pues puede ser coetánea o posterior a la actuación), definida por el art. 69.2 LPACAP como aquel documento mediante el que los interesados ponen en conocimiento de la Administración Pública competente (en nuestro caso la urbanística) sus datos identificativos o cualquier otro dato relevante para el ejercicio de un derecho o el inicio de una actividad. Consiste, a priori, en un sencillo documento cuya presentación permite ya el ejercicio del derecho (el inicio de las obras) o bien el inicio de la actividad «desde el día de su presentación», sin perjuicio de las facultades de comprobación, control e inspección que ejerza la Administración Pública con posterioridad (art. 36 Ley 26/2010).

Es, por tanto, una técnica de libertad (art. 3 de la Ley 25/2009, de 22 de diciembre, de modificación de diversas Leyes para su adaptación a la Ley sobre el libre acceso a las actividades de servicios y su ejercicio que transpone la Directiva de Servicios 123/2006, el 12 de diciembre junto con la Ley 17/2009, el 23 de noviembre), pues sustituye a la licencia en determinadas actuaciones que el ordenamiento antes exigía esa autorización. Con arreglo a dichas normas, el sometimiento de una actividad al régimen de autorización sólo es posible excepcionalmente cuando una razón imperiosa de interés general así lo requiera por no existir otras medidas menos restrictivas que garanticen la consecución del objetivo a conseguir (art. 5 Ley 17/2009).

Al respecto, señalar que queda vedado por el ordenamiento someter el inicio de una actividad regida por comunicación previa a un período de silencio positivo o a la verificación de la documentación por la Administración, a la obtención de una declaración responsable u otras trabas para el ciudadano que atentan directamente contra el sistema de la comunicación previa. La comunicación a la Administración de la realización de una obra, habilita de manera inmediata al particular a realizar esa actividad, siendo contrarias a la Ley las previsiones de ordenanzas que difieran su eficacia a momentos posteriores.

La Administración local podrá verificar a posteriori las actuaciones realizadas, atendiendo a los principios de proporcionalidad, no discriminación, transparencia y objetividad.

Las potestades de verificación, control o inspección pueden ser utilizadas en cualquier momento, siempre en el plazo de 3 meses, plazo supletorio recogido en el art. 21.2 LPACAP, y, si se constata el incumplimiento de la Ley, debe iniciarse un procedimiento que, previa audiencia a los interesados, permita la corrección de los defectos detectados. Únicamente si existe riesgo para las personas, los bienes o el medio ambiente podrá adoptarse una medida cautelar de suspensión (así, por ejemplo, art. 7 Ley 16/2015, de 21 de julio, de simplificación de la Administración de la Generalitat y de los gobiernos locales).

El procedimiento podrá acabar con el otorgamiento de un plazo para enmendar las deficiencias o, en caso de incumplimiento evidente de la legalidad urbanística, con una orden de restauración de la legalidad. La regla es que solo la inexactitud, falsedad u omisión *«de carácter esencial»* (art. 69.4 LPACAP) podría dar lugar a la orden de restauración de la legalidad alterada y que, obviamente, en ese procedimiento de comprobación a posteriori se debe dar el trámite de audiencia, previo a la resolución definitiva.

Pero debe quedar claro que la comunicación previa, una vez presentada, habilita al particular a realizar de manera inmediata los actos previstos en el art. 187 bis TRLUC, que las ordenanzas municipales no pueden poner trabas al ejercicio inmediato de la actuación de los particulares, y que son pura y simplemente contrarias a la Ley el someter el inicio de la actividad sujeta a comunicación previa a un período de silencio positivo o a la previa verificación por el Ayuntamiento de la documentación presentada. Las ordenanzas que así lo recojan son pura y simplemente ilegales por contravenir el art. 69 LPACAP, los arts. 84, 84 bis y 84 ter LBRL y la Ley catalana de simplificación administrativa pues, además, existe en este ámbito una reserva de ley.

Por fin, la LBRL (art. 84 bis) aclara que podría pervivir la licencia para aquellas actividades que afectan a la protección del medioambiente o del patrimonio histórico-artístico, la seguridad o la salud pública, o que impliquen el uso privativo y ocupación de los bienes de dominio público, siempre que la decisión de sometimiento esté justificada y resulte proporcionada. Sin embargo, para los establecimientos comerciales se flexibilizan las reglas de la licencia urbanística y se dispensa la necesidad en algunos supuestos del proyecto de obras (Ley 12/2012, de 26 de diciembre, de medidas urgentes de liberalización del comercio y de determinados servicios).

En definitiva, se trata de una técnica de la actividad urbanística que, en ámbitos del ejercicio reglado de potestades públicas, ha de ir substituyendo a las licencias de obras y actividades. Del análisis de las distintas ordenanzas municipales que regulan el tema en materia urbanística se comprueba el exceso de documentos y trámites exigidos para la comunicación previa, regulación que olvida los principios mencionados, que orilla la definición de comunicación como «aquel documento mediante el que los interesados ponen en conocimiento de la Administración Pública sus datos identificativos... para el inicio de una actividad o ejercicio de un derecho» (art. 69.2 LPACAP), la inseguridad jurídica en que se mueve el régimen de la comunicación previa y la necesidad de un cambio de mentalidad de las Administraciones Públicas, aplicando e interpretando correctamente esta técnica de intervención, más liviana que la licencia.

E) La habitabilidad de las viviendas: La comunicación previa de primera utilización u ocupación. La cédula de habitabilidad

La licencia de obras vista hasta ahora garantiza que el proyecto cumple las condiciones impuestas por la legislación urbanística y el plan, así como que las viviendas cumplen con las condiciones de calidad relativa a la funcionalidad, la seguridad, la salubridad y la sostenibilidad y que los edificios en que se integran son sólidos estructuralmente (art. 22 LDV). En este sentido la legislación exige, entre otras cosas, que los nuevos edificios plurifamiliares estén dotados de ascensor, así como otras condiciones de accesibilidad (Real Decreto Legislativo 1/2013, de 29 de noviembre, que aprueba el texto refundido de la Ley General de Derechos de las personas con discapacidad y su inclusión social). De igual forma, la LOE exige que los edificios se proyecten, construyan, mantengan y conserven cumpliendo con los requisitos básicos de funcionalidad, seguridad y habitabilidad, observándose así las condiciones ambientales requeridas (art. 5 LOE). Es el Código Técnico de la Edificación (RD 314/2006, de 17 de marzo) quien concreta todos esos aspectos básicos sin perjuicio de la competencia ejercida por la Comunidad Autónoma, de acuerdo con la LDV.

Por su parte, la cédula de habitabilidad, y en el caso de las viviendas de protección oficial, la calificación definitiva, son documentos acreditativos que el edificio en cuestión, una vez finalizado, cumple con los requisitos de calidad previstos legalmente (véase el ya citado art. 22 LDV en conexión con el art. 26 de la misma norma y art. 132a LDV) y, en consecuencia, es apto para ser destinado a residencia. Para ocupar una vivienda es necesario haber obtenido previamente esta acreditación que, a su vez, será requerida por las empresas de suministros (agua, energía eléctrica, etc.) con carácter previo a su contratación. Así, la cédula de habitabilidad es otorgada por el departamento competente en materia de vivienda de la Generalitat, sin perjuicio que pueda delegarse su concesión al Ayuntamiento.

La Ley preveía, además, la obtención de la licencia urbanística de primera ocupación, que acreditaba el cumplimiento de las condiciones establecidas por la licencia de obras de edificación. Dados los problemas de coordinación que planteaba con la cédula de habitabilidad, denunciados en anteriores ediciones de este libro, la primera utilización y ocupación del edificio está sujeta al régimen de comunicación previa al ayuntamiento (no ya de licencia, salvo la primera utilización u ocupación parcial del edificio (art. 187.1.d) TRLUC). Esta comunicación debe estar acompañada de la certificación de la persona facultativa directora acreditativa de la fecha de finalización de las obras y del hecho de que las obras se han realizado de acuerdo con el proyecto aprobado o las modificaciones posteriores, las condiciones impuestas, y que la edificación está en condición de ser utilizada (art. 27 LDV). En consecuencia, realizada esta comunicación, ya puede ser utilizada la vivienda. Por ello, sería bueno que la comunicación previa también sustituya en la práctica a la cédula de habitabilidad. O una o la otra, pues la función de ambas (cédula de habitabilidad y comunicación previa de primera ocupación) cumplen en la práctica idéntica función. Por ello, el legislador debe dar un paso más, unificando de una vez la normativa urbanística y la Ley del Derecho a la vivienda. En particular, para los edificios de nueva construcción, carece de sentido esa duplicación de controles en perjuicio de la libertad económica. Con las leyes en la mano, hoy, una vez hecho uno de los dos trámites (obtención de la cédula de habitabilidad o comunicación previa), el edificio o la vivienda ya se podría utilizar. Sin embargo, la Ley ómnibus de promoción de la actividad económica 9/2011, de 29 de diciembre, en el párrafo 5 bis del art. 26 de la LVD intenta distinguir ambas técnicas señalando que la cédula de habitabilidad implica exclusivamente que la vivienda cumple los requisitos técnicos de habitabilidad de la normativa vigente y no supone la legalización de las construcciones por lo que se refiere a la adecuación del uso de la vivienda a la legalidad urbanística, función que cumplirá la comunicación previa de primera ocupación.

Por último, los notarios deberán exigir en los actos de transmisión de la vivienda (o de cesión de su uso) los mencionados documentos. También deben hacerlo los registradores de la propiedad antes de proceder a la inscripción en el registro (arts. 132 y 134 LDV). Todo ello se encuentra actualmente recogido en el art. 28 TRLS.

Además, el Real Decreto 390/2021, de 1 de junio, por el que se aprueba el procedimiento básico para la certificación de la eficiencia energética de los edificios establece la obligación de dicha certificación en edificios de nueva construcción, en edificios o partes de edificios existentes que se vendan o alquilen a un nuevo arrendatario o edificios o partes de edificios pertenecientes u ocupados por una Administración Pública, entre otros (art. 3).

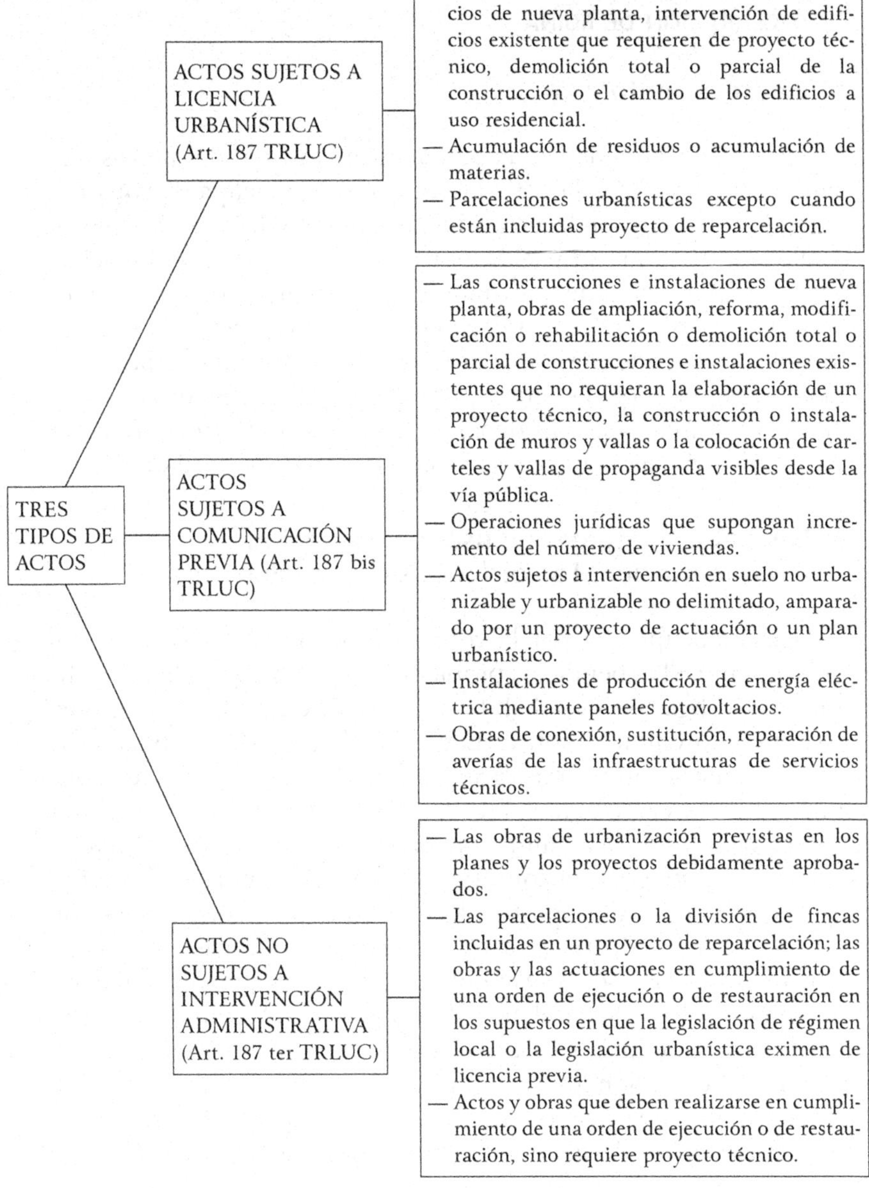
TRES TIPOS DE ACTOS
ACTOS SUJETOS A LICENCIA URBANÍSTICA (Art. 187 TRLUC)
— Actos de edificación: Construcción de edificios de nueva planta, intervención de edificios existente que requieren de proyecto técnico, demolición total o parcial de la construcción o el cambio de los edificios a uso residencial.
— Acumulación de residuos o acumulación de materias.
— Parcelaciones urbanísticas excepto cuando están incluidas proyecto de reparcelación.
ACTOS SUJETOS A COMUNICACIÓN PREVIA (Art. 187 bis TRLUC)
— Las construcciones e instalaciones de nueva planta, obras de ampliación, reforma, modificación o rehabilitación o demolición total o parcial de construcciones e instalaciones existentes que no requieran la elaboración de un proyecto técnico, la construcción o instalación de muros y vallas o la colocación de carteles y vallas de propaganda visibles desde la vía pública.
— Operaciones jurídicas que supongan incremento del número de viviendas.
— Actos sujetos a intervención en suelo no urbanizable y urbanizable no delimitado, amparado por un proyecto de actuación o un plan urbanístico.
— Instalaciones de producción de energía eléctrica mediante paneles fotovoltacios.
— Obras de conexión, sustitución, reparación de averías de las infraestructuras de servicios técnicos.
ACTOS NO SUJETOS A INTERVENCIÓN ADMINISTRATIVA (Art. 187 ter TRLUC)
— Las obras de urbanización previstas en los planes y los proyectos debidamente aprobados.
— Las parcelaciones o la división de fincas incluidas en un proyecto de reparcelación; las obras y las actuaciones en cumplimiento de una orden de ejecución o de restauración en los supuestos en que la legislación de régimen local o la legislación urbanística eximen de licencia previa.
— Actos y obras que deben realizarse en cumplimiento de una orden de ejecución o de restauración, sino requiere proyecto técnico.

2. Deberes de conservación y rehabilitación. La declaración de ruina

A) Planteamiento

El derecho urbanístico actual, en la meta final del proceso urbano en que consiste la edificación, no sólo se ocupa de construir la ciudad, de regular la creación de nuevos edificios. En pie de igualdad está la preocupación por el urbanismo de conservación, por la rehabilitación del patrimonio inmobiliario, conservación de toda clase de terrenos e instalaciones evitando su degradación irreversible y haciendo posible el derecho a una vivienda digna y adecuada. Para ello, obviamente, pone en marcha otras técnicas distintas a las analizadas. El deber de conservación y rehabilitación del propietario cesa cuando se llega a la situación legal de ruina.

B) Los deberes legales de uso, conservación y rehabilitación. Las órdenes de ejecución

A la preocupación por la conservación de los edificios y, por consiguiente, el deber de los propietarios en hacerlo realidad, se ha unido la obligación de rehabilitación, regeneración y renovación. Este proceso culminó con la Ley de las tres «erres» (Rehabilitación, Regeneración y Renovación urbanas, Ley 8/2013, de 26 de junio), hoy integrada en el TRLS, y en virtud de la cual se refuerzan los poderes de la Administración en este ámbito respecto a los propietarios obligados a conservar los edificios en las condiciones legales para servir de soporte a los usos que sean compatibles con la ordenación territorial y urbanística y, en todo caso, en las de seguridad, salubridad, accesibilidad y ornato legalmente exigibles, así como realizar los trabajos de mejora y rehabilitación hasta donde alcance el deber de conservación (en análogo sentido, art. 197. 1 TRLUC). Son los ayuntamientos, las Administraciones que deben ordenar de oficio o a instancia de cualquier persona interesada la ejecución de las obras necesarias para hacer efectivo ese deber de conservación. No podemos olvidar que más de un millón de edificios residenciales en Cataluña fueron construidos antes de 1978.

Existe pues un deber genérico de conservación en sentido amplio (uso, rehabilitación, mejora, accesibilidad, ornato de toda clase de terrenos, construcciones e instalaciones) que se concreta, en cada caso, por la propia legislación sectorial (así por ejemplo, los arts. 29 y 30 de la LDV, contemplan los deberes de conservación o rehabilitación de los propietarios de viviendas y también de los arrendatarios) o incluso por la propia Ley de urbanismo (así, las reglas para la rehabilitación de masías y casas rurales, art. 50 TRLUC; los deberes de los propietarios en suelo urbano no consolidado y de suelo urbanizable delimitado de conservar las obras de urbanización agrupados en Juntas de Conservación (art. 44.1 TRLUC)). En ese sentido, también manifiesta esa preocupación por la rehabilitación y la conservación tanto de las viviendas como de la urbanización, la Ley 2/2004, de 4 de junio, de mejora de los barrios, áreas urbanas y villas que requieran una atención especial.

Para ello crea un fondo de fomento del programa de barrios y áreas urbanas de atención especial.

Ese deber de conservación, como concepto jurídico indeterminado, se ha hecho posible, tradicionalmente, mediante la técnica de la orden u orden de ejecución (art. 197 TRLUC y art. 38 LDV). Esta es una institución clásica de la actividad de policía administrativa por la cual la Administración ordena hacer, no hacer o prohíbe alguna actuación. Al respecto conviene realizar algunos comentarios: a) el procedimiento para la adopción de las órdenes de ejecución, como acto de gravamen, está en la legislación de régimen local (con observancia de los principios de proporcionalidad y audiencia, art. 99 ROAS); b) La competencia corresponde al mismo órgano que dictó la licencia; c) El destinatario es el propietario de los terrenos, construcciones e instalaciones; d) El contenido debe ser claro, preciso, determinado, concretando al máximo las obras y actuaciones y el plazo que se otorga para ejecutarlas; e) La imposición de la obra por el Ayuntamiento no comporta la necesidad de otorgamiento de licencia urbanística (art. 100 ROAS, art. 253.3 RLUC). Esos poderes administrativos, han sido reforzados por el art. 111 de la Ley de economía sostenible de 4 de marzo de 2011 que preve la posibilidad de aprobación de planes o programas de rehabilitación de viviendas cuyo incumplimiento conlleva la declaración de utilidad pública o interés social a efectos de la expropiación forzosa de los bienes necesarios para su ejecución y que ha merecido integrar la LRRR.

El incumplimiento injustificado de las órdenes de ejecución habilita a la Administración a adoptar las siguientes medidas de ejecución forzosa:

a) La ejecución subsidiaria a cargo de la persona obligada (art. 102 LPACAP).
b) La imposición de multas coercitivas o multas por día de retraso hasta conseguir la completa efectividad de la orden (retirada de residuos, reparación de un camino, art. 93 RPLU).
c) La inclusión de la finca en el Registro Municipal de solares con los efectos de iniciarse el procedimiento de venta forzosa o de expropiación (así art. 40 LDV).
d) La imposición de sanciones urbanísticas, al tratarse de una infracción grave o leve dependiendo si comporta peligro para la seguridad de las personas o si es una mera cuestión de salubridad y ornato (art. 214 d) y 215 d) TRLUC).

Asimismo, también se ha de añadir que el coste de las obras se sufragará en parte por la Administración o el propietario (art. 197.2 TRLUC).

Por su parte, la LDV ha potenciado esa necesidad de conservación y rehabilitación del patrimonio inmobiliario residencial con una visión que, en ocasiones, responsabiliza en exceso al propietario de la situación —a veces mala— de los inmuebles, poniendo en marcha una serie de mecanismos, un tanto complejos, para conseguir sus objetivos. De esta manera, activa medidas de fomento de la rehabilitación, como los planes de fomento (art. 35 LDV) y, entre ellos, el plan de rehabilitación de viviendas que será aprobado por Decreto. Ha incluido los convenios o acuerdos entre la Administración y propietarios, en especial, para los alquileres de baja rentabilidad. También recoge mecanismos planificadores como la declaración de área de conservación y rehabilitación, declaración que pondrá en marcha medidas como la expropiación, imposición de servidumbres o la ocupación temporal de los terrenos. La expropiación forzosa por incumplimiento del deber de conservación y rehabilitación está prevista como una potestad de todos los ayuntamientos y del Departament d'Habitatge de una manera coordinada (art. 40 LDV). Únicamente se podría poner en marcha una vez agotadas las vías de fomento y las coercitivas, en los ámbitos calificados por el Plan Territorial Sectorial con una «fuerte y acreditada demanda residencial», cuando se haya incumplido el deber de conservación y rehabilitación y ello comporte, además, un riesgo para la seguridad de las personas. Destaca aquí también la habilitación legal para la adopción de la medida cautelar de declaración de inhabitabilidad (art. 33 LDV), el derecho de retorno de los ocupantes legales de los edificios en los que deban realizarse obras de conservación o rehabilitación, siempre que no sean responsables de las mismas (art. 34 LDV), o la inspección técnica, acompañado de un derecho de los propietarios a incorporar un calendario de visitas en los contratos de arrendamiento para comprobar el estado de la vivienda.

El deber de conservación cesa cuando concurre el deber del propietario de proceder al derribo inmediato después de la declaración de ruina.

Por último, hay que tener en cuenta que, de acuerdo con el art. 5 LDV, el incumplimiento del deber de conservación y rehabilitación de la vivienda, cuando suponga un riesgo para la seguridad de las personas y se hayan garantizado, si demuestra su necesidad, las ayudas públicas suficientes para hacer frente al coste de la conservación o rehabilitación de la vivienda, se considera un incumplimiento de la función social de la propiedad. El incumplimiento de la función social del derecho de propiedad se extiende también a otros supuestos, ampliados en virtud del Decreto Ley

17/2019, que comprenden: viviendas que permanezcan desocupadas de manera permanente e injustificada por un plazo de más de dos años; que la vivienda esté sobreocupada; que la vivienda no se destine a residencia habitual y permanente de personas, si es una vivienda con protección oficial o vivienda reservada por el planeamiento urbanístico a este tipo de residencia; o que se incumpla la obligación de ofrecer una propuesta de alquiler social antes de interponer una demanda judicial en los términos previstos en la Ley 24/2015, de 29 de julio, de medidas urgentes para afrontar la emergencia en el ámbito de la vivienda y la pobreza energética, circunstancia a la que nos referiremos posteriormente.

C) La declaración de ruina. Los bienes culturales de interés nacional y los bienes catalogados o bienes culturales de interés local

La declaración de ruina implica la obligación de los propietarios de derribar el inmueble que se encuentre en dicho estado. Así, el art.198 TRLUC impone que si una construcción (o parte de la misma, si constituye una estructura autónoma y separable del resto del inmueble) está en estado ruinoso, el Ayuntamiento, de oficio o a instancia de persona interesada, debe declararlo expresamente previa audiencia a los propietarios y a las personas residentes.

La declaración expresa de ruina por las causas tasadas y específicas que establece la Ley, comporta la extinción automática de los contratos de arrendamiento existentes y la inscripción de la finca en el registro de edificación forzosa de solares. Sin embargo, el art. 34.2 LDV afirma que los arrendatarios tienen el derecho de retorno, a cargo del propietario, si no son responsables del deterioro de la vivienda, circunstancia que, a nuestro juicio, no evita la afirmación anterior.

El fundamento de esta potestad en manos de la Administración está en el interés público que reclama la seguridad de los edificios, seguridad que es responsabilidad del propietario pero también de la propia Administración Local.

Los supuestos de ruina, como decimos, son tasados: ruina técnica, ruina económica y ruina urbanística (art. 198.2 TRLUC).

De este modo, se declarará por parte del Ayuntamiento el estado ruinoso (total o parcial) de un edificio, en primer lugar, cuando el daño no resulte recuperable técnicamente por medios normales, por agotamiento o lesión de los materiales, sus elementos estructurales fundamentales o alguno de ellos presentan daños que comprometen su estabilidad (art. 80 RPLU); considerándose medios técnicos normales los de uso común o frecuente para ejecutar las obras de reparación de que se trate.

Un inmueble amenaza ruina económica cuando presenta daños en cualquiera de sus elementos cuyo coste económico de reparación es superior al 50% del coste de construcción de nueva planta de un inmueble de características similares al afectado, en cuanto a la dimensión, el uso y la calidad, utilizando tecnología y materiales actuales (art. 81 RPLU)

En tercer lugar, un inmueble amenaza ruina urbanística cuando presenta daños estructurales que comprometen su estabilidad y la seguridad de las personas cuya reparación no se puede autorizar de acuerdo con el ordenamiento jurídico urbanístico aplicable (art. 82 RPLU).

Estos son los supuestos tasados por los que se puede declarar la ruina de un inmueble, declaración que debe efectuarse tras un procedimiento contradictorio que seguidamente veremos. Para ello el TRLS, a efectos de valoración, utiliza el concepto de ruina física (art. 37.1) que debe ser interpretado como un supuesto apreciable por los Jurados de Expropiación o por la Administración en el procedimiento de responsabilidad patrimonial, siempre y cuando el estado de la edificación así lo indique. Sin embargo, normalmente, la ruina de un inmueble debe ser declarada mediante un expediente contradictorio y, por tanto, en virtud de los supuestos que ya hemos visto.

En síntesis, el procedimiento para la declaración de estado ruinoso(arts. 83 a 94 RPLU) se puede incoar de oficio, por acuerdo del órgano competente, o a instancia de persona interesada (los propietarios, los arrendatarios o las personas que acrediten la existencia de daño o peligro para sus derechos o intereses legítimos). Tras la observancia del trámite de audiencia y evacuados previamente los informes técnicos municipales (y de la Generalitat en caso de edificios catalogados o declarados como bien cultural) se dictará la resolución en el plazo de 6 meses. Si en ese plazo no se ha notificado la resolución expresa, se entiende que la declaración ha sido denegada, en los expedientes iniciados a instancia de parte, o que el procedimiento ha caducado en los procedimientos en los que haya sido iniciado de oficio. La resolución que pone fin al expediente, concretará, en el caso que sea declarada la ruina del inmueble, las obligaciones del propietario y las acciones a adoptar por parte de éste. No obstante, aunque una interpretación sistemática, teleológica y lógica de la institución arroja lo contrario, la LDV imputa al propietario los gastos de la declaración de ruina. La LDV afirma al respecto que las declaraciones de ruina han de contener un pronunciamiento respecto a si la situación ha podido derivar o no de un previo incumplimiento del deber de conservación, cerrando así el paso a «procedimientos iniciados de manera abusiva por propietarios que de manera mal intencionada eluden el cumplimiento del deber de conservación para conseguir la expulsión de los ocupantes legales de la vivienda» a los que, además, se les reconoce el derecho de realojo o de retorno (art. 34 y exposición de motivos LDV).

Como es obvio, esa presunción genérica respecto a los propietarios, ni es de recibo ni soluciona los problemas del patrimonio inmobiliario. También olvida el fundamento de la institución de la declaración de ruina: El cese del deber de conservación y las cargas que ello comporta, en cuanto exceden de ese deber.

Por último, si hay urgencia y peligro en la demora de una declaración de ruina legal de una edificación, el Ayuntamiento bajo su responsabilidad, por motivos de seguridad, debe disponer lo necesario respecto a la habitabilidad del inmueble y el desalojo de sus habitantes y también con respecto al apuntalamiento o derribo total o parcial del inmueble.

Si la declaración de ruina legal afecta a un edificio catalogado, objeto de un procedimiento de catalogación o declarado bien cultural, corresponde a la Administración de la Generalitat la determinación de los efectos de la declaración de ruina, sin perjuicio de las obligaciones de los propietarios de adoptar las medidas pertinentes en materia de seguridad (art. 198.4 TRLUC). Este precepto conecta la legislación urbanística con la de patrimonio histórico (Ley 16/1985, de 25 de junio, del patrimonio histórico español y en particular, la Ley 9/1993, de 30 de septiembre de patrimonio cultural de Cataluña). La ley catalana destaca fundamentalmente, a estos efectos, dos categorías de protección:

a) Los bienes culturales de interés nacional (monumento histórico, conjuntos históricos, jardín histórico, lugares históricos o zonas de interés etnológico). La declaración se realiza por el Gobierno de la Generalitat a propuesta del Consejero de Cultura. Se notifica a los interesados y a los ayuntamientos donde radica el bien. A partir de la incoación del expediente, se suspende la tramitación de licencias municipales de parcelación, edificación o derribo en las zonas afectadas así como de los efectos de las licencias ya concedidas (art. 9.3 Ley 9/1993).

   La declaración se impone al planeamiento y las normas urbanísticas que afectan al inmueble, debiendo aprobarse, en determinadas ocasiones, un plan de protección de esa zona, que deberá ser elaborado por los ayuntamientos (art. 33 Ley 9/1993). La declaración de un inmueble como bien cultural de interés nacional comporta una serie de consecuencias sobre la necesidad de revisión de las licencias urbanísticas y prohibición de derribo (arts. 31 y 32 Ley 9/1993).

b) Otra categoría la componen los bienes catalogados que son aquellos que, pese a su significación e importancia, no cumplen las condiciones propias de los anteriores, incluyéndose entonces en el catálogo del patrimonio cultural catalán. La catalogación de los bienes inmuebles se efectúa mediante su declaración de bien cultural de interés local, por el pleno del

Ayuntamiento o, en municipios de hasta 5.000 habitantes, por el pleno del Consell Comarcal (art. 17 Ley 9/1993).

3. La incidencia de la legislación sectorial. La legislación ambiental de actividades. La legislación del comercio

Si los edificios y construcciones se dedican a vivienda, es decir, a uso residencial, se aplica además de la legislación urbanística, la Ley del derecho a la vivienda ya vista. Sin embargo, si el edificio se destina a actividades antes declaradas clasificadas (las molestas, insalubres, nocivas o peligrosas recogidas hasta hace pocas fechas por el Decreto 2414/1961, de 30 de noviembre), además de la licencia urbanística (de obras) la Administración autonómica y local exige un control administrativo establecido con carácter general en la Ley 20/2009, de 4 de diciembre, de prevención y control ambiental de actividades de Cataluña (LAC) (que sustituye y deroga a la Ley 3/1998 de intervención integral de la Administración Ambiental, LIIAA), y en la normativa sectorial (así la legislación de espectáculos públicos, del ruido, del comercio, etc.). En este sentido, si el legislador fuese coherente con sus afirmaciones genéricas (expuestas en la exposición de motivos), reduciría el número de leyes y de clases de planes y unificaría o coordinaría toda esa avalancha normativa. En este sentido, la Ley Ómnibus de promoción de la actividad económica 9/2011, de 29 de diciembre, en aplicación del principio de libertad económica que deriva de las leyes 17/2009, de 22 de diciembre (Ley Paraguas) y 25/2009, de 22 de diciembre (Ley Ómnibus), ha modificado distintos preceptos de la LAC, simplificando el régimen jurídico de ciertas actividades económicas (también las Leyes 2/2014, de 27 de enero y 6/2015, del 21 de julio, de simplificación administrativa). De ese modo, todas las actividades, de titularidad pública o privada, susceptibles de afectar al medio ambiente, la seguridad y la salud de las personas están sometidas a un sistema de intervención administrativa distinto del de las edificaciones destinadas a vivienda y que recoge la legislación urbanística. Además de esa normativa, para los equipamientos comerciales, hay que tener en cuenta la Ley estatal 1/2010, de 1 de marzo, de reforma de la ley del comercio minorista de 1996; la Ley 12/2012, de 26 de diciembre, de medidas urgentes de liberalización del comercio y de determinados servicios, básica; y en Cataluña el Decreto Ley 1/2009, de 22 de Diciembre, de los equipamientos comerciales en Cataluña modificado en múltiples ocasiones (la última por la Ley 18/2017, de 1 de agosto). Esta norma prevé tres regímenes de intervención diferentes según el tamaño del establecimiento comercial. Así, se establece un régimen de comunicación (art. 17 Decreto Ley 1/2009) para la implantar, ampliar o cambiar la titularidad de establecimientos comerciales con una superficie de venta igual o superior a 400 metros cuadrados e inferior a 1.300; comunicación que se ajustará a lo previsto en la legislación de control ambiental de actividades cuando la superficie de venta, siendo inferior a 1.300 metros cuadrados, sea superior a 800 metros. Además, hay que tener en cuenta que estas horquillas se amplían si el establecimiento en cuestión está situado en la trama urbana consolidada, siendo suficiente una comunicación si la superficie de venta es igual o inferior a 2.500 metros cuadrados. Para los establecimientos con superficies de venta que vayan desde los 1.300 metros cuadrados hasta los 2.500 se requiere declaración responsable; mientras que la licencia se reserva, con carácter general, para los establecimientos con una superficie de venta igual o superior a los 2.500 metros cuadrados.

La LAC distingue, decíamos, entre cuatro tipos de actos de limitación en función del impacto medioambiental de la actividad a realizar. Todos ellos son actos reglados, (STSJC de 23 de julio de 2001, nº 725, licencia actividades Ayuntamiento de Conesa. Ponente: José Juanola Soler).

La finalidad de esta legislación era, principalmente, la de integrar el sistema de autorización o licencia de actividad con incidencia en el medioambiente con el procedimiento de evaluación de impacto ambiental de proyectos, pero la necesidad de liberalizar el sector y el impacto de la Ley 21/2013, de 9 de diciembre, de Evaluación Ambiental (LEA) han obligado a adoptar esta normativa, en Cataluña, de manera transitoria, a través de la disposición adicional octava de la Ley 16/2015, de simplificación.

De ese modo y en primer término recoge la técnica de la *autorización ambiental con declaración de impacto ambiental*, para las actividades que presentan una mayor incidencia en el medioambiente (refinerías de petróleo, gas, transformación metales, fabricación cemento). La solicitud se presenta ante la denominada Oficina de Gestión Ambiental Unificada, órgano territorial que apoya al departamento de medioambiente y cuya composición deberá determinarse reglamentariamente. La primera cuestión que hay que concretar es si esa actividad y sus correspondientes instalaciones deben, o no, someterse con carácter previo a la evaluación de impacto ambiental o ya puede tramitarse directamente la referida licencia ambiental con declaración de impacto. Esta decisión la realiza la Ponencia Ambiental, órgano colegiado adscrito al departamento competente en materia de medioambiente. Este órgano realizará esa decisión previa. Esta consulta previa debe incluir una memoria técnica cuyo contenido está recogido en el art. 15 bis 2 LAC (definición, características y emplazamiento del proyecto; alternativas estudiadas y justificación de la solución adoptada; impacto potencial en el medio ambiente; medidas correctivas, preventivas o compensatorias de protección ambiental y seguimiento de las actividades). Una vez hechas las consultas a otras personas e instituciones afectadas, la Ponencia Ambiental dicta una resolución que, si determina que no debe someterse el proyecto a evaluación de impacto ambiental, debe publicarse en el DOGC. Si, por el contrario, determina que debe someterse dicha actividad a evaluación, se debe seguir el procedimiento previsto en los arts. 16 a 28 LAC. Si no es necesaria la evaluación de impacto no debe presentar los documentos ni realizar los trámites incluidos en ese procedimiento ambiental.

Una vez presentada la solicitud, los principales trámites del procedimiento son la verificación formal de la documentación presentada; análisis de la suficiencia y la idoneidad del proyecto, del estudio de impacto y demás documentación; información pública e informes preceptivos (vinculantes en el caso del ayuntamiento sobre sus competencias); declaración de impacto y propuesta de resolución provisional; trámite de audiencia; propuesta de resolución; resolución, notificación y publicación de la declaración de impacto ambiental (arts. 16, 19 a 30 LAC).

En segundo lugar, se prevé la *declaración de impacto ambiental con una autorización sustantiva* (arts. 31 y 32 LAC) para ciertas actividades. La intervención ambiental se lleva a cabo mediante la integración de la declaración de impacto ambiental (o el informe ambiental) en el procedimiento de otorgamiento de la autorización ambiental. Son actividades como la producción y transformación de metales. La producción de energía eólica y fotovoltaica sometida a declaración de impacto ambiental se rige por su normativa específica, esto es, por el Decreto - ley 16/2019, de 26 de noviembre, de medidas urgentes para la emergencia climática y el impulso de energías renovables.

En tercer lugar están las actividades sometidas a *licencia ambiental*, actividades incluidas en el anexo II de la Ley (extracción de sal marina, fabricación de armas y municiones, de automóviles, motocicletas, autocares y similares, fabricación de pinturas, jabones, detergentes, perfumes, etc.). Las mismas se subdividen en: a) actividades sometidas a licencia ambiental y a un proceso de decisión previa sobre la necesidad de declaración de impacto ambiental, b) actividades sometidas a licencia ambiental sin necesidad de sujetarse a ningún proceso de evaluación de impacto ambiental. La finalidad de la licencia reside en prevenir y reducir en origen las emisiones contaminantes del aire, el agua y el suelo que producen las actividades y garantizar que las diversas administraciones implicadas actúen de forma coordinada en razón de las distintas materias afectadas.

Los distintos trámites del procedimiento son la verificación formal de la documentación presentada (ante el ayuntamiento o el órgano técnico ambiental comarcal); análisis de la suficiencia y la idoneidad del proyecto; información pública vecinal; informes preceptivos; propuesta de resolución; trámite de audiencia; resolución, notificación y comunicación. El plazo máximo para resolver y notificar es de seis meses a contar desde la fecha de la presentación de la solicitud quedando desestimada por silencio, lo que permite la interposición de los recursos correspondientes. El art.38 LAC dispone lo siguiente:

> *«1. En los municipios de 50.000 o más habitantes debe constituirse un órgano técnico ambiental con la función de evaluar las solicitudes y expedientes de licencia ambiental y formular la propuesta de resolución.*
>
> *2. Los municipios de menos de 50.000 y de más de 20.000 habitantes pueden constituir un órgano técnico ambiental para ejercer estas funciones. En caso contrario, estas funciones corresponden al órgano técnico ambiental competente del consejo comarcal.*
>
> *3. En los municipios de menos de 20.000 habitantes, corresponde al órgano técnico ambiental del consejo comarcal o, si procede, al órgano técnico del ayuntamiento, evaluar las solicitudes y los expedientes y formular el informe integrado. La Ponencia Ambiental de la Generalidad, con el informe previo del consejo comarcal, puede habilitar a los ayuntamientos de municipios de menos de 20.000 habitantes para constituir este órgano técnico ambiental propio, siempre y cuando justifiquen una capacidad técnica y de gestión suficientes.*
>
> *4. El informe integrado del órgano técnico ambiental competente del consejo comarcal es vinculante para el ayuntamiento tanto si es desfavorable como si propone medidas correctoras. El informe también es vinculante si requiere la persona o la empresa solicitantes a redactar un proyecto u otros documentos reformados.*
>
> *5. La Oficina de Gestión Ambiental Unificada donde se ubica la actividad proyectada presta apoyo y asistencia técnica a los órganos ambientales municipales y comarcales en la tramitación de las licencias ambientales, y también en los trámites de evaluación de la documentación ambiental aportada en el régimen de comunicación cuando estos órganos lo soliciten.»*

En cuarto lugar y por último, se prevé un régimen de actividades sometidas *a comunicación previa*, previstas en el anexo III de la Ley (panaderías con hornos de potencia superior a 7,5 Kw, fabricación de muebles, fabricación de tejidos, crías de ganado, etc.).

En síntesis, la comunicación debe formalizarse una vez acabadas las obras y las instalaciones necesarias, que deben estar amparadas por la licencia urbanística correspondiente (o por la comunicación previa de las obras no sujetas a licencia) y también por las demás licencias sectoriales necesarias para llevar a cabo la actividad.

Aunque la complejidad del sistema introducido por la ley hace equiparables, prácticamente, licencia y comunicación previa, es cierto sin embargo que pervive alguna diferencia importante. Con la simple comunicación al ayuntamiento, ya puede iniciarse la actividad (art. 52.5 LAC), aunque la normativa aclara que el ejercicio de la misma puede iniciarse entonces bajo la exclusiva responsabilidad de los titulares y técnicos que hayan presentado la documentación. Entre ésta se exige la descripción de la actividad (acompañada de un proyecto básico con memoria ambiental), la certificación que acredita que la actividad y las instalaciones se adecuan al estudio ambiental y al proyecto o la documentación técnica presentada y que se cumplen los requisitos ambientales. Incluso se precisa acompañar la comunicación de una certificación integrada por una entidad colaboradora de la Administración ambiental o por los servicios técnicos municipales comprobando las emisiones de la actividad a la atmósfera (como ruidos, vibraciones, luminosidad y otros) y al agua. Si la certificación no existe o no es favorable, no puede presentarse la comunicación. Todo ello, como vemos, desvirtúa el concepto inicial de esta actividad de limitación y equipara su régimen jurídico con la licencia, dejando claras lagunas e inseguridad jurídica de esta figura y de las actividades que se desarrollan a su amparo.

Dos cuestiones más interesan destacar: por un lado, la ley excluye ciertas actividades de su ámbito de aplicación. Por ejemplo, los espectáculos públicos y actividades recreativas sometidas a la Ley 11/2009, de 6 de julio. Por otro lado, es necesario clarificar las complejas relaciones entre la actividad de limitación ambiental y la de control urbanístico.

Interesa destacar que, de acuerdo con la jurisprudencia, y a pesar de la escasa regulación que coordine las licencias de obras con la autorización ambiental, se han asentado varias reglas, a saber: a) La teoría de la subordinación de la licencia de obras a la de actividades por la que, si se concede esta segunda, debe ser también otorgada la primera; b) La necesaria compatibilidad con el planeamiento urbanístico (STSJ Cataluña de 19 de junio de 2006, Ar. 2007/48503. Ponente: Manuel Quiroga Vàzquez; STSJ Cataluña de 30 de septiembre de 2005, Ar. 2006/44386. Ponente: Manuel Táboas Bentanachs).

De este modo, para el otorgamiento de las autorizaciones o licencias ambientales se requiere un informe urbanístico, que se debe solicitar y será, en su caso, concedido por el Ayuntamiento en el plazo máximo de un mes. En el caso de que no se haya notificado en el plazo indicado, quien solicite la autorización ambiental lo puede justificar con una copia de la solicitud del informe urbanístico y de la documentación presentada al ayuntamiento con constancia de la fecha de presentación, para continuar la tramitación del expediente.

Si el informe urbanístico es desfavorable, el órgano ambiental del departamento competente en materia de medio ambiente debe dictar una resolución que ponga fin al procedimiento y archivar la actuación.

En el caso que quiera ubicarse la actividad en suelo no urbanizable, el informe urbanístico debe pronunciarse sobre la posibilidad de autorizar la actividad conforme a la legislación y el plan urbanístico correspondiente (véase Tema III). El ayuntamiento debe hacer constar en el informe si el proyecto urbanístico, o el plan especial correspondiente, ha sido o no aprobado, para condicionar la eficacia de la autorización ambiental a la aprobación mencionada. El informe urbanístico caduca en el plazo que se fija en el mismo informe, con un mínimo de seis meses y, en su defecto, a los dos años de haber sido expedido, para presentar la solicitud o la comunicación correspondiente.

AUTORIZACIÓN AMBIENTAL CON DECLARACIÓN DE IMPACTO AMBIENTAL (ART. 12 A 30 LAC)	DECLARACIÓN DE IMPACTO AMBIENTAL CON UNA AUTORIZACIÓN SUSTANTIVA (ART. 31 Y 32 LAC)	LICENCIA AMBIENTAL (ART. 33 A 50 LAC)	COMUNICACIÓN PREVIA (ART. 51 A 53 LAC)
— Mayor incidencia en el medioambiente. (refinerías de petróleo, gas, transformación metales, cemento). — Solicitud se presenta Oficina Gestión Ambiental Unificada. — Ponencia ambiental decide si ha de someterse con carácter previo a la evaluación de impacto ambiental. — Si considera que debe someterse a evaluación, debe seguir el procedimiento arts. 16 a 28 LAC. — Plazos para resolver art. 28 LAC	— Actividades del Anexo I.3 de la Ley como la producción y transformación de metales.	— Actividades incluidas Anexo II de la Ley. (Extracción sal marina, fabricación de armas y municiones, de automóviles, motocicletas, autocares y similares, fabricación de pinturas, jabones, detergentes, perfumes, etc.) — Se subdividen: a) Sometidas a licencia ambiental y proceso de decisión previa sobre la necesidad de declaración de impacto ambiental. b) Sin necesidad de proceso de evaluación ambiental. — 3 meses para resolver y notificar. — Silencio administrativo desestimatorio	— Actividades incluidas al Anexo III de la Ley. (Fabricación de muebles, de tejidos, crías de ganado.) — La comunicación se formaliza una vez acabadas la obras. — Una vez comunicado puede iniciarse la actividad.

4. El problema del acceso a la vivienda

A pesar de la puesta en marcha de distintos mecanismos en la Ley de la vivienda y la Ley de Urbanismo, es cierto que los precios de la vivienda no resultan asequibles para parte de la población, lo que plantea una serie de retos a los poderes públicos y a la propia sociedad en su conjunto.

En efecto, el art. 47 CE establece que es la Administración Pública quien tiene el deber de promover las condiciones necesarias y establecer las normas pertinentes para hacer efectivo el derecho a disfrutar de una vivienda digna y adecuada, regulando la utilización del suelo de acuerdo con el interés general para impedir la especulación.

Se trata, por tanto, de un mandato dirigido a todos los poderes públicos, tanto estatales, como autonómicos y municipales. En consecuencia, a pesar de que la competencia en vivienda es exclusiva de las comunidades autónomas (art. 148.1.3 CE) y en virtud de ella se dictó la Ley catalana 18/2007, de 28 de diciembre, del derecho a la vivienda (en adelante, LDV), tanto el Estado como los Ayuntamientos pueden —y deben— colaborar en la promoción del derecho de acceso a la vivienda.

Así, **a nivel estatal**, encontramos la Ley 12/2023, de 24 de mayo, por el derecho a la vivienda (en adelante, Ley 12/2023) que, al amparo del artículo 149.1.1ª, 8ª y 13ª CE, regula las condiciones básicas que garantizan la igualdad en el ejercicio de los derechos y en el cumplimiento de los deberes constitucionales relacionados con la vivienda y, en particular, el derecho de acceder a una vivienda digna y adecuada. En síntesis, se trata de una norma que ofrece una serie de mecanismos a comunidades autónomas y municipios para hacer frente a la falta de vivienda pública, a saber:

a) Promoción de la vivienda pública

El principal problema existente es la falta de vivienda pública. Actualmente, el parque público en España se sitúa en un 2% aproximadamente mientras que la media de los países europeos es entorno a un 9-10%. En el caso de Cataluña, por ejemplo, ocurre exactamente igual y el parque público autonómico se sitúa en torno al 1,5% del parque de viviendas total.

Por ello, la Ley 12/2023 establece una serie de herramientas que permiten al resto de administraciones aumentar el parque de vivienda pública y que inciden, de forma directa, en el derecho urbanístico y en el suelo:

1. Regula los parques públicos de vivienda con la finalidad de evitar operaciones de venta a fondos de inversión.
2. Establece la calificación indefinida de la vivienda protegida y garantiza, en todos los casos, un período de protección de, al menos, 30 años.
3. Señala que dentro del suelo de reserva para vivienda protegida debe destinarse, como mínimo, el 50% para vivienda en alquiler.
4. Incrementa los porcentajes de reserva de suelo para vivienda protegida del 30 al 40% en suelo urbanizable y del 10 al 20% en suelo urbano no consolidado.

b) Límites al precio del alquiler

Otro de los objetivos de la Ley 12/2023 es frenar el incremento de las rentas de los alquileres. Para ello, crea un sistema estatal de referencia del precio del alquiler de vivienda (https://serpavi.mivau.gob.es/) que ofrece el límite del índice del alquiler en cada zona residencial y de acuerdo con las características de cada inmueble.

Además de lo anterior, la Ley 12/2023 establece otras medidas más específicas para contener este aumento de precios de las rentas de alquiler:

1. Crea un escenario fiscal favorable para los arrendadores que faciliten el acceso asequible al alquiler. En este senti-

do, regula una reducción de hasta el 90% en los rendimientos del alquiler si bajan los precios en un 5% en zonas de mercado residencial tensionado, así como otras reducciones ligadas a la realización de obras de mejora o al alquiler a personas jóvenes, entre otros.

2. Habilita a las comunidades autónomas para declarar zonas de mercado residencial tensionado durante un período de 3 años, prorrogable anualmente, para poder aplicar medidas de reducción del alquiler (art. 18.2.d) Ley 12/2023). En estas zonas de mercado residencial tensionado, se podrán aplicar los siguientes mecanismos:
   - Los grandes propietarios no podrán firmar nuevos alquileres con precios superiores al índice de referencia para su zona.
   - Los pequeños propietarios solo podrán incrementar el precio de los nuevos contratos en base al porcentaje de actualización anual permitido sobre el precio del anterior contrato. Además, las viviendas que no hubieran sido arrendadas en los últimos 5 años podrán ver limitado el precio máximo marcado por el índice de referencia.
   - Se introduce la posibilidad de prórroga extraordinaria para el arrendatario tras la finalización del contrato, por plazos de un año y por un período máximo de tres años.
3. Fija el incremento máximo anual del 3% del alquiler en los contratos vigentes durante el año 2024.

c) Otras medidas para garantizar el derecho de acceso a la vivienda

Además, la Ley 12/2023también establece otro tipo de medidas para garantizar el derecho a la vivienda e incrementar el parque público de vivienda fomentando, especialmente, la vivienda en alquiler.

Así, la Ley 12/2023 establece mejoras para fortalecer el equilibrio en las relaciones entre arrendador y arrendatario (prórroga extraordinaria de un año en los contratos de arrendamiento por situaciones acreditadas de vulnerabilidad social o económica y gastos de gestión inmobiliaria y de formalización a cargo del arrendador) y medidas para la protección contra desahucios.

Contra esta norma se interpusieron distintos recursos de inconstitucionalidad, tanto por parte de determinadas comunidades autónomas como por grupos políticos, por considerar que el contenido y la finalidad de esta excedían de las competencias estatales en materia de vivienda.

Sin embargo, la Sentencia del Tribunal Constitucional 79/2024, de 21 de mayo, declaró la constitucionalidad de la mayoría de preceptos que habían sido recurridos, con algunas excepciones (art. 16 y, por extensión, la disposición transitoria primera; art. 19.3, segundo inciso y apartados 1, parágrafo 3, y apartado 3 del artículo 27). Con este pronunciamiento, parece que el Tribunal Constitucional cierra el debate y señala, en primer lugar, que el derecho a la vivienda es un derecho constitucional que requiere de su correspondiente desarrollo y, en segundo lugar, que el Estado dispone de títulos competenciales suficientes para incidir en esta materia, respetando la competencia exclusiva que recae en las comunidades autónomas.

En Cataluña, la norma fundamental en la materia es la Ley 18/2007, de 28 de diciembre, del derecho a la vivienda (LDV) que, junto con el resto de normas sectoriales aprobadas y los planes de vivienda, conforman el ordenamiento jurídico vigente en la materia.

Es también —por el momento— la única comunidad autónoma que ha declarado diferentes municipios como zona de mercado residencial tensionado en base a las previsiones establecidas en la Ley 12/2023 y que puede, en consecuencia, utilizar las medidas aprobadas para frenar la subida de los precios de los alquileres.

De la misma forma, y en la lucha de la administración catalana para incrementar el parque público de vivienda y satisfacer las demandas de la población, también ha aprobado otro tipo de normas para regular el mercado de vivienda y, en especial, de las viviendas turísticas. Así, el Decreto ley 3/2023, de 7 de noviembre, de medidas urgentes sobre el régimen urbanístico de viviendas de uso turístico que incorpora un listado de 262 municipios catalanes con problemas de acceso a la vivienda, que ya tienen más de 5 pisos turísticos por cada 100 habitantes o cumplen o que cumplen con ambos requisitos.

En definitiva, como vemos, todavía queda mucho camino por recorrer para conseguir los objetivos perseguidos: incrementar el parque público de vivienda y garantizar el acceso a la vivienda a toda la población. Para conseguirlo, el derecho urbanístico constituye un arma muy potente que permite regular el uso del suelo y establecer reservas o ceder suelo para construir vivienda pública.

Y es que de esta normativa, cargada de buenas intenciones, podemos destacar dos cosas. Por un lado, que es necesario establecer un parque público de vivienda de acuerdo con el ordenamiento jurídico y con las demandas de los ciudadanos. Y por otro lado, que el incumplimiento por parte de las Administraciones Públicas de sus propias normas hace pagar la escasez de vivienda, sustancialmente, al legítimo propietario que con su trabajo ha adquirido una vivienda. La normativa hace recaer el peso de ese problema, en varios de los puntos, en el propietario (así, por ejemplo, Decreto ley 3/2023, de 7 de noviembre, de medidas urgentes sobre el régimen urbanístico de viviendas de uso turístico), limitando los precios de los alquileres y la libre disposición de su vivienda vulnerando, en ocasiones, el artículo 33 CE.

Bibliografía y jurisprudencia. Para ir más lejos

La concepción general de las potestades de limitación de la Administración pública puede verse en E. Garcia de Enterria, TR. Fernández, «Curso de Derecho administrativo», Vol II, Ed. Civitas, Madrid. En esta obra se comprueba la diferente concepción de las licencias en las distintas normas a lo largo del ordenamiento.

Sobre la Directiva Servicios véase Vicençs Aguado, Belén Noguer a (dir.), «El impacto de la Directiva de Servicios en las Administraciones Públicas: Aspectos generales y sectoriales», Ed. Atelier, Barcelona; Mª Aránzazu García, «Impacto de la Directiva de Servicios en las licencias urbanísticas y de Actividades, Thomson-Aranzadi, Navarra. Joan Manuel Trayter, «Simplificación administrativa y modificación o supresión de las técnicas de limitación o intervención», RAAP, nº 47-48, 2016, pp. 8 a 44; «Declaraciones responsables, comunicaciones previas y derechos de los ciudadanos», en Régimen jurídico básico de las Administraciones Públicas, Libro Homenaje al Profesor Luis Cosculluela. M. Rebollo, M. López Benítez, Eloísa Carbonell Porras (coords.), pp, 503 a 544.

Sobre las licencias urbanísticas propiamente dichas véase Martín Bassols Coma, de la intervención en la edificación y uso del suelo y del subsuelo en «Comentarios a la Ley de Urbanismo de Cataluña», (AA.VV Joan Manuel Trayter. Dir.), op. cit., pp. 435 y ss.; J. González Pérez, «Las licencias de urbanismo», Ed. Abella, Madrid 1978. Esta es la obra clásica en el tema junto con la de Rafael Entrena Cuesta, «Las licencias en la Administración local», REVL, nº 107, 1959, M. Fuertes López, «Sonata para dos instrumentos distintos: el Catastro y el Registro de la Propiedad», RDUMA, nº 319, 2018.

Sobre las licencias de obras menores, hoy ya substituidas por la comunicación previa, véase A. Boix Palop «La discutible necesidad de la licencia de obras menores, en el libro homenaje al profesor J. Boquera Oliver, «Nuevas perspectiva del régimen local» Valencia 2002.

Sobre la caducidad de la licencias urbanísticas es fundamental el trabajo de Toledo Jaudenes, «La caducidad de las licencias urbanísticas», en RDU nº 86, 1984. En general véase Vicenç Aguado i Cudola, «Prescripción y caducidad en el Derecho administrativo», Barcelona.

Sobre la declaración de ruina A. Agúndez Fernández, «La declaración de ruina de edificios en estado de ruina»; Madrid; F.

González Botija, «La ruina inminente en la jurisprudencia reciente», en Revista Aragonesa de Administración Pública, nº 10 1997.

Sobre la rehabilitación y conservación de edificios y las ciudades véase la obra de S. González Varas, «La rehabilitación urbanística», Ed. Aranzadi, Pamplona 1998; T. Quintana López, «La conservación de las ciudades en el moderno urbanismo», IVAP, Oñati, quien destaca esta parte del urbanismo actual y no tanto el proceso constructivo.

Sobre el patrimonio histórico y el urbanismo, C. Barrero Rodríguez, «La ordenación jurídica del patrimonio histórico», Ed. Civitas Madrid 1990; J. M Alegra Ávila, «Los bienes históricos y el Tribunal Constitucional», REDC, nº 32, 1991 y A. Pérez Moreno, «El postulado constitucional de la promoción y conservación del patrimonio histórico-artístico», RDU nº 119, 1990. Sobre las obras públicas y las licencias existe una abundante bibliografía. Además de la ya citada en el tema dedicado al planeamiento, destacamos L. Martín Rebollo, «La ordenación del territorio: una función autonómica entre las competencias estatales y la autonomía local», en el volumen Instituciones Autonómicas: Estudios sobre el Derecho de la Comunidad de Cantabria, Universidad de Cantabria, Asamblea Regional de Cantabria, Santander 1993; T. Quintana López, «Las licencias urbanísticas municipales y las obras públicas», en RAP nº 112, 1987; J. Suay Rincón, «La competencia de coordinación, en la obra colectiva, «La provincia en el sistema constitucional», R. Gómez Ferrer (Dir.), Diputación de Barcelona, Ed. Civitas, Barcelona 1991. En el texto se cita a L. Martín Rebollo, «Leyes Administrativas, Ed. Aranzadi».

Sobre las licencias urbanísticas y las parcelaciones véase E. Colom Piazuelo, «Parcelaciones» en «Estudio sistemático de la Ley de Urbanismo de Aragón», F. López Ramón (Dir.), Vol II, Cortes de Aragón, Zaragoza 2002. Pp. 641 y ss.

Sobre el derecho a la vivienda, recientemente véase F. López Ramón (Dir.), construyendo el derecho a la vivienda, Ed. Marcial

Pons, Madrid; B. Bastús Ruiz, «La garantía del derecho a la vivienda a través del análisis de las últimas modificaciones legislativas», Revista de Urbanismo y Edificación, n. 46, 2021.

Sobre la Directiva de Servicios, véase Vicenç Aguado y Belén Noguera (Dir.), El impuesto de la Directiva de Servicios en las Subvenciones Públicas: aspectos generales y sectoriales. Ed. Atelier, Barcelona.

Respecto a las sentencias más destacables recogemos: a) La doctrina sobre la imposibilidad de obtener por silencio licencias urbanísticas contrarias al ordenamiento, está recogida en la STJC de 29 de abril de 2009, nº 394, Ajuntament d'Alella. Ponente: Manuel Táboas Bentanchs. Al respecto véase J. R. Fernández Torres operatividad del silencio administrativo positivo en materia de planeamiento y de licencias en la última jurisprudencia, RUE (2010) nº 21. b) Sobre las actuaciones en suelo no urbanizable, en concreto la instalación de un vertedero municipal y la necesidad que esté previsto en el POUM al ser un sistema, véase STSJC de 16 de septiembre de 2004, nº 610, Ayuntamiento de Castellbell i el Vilar. Ponente: Manuel Táboas Bentanachs. En estos casos no basta la mera licencia de actividades. c) La suspensión del otorgamiento de licencias del que hablamos en el Tema III y sus límites puede verse en la STSJC de 13 de enero de 2009, nº 19. Ayuntamiento de Bigues i Riells. Ponente: Manuel Táboas Bentanachs. d) Respecto al régimen jurídico de la licencia de uso y obra de carácter provisional y la necesidad de su interpretación restrictiva en la concesión véase STSJC de 7 de mayo de 2009, nº 416, exposición y compraventa de coches en la carretera de la Roca. Ponente: Manuel Táboas Bentanachs.

Asimismo, es importante la STSJC de 15 de marzo de 2011, núm. 206, Sección 3ª (certificado de aprovechamiento urbanístico), Ponente: Manuel Táboas Bentanachs. La misma declara impugnable, como acto administrativo que es, el certificado de aprovechamiento urbanístico (art. 105 TRLUC), es decir, el documento según el cual se informa al ciudadano, en un determinado predio, de qué puede hacer y qué no puede hacer desde el punto de vista urbanístico.

Destacamos también en el texto la STSJC de 14 de septiembre de 2020, núm. 2609 (plazo para la comprobación de comunicación previa), Ponente: Manuel Táboas Bentanachs, que otorga a la administración el plazo máximo de 3 meses para comprobar la exactitud de los documentos de la comunicación previa. En caso contrario, debe ser puesto en marcha la revisión de oficio u otros medios de impugnación.

TEMA VII
LA PROTECCIÓN DE LA LEGALIDAD URBANÍSTICA

SUMARIO:
1. Planteamiento. 2. Reglas y principios generales de protección de la legalidad urbanística. 3. Obras sin licencia o contra licencia sin comunicación previa o contra la misma en curso de ejecución. 4. Obras sin licencia o contra licencia sin comunicación previa o contra la misma ya finalizadas. 5. Obras y actuaciones amparadas en licencias ilegales. 6. Las obras en zonas verdes o espacios libres. 7. El derecho urbanístico sancionador. a) Cuestiones generales. Los principios de la potestad sancionadora de la Administración. b) Las infracciones urbanísticas. c) Personas responsables y graduación de la responsabilidad. d) Prescripción de las infracciones. e) La sanción administrativa: La multa. 8. El procedimiento sancionador en materia urbanística. La resolución. a) El procedimiento ordinario. b) El procedimiento abreviado. c) La prescripción de las sanciones. d) La resolución sancionadora: Recursos administrativos. Ejecutividad y ejecución forzosa. Bibliografía y jurisprudencia. Para ir más lejos.

1. PLANTEAMIENTO

El incumplimiento de la legalidad urbanística ha sido y por inercia seguirá siendo una lacra que persigue y acorrala los mecanismos anteriormente expuestos. Y no es un problema, como dijimos al hablar del planeamiento urbanístico, de la más o menos perfecta legislación y de los mecanismos que en ella se prevén. Es una cuestión de aplicación de las normas, de control administrativo, de hacer realidad una regla básica del Estado de Derecho: el respeto a la Ley. Y es aquí donde todo el sistema chirría.

Se dirá que la Ley del 56 no instauró suficientes mecanismos de control de la disciplina urbanística, que los desmanes urbanísticos se sucedieron en los años 70, que todo lo malo es consecuencia del pasado. A nuestro juicio, esas afirmaciones son sólo parcialmente ciertas. Con el boom inmobiliario se ha demostrado que los mecanismos que recoge el Derecho urbanístico (la Ley, los reglamentos y los planes) fallan y ceden ante la presión económica, la política, la inacción de la Administración. Frente a ello es necesario reaccionar. La sociedad en su conjunto debe reaccionar. Una aplicación efectiva de las técnicas que veremos seguidamente, todas ellas recogidas en el Título VII TRLUC (arts. 199 a 227) debe servir para frenar las constantes y graves infracciones que, tanto la Administración como los particulares, ejercen día a día. Por ello debe recordarse, una vez más, que la protección de la legalidad urbanística tiene su base en el necesario cumplimiento de la Ley y el respeto al medioambiente y no sólo debe centrarse en el futuro proceso urbanizatorio, sino también en lo ya construido o urbanizado, la conservación y necesaria protección de la seguridad y salubridad de nuestros barrios. En ese campo, como veremos, no están solos los municipios. La Generalitat tiene importantes competencias para hacer cumplir la normativa vigente. Todo ello sólo puede conseguirse, sin embargo, cuando los ciudadanos sientan el territorio como suyo, el medioambiente como propio, de ellos y de las generaciones venideras. Sin esta concepción, la técnica jurídica que ahora estudiaremos fallará por la base, será mero humo de paja.

2. Reglas y principios generales de protección de la legalidad urbanística

El Título VII TRLUC, bajo la rúbrica de «*la protección de la legalidad urbanística*» incluye en tres capítulos una serie de actuaciones destinadas al cumplimiento de la legislación en esta materia.

Así el capítulo I, referido a las cuestiones generales (arts. 199 a 204). El capítulo II dedicado a las órdenes de suspensión de obras y de licencias. Restauración de la realidad física alterada y del orden jurídico vulnerado (arts. 205 a 210). El capítulo III, incluye las reglas sobre la disciplina urbanística. Infracciones urbanísticas y sanciones (arts. 211 a 227). Todo ello ha sido desarrollado por el Reglamento de protección de la legalidad urbanística, 64/2014, de 13 de mayo (RPLU).

La protección de la legalidad urbanística se pone en marcha necesariamente mediante la incoación de uno o varios procedimientos que han de tener por objeto: a) La restauración de la realidad física alterada y el orden jurídico violado; b) La imposición de una sanción administrativa; c) La determinación de los daños y perjuicios causados. Las tres medidas pueden ser adoptadas conjuntamente (en el seno del mismo procedimiento) o separadamente (en distintos procedimientos).

Respecto a la restauración de la realidad física alterada y del orden jurídico vulnerado, la misma tiene por finalidad hacer cumplir la normativa urbanística y volver al estado anterior a su vulneración.

El ejercicio de la potestad sancionadora de la Administración urbanística tiene por finalidad castigar al infractor en los casos tipificados por el TRLUC, imponiendo las multas que le corresponda. Por último, puede ocurrir que la propia Administración determine los daños y perjuicios que se han causado como consecuencia de la actuación ilegal y proceda a fijar la cuantía de la indemnización que deberá abonarse.

Es importante recordar a este respecto que todo el sistema de protección de la legalidad urbanística pende de la distinción de los conceptos *«ilegal, legalizable o ilegalizable»*. Así, puede ocurrir que la obra o actuación no disponga de licencia o no se sujete a la misma pero sí a la Ley y al plan: En estos casos nos encontramos ante actuaciones ilegales pero legalizables cuyo castigo es mucho menor, pudiendo subsanarse el vicio de legalidad solicitando una nueva licencia o ajustando la actividad a la existente.

Mucho más grave es la actuación que además de ilegal es ilegalizable (por ejemplo construir un edificio de 3 plantas cuando el plan sólo permite 2). En estos supuestos, los mecanismos previstos en la Ley (y su reglamento) son mucho más expeditivos poniéndose en marcha entonces los procedimientos a que nos hemos referido. Esto es así dado que la licencia ni da ni quita derechos; lo prohibido o permitido urbanísticamente lo determina el plan y, por tanto, la falta de licencia únicamente es una ilegalidad, pero legalizable, siempre y cuando lo realizado pueda adecuarse al planeamiento urbanístico. Consecuencia de ello y de la ausencia de discrecionalidad de la Administración en el ejercicio de la potestad sancionadora es que, además de la restauración de la realidad física alterada, la actuación podrá constituir un ilícito urbanístico, debiendo iniciarse el correspondiente procedimiento sancionador. Para ello la Administración carece de libertad, no pudiendo dejar de sancionar los comportamientos tipificados como infracciones administrativas.

Con el fin de asegurar que la resolución que recaiga al final del procedimiento se aplique y resulte efectiva, también pueden adoptarse un conjunto de medidas cautelares o provisionales previstas en la normativa (art. 117 RPLU). Entre ellas destacan:

a) La suspensión de las obras en curso de ejecución.
b) El precintado o la retirada de la maquinaria y los materiales a utilizar en la ejecución de las obras.
c) La suspensión de los suministros de los servicios o de su contratación.
d) La prohibición de la primera utilización y ocupación de los edificios y las construcciones y la suspensión del otorgamiento de licencias urbanísticas de primera utilización y ocupación parciales.

Las medidas provisionales adoptadas son ejecutivas a partir de su notificación a las personas destinatarias. La resolución que las adopte debe advertir que su incumplimiento habilita al órgano competente para ordenar la ejecución forzosa de las medidas adoptadas.

Para conseguir una mayor efectividad y publicidad a terceros de estas medidas, se anotarán en el Registro de la Propiedad, practicando el asiento correspondiente (art. 204 TRLUC).

Ahora bien, como toda medida cautelar, los acuerdos anteriores están sujetos a una serie de límites que, en síntesis, son los siguientes:

a) Su adopción debe perseguir el asegurar la eficacia de la resolución que pudiera recaer y debe adoptarse en los supuestos en los que la gravedad de los hechos lo aconseje. Por tanto, es necesario que concurra un *periculum in mora* (que aplicado al Derecho urbanístico sería el riesgo a que se consolide lo irregularmente construido) y un *fumus boni iuris* (una apariencia de buen derecho en favor del interés público y de la protección de la legalidad urbanística).

En este sentido, el TC (STC 108/84, de 26 de noviembre) considera que el Derecho a la presunción de inocencia reconocido en el art. 24 CE y aplicable a los procedimientos de protección de la legalidad urbanística *«es compatible con la adopción de medidas cautelares siempre que se adopten por una resolución fundada en Derecho, que cuando no es reglada, han de basarse en un juicio de ponderación acerca de la finalidad perseguida y las circunstancias del caso concreto, pues una media desproporcionada o irrazonable no sería propiamente cautelar sino que tendría un evidente carácter punitivo en cuanto al exceso»*.

b) Debe adoptarse en el seno de un procedimiento de protección de la legalidad urbanística, nunca fuera de él, dada la instrumentalidad de estas medidas.
c) La duración de la medida no podrá extenderse más allá de la duración del procedimiento principal y, en todo caso, como máximo 6 meses pues este es el plazo para resolver los

procedimientos de protección de la legalidad urbanística (art. 202 TRLUC).

d) Deben de estar motivadas, con una sucinta referencia de hechos y fundamentos jurídicos en los que se basa la Administración urbanística para su adopción (art. 203 TRLUC)

e) Pueden ser recurridas de manera autónoma ya que constituyen un acto de trámite cualificado.

Una cuestión polémica ha sido y sigue siendo el concepto de domicilio a los efectos de ejecutar forzosamente tanto este tipo de medidas como la resolución final del procedimiento. El TC entiende, respecto a los límites que derivan del art. 18.2 CE, que el concepto de domicilio depende de «la aptitud para desarrollar en él la vida privada» (STC 10/2002, de 17 de enero), siendo posible que las personas jurídicas tengan también domicilio a efectos de protección constitucional. Al respecto, no ha sido considerado como domicilio un almacén (STC 283/2000, de 27 de noviembre) o los locales abiertos al público, aunque el propietario pueda tener parte de ellos dedicados a la vida privada, siendo entonces esta parte domicilio a efectos constitucionales. Para acceder al domicilio, la Administración Pública o sus agentes necesitan una autorización judicial (STC 22/1984, de 17 de febrero).

De conformidad con el art. 8.5 de la Ley 29/1998, de 13 de julio, reguladora de la jurisdicción contencioso-administrativa, en dichos supuestos, es el Juez de lo contencioso a quien corresponde autorizar esta actuación, ponderando las circunstancias de cada caso, pues es el garante del Derecho a la inviolabilidad del domicilio (STC 76/1992, de 14 de mayo).

Por último, debemos recordar que si bien la competencia para hacer cumplir la legalidad urbanística reside en los ayuntamientos (Alcaldes, Plenos, con las especialidades que, para Barcelona, recoge su Carta Municipal), existen importantes competencias propias y por subrogación de la Generalitat de Cataluña. Así se prevé que el Departamento de la Generalitat competente en materia de urbanismo puede actuar respecto a actuaciones que pueden significar infracciones graves o muy graves, en las condiciones que se establezca por reglamento (art. 200.3 TRLUC, reforma 2012). En estos casos, dicha competencia se ha de ejercer de manera coordinada con los municipios, respetando el principio de lealtad institucional y entendiendo que el ejercicio de la competencia es preceptivo y preferente por parte de la Administración municipal. Por ello, la Administración autonómica debe comunicar los hechos que pueden vulnerar la legalidad urbanística, e incluso puede requerir para que, en el plazo no inferior a diez días ni superior a un mes, incoe el correspondiente procedimiento de protección. Transcurrido ese plazo, es la Generalitat la que puede incoar el correspondiente procedimiento.

Ahora bien, si la presunta infracción urbanística grave o muy grave se produce en suelo no urbanizable o en terrenos que el planeamiento urbanístico reserva para sistemas urbanísticos generales (vías interurbanas, infraestructuras que afectan a más de un municipio), la Administración de la Generalitat puede incoar inmediatamente el procedimiento, sin necesidad del requerimiento previo al que nos hemos referido. Esa competencia, por lo demás, incluye la posibilidad de adoptar las medidas cautelares correspondientes como la suspensión de las obras y el requerimiento de legalización de las mismas, como veremos, fundamentalmente en vulneraciones de la legalidad urbanística en suelo no urbanizable o en terrenos que el plan reserva para sistemas urbanísticos generales. Asimismo, la adopción de medidas de restauración de la realidad física alterada en caso de infracciones urbanísticas graves o muy graves y la adopción de las medidas de ejecución forzosa en caso de incumplimiento del interesado, en particular, la ejecución subsidiaria (art. 198.3 TRLUC). También le corresponderá instar la incoación de los expedientes de revisión de oficio tanto de actos nulos como de actos anulables mediante la solicitud al ayuntamiento de la puesta en marcha del mecanismo de la declaración de lesividad (art. 200.2 TRLUC). En todo caso, resultan de aplicación los medios de ejecución forzosa previstos en la LPACAP en caso de no cumplimiento voluntario de los acuerdos de la Administración urbanística (STSJC de 21 de mayo de 2008, nº 405. Orden de derrribo en Castellgalí. Ponente: Manuel TÁBOAS BENTANACHS). Entre ellos el RPLUC (arts. 126 a 129) recoge la ejecución subsidiaria, la multa coercitiva y el apremio sobre el patrimonio.

3. OBRAS SIN LICENCIA O CONTRA LICENCIA SIN COMUNICACIÓN PREVIA O CONTRA LA MISMA EN CURSO DE EJECUCIÓN

En el supuesto que se estén realizando obras o efectuando actuaciones sin licencia, o sin el título administrativo que lo habilita para ello (comunicación previa, declaración de innecesariedad de licencia urbanística de parcelación, los proyectos de reparcelación o de urbanización), o bien incumpliendo las condiciones señaladas en las mismas, podrán suspenderse de inmediato mediante la incoación, y consiguiente notificación, de un procedimiento de protección de la legalidad urbanística y una resolución de suspensión provisional de las citadas obras y actuaciones (art. 205 TRLUC). Lo mismo ocurrirá cuando no se haya realizado la correspondiente comunicación previa o se realicen actividades sin ajustarse a su contenido. Este acuerdo puede ser adoptado por el Alcalde o, en su caso, por el órgano correspondiente del Departamento competente en materia de urbanismo en los supuestos de infracciones graves o muy graves. Acto seguido, se otorga al interesado una audiencia de 15 días para que alegue lo que más convenga a su derecho, tanto con respecto a la suspensión de las obras, como en relación al carácter legalizable o ilegalizable de las mismas. Una vez concluido este trámite se abre otro plazo de 15 días en el que el órgano competente, ratificará o revocará total o parcialmente la primera resolución.

Si la suspensión provisional no es ratificada en esos 15 días, queda automáticamente sin ningún efecto (art. 205.2 TRLUC). En el caso de ratificar la resolución de suspensión, o si se acuerda la incoación de un expediente de restauración de la realidad física alterada, el Alcalde (o el órgano de la Generalitat competente) requerirá a la persona interesada para que, en el plazo de dos meses, solicite la preceptiva licencia o realice la comunicación previa. Si no lo hiciere, o si las obras fueran incompatibles con la ordenación, el Ayuntamiento acordará la demolición de las obras a costa del interesado y procederá impedir definitivamente los usos a los que diera lugar (art. 206.1 TRLUC). En estos casos, además, se requerirá a la persona interesada para que, en el plazo de un mes, adopte las medidas de restauración de la realidad física alterada. Transcurrido dicho plazo sin que el particular actúe, el Ayuntamiento (o la Generalitat) procederá a la adopción de medidas de ejecución forzosa, que pueden consistir en multas coercitivas (art. 225 TRLUC) o en la ejecución subsidiaria a cargo del interesado (art. 206.3 TRLUC).

La posible reacción de la Administración ante esas obras realizadas sin o contra licencia o sin comunicación previa o contra la misma, se alarga durante el periodo de ejecución de las mismas y se extiende durante 6 años desde que se cometió la infracción (arts. 207 TRLUC). Entre las medidas de restauración de la realidad física alterada, puede acordarse el derribo de obras ilegales, replantación, reposición de los terrenos a su estado inicial, reconstrucción o ejecución de obras con el fin de devolverlo a este estado.

Todo ello es independiente, y por tanto compatible, con el ejercicio de la potestad sancionadora por parte de la Administración.

4. Obras sin licencia o contra licencia sin comunicación previa o contra la misma ya finalizadas

El mismo procedimiento de restauración de la realidad física alterada y del orden jurídico vulnerado se puede incoar siempre y cuando no haya transcurrido el plazo de 6 años desde la finalización de las obras o actuaciones. A estos efectos, se entiende que las obras están totalmente terminadas a partir de la fecha de expedición del certificado final de las mismas, subscrito por el facultativo competente o desde la fecha de notificación de la licencia de primera ocupación o de la cédula de habitabilidad. En estos supuestos, a los que ya nos hemos referido, se seguirán los trámites previstos para las obras en curso de ejecución ya vistas, debiendo el particular regularizar la situación en el plazo de dos meses (art. 205.3 TRLUC). Así, la STJC de 1 de abril de 2009, (nº 298. Orden derribo en Castelldefels. Ponente: Manuel TÁBOAS BENTANACHS).

5. OBRAS Y ACTUACIONES AMPARADAS EN LICENCIAS ILEGALES

Otra cosa distinta se produce cuando el ciudadano, amparado en una licencia u orden de ejecución que resulta contraria al ordenamiento jurídico (a la legislación urbanística, al plan o las ordenanzas municipales), realiza obras u otros actos de transformación o utilización del suelo o el subsuelo.

Aquí es la propia Administración urbanística la que ha habilitado al particular a realizar una determinada actividad y, por tanto, el derecho administrativo no reacciona igual, los mecanismos previstos en estos casos son distintos, ya que nos encontramos ante un acto favorable al administrado.

De ese modo, el art. 208 TRLUC, establece que en estos supuestos en los que la licencia vulnera la legislación vigente, ha de ser revisada siguiendo el procedimiento previsto en la LPACAP. Esta Ley parte del principio que el ciudadano está amparado en un acto administrativo (una licencia) y tiene la seguridad jurídica (y la confianza legítima) que dicha actuación es conforme a Derecho. Esa regla del derecho público continental, impide que la Administración (urbanística) retire, sin más, la licencia una vez concedida. La prohibición de ir contra sus propios actos (*venire contra factum propium, non potest)* es una interdicción absoluta que alcanza a cualquier motivo de oportunidad pues, como ya vimos, la licencia urbanística es reglada. La Administración urbanística no puede, cambiando de opinión, retirar o revocar la licencia concedida a cuyo amparo el particular está realizando (o ha finalizado ya) una serie de obras. Si una vez concedida la licencia se considera que esta es ilegal, la Administración deberá poner en marcha los mecanismos de la revisión de oficio de los actos administrativos (art. 106 a 111 LPACAP). Nunca por razones de oportunidad o cambio de parecer; solo por cuestiones de estricta legalidad.

De ese modo, si se trata de licencias sobre las que concurre una causa de nulidad de pleno derecho (los supuestos tasados de invalidez más graves recogidos los arts. 47 LPACAP y 210 TRLUC) se pondrá en marcha el procedimiento de revisión de oficio de actos nulos por parte del Alcalde, es decir, de la Administración que concedió la licencia. También la Administración autonómica e incluso los titulares de la acción pública (arts. 12 y 208.2 TRLUC) pueden instar ese procedimiento. Si se trata de obras en curso de ejecución, debe disponer la suspensión o paralización inmediata de éstas, adoptando la medida cautelar prevista en el art. 108 LPACAP que durará como máximo lo que dure la substanciación del procedimiento. El mismo, como decimos, puede incoarse a iniciativa del propio Ayuntamiento (o del órgano administrativo que haya concedido la licencia) o a petición de un interesado, requiriéndose previamente informe preceptivo y vinculante de *la Comissió Jurídica Assessora* de la Generalitat que será asumido por la Administración autora del acto. También puede subrogarse la Generalitat (art. 208.2 TRLUC).

En el mismo acto que pone fín al procedimiento y se declara la nulidad de las licencias u órdenes de ejecución, se deben adoptar las medidas de restauración de la realidad física alterada (art. 133.1 RPLU) y el derribo de las obras levantadas a su amparo (art. 208.4 TRLUC).

Si las obras estuvieran acabadas, el procedimiento sería el mismo y además, no está sujeto a límite temporal, ya que nos encontraríamos ante un acto nulo de pleno derecho. (así, por ejemplo, una obra en zona verde amparada en una licencia). Todo ello se encuentra interpretado en la STSJC de 18 de junio de 2007, nº 572 (Revisión de oficio licencia de actividad, Sant Quirze del Vallès. Ponente: Manuel Táboas Bentanachs).

También puede ocurrir que las licencias, a juicio de quien las otorgó, sean ilegales pero con un vicio de mera anulabilidad. Entonces la LPACAP, con el fin de otorgar mayor seguridad jurídica, pues no olvidemos que nos encontramos ante actos favorables al particular, prevé el mecanismo de la declaración de lesividad (art. 107 LPACAP). La licencia se declara lesiva para el interés público, al concurrir en ella una causa de anulabilidad de las previstas en el art. 48 LPACAP y se procede, por la propia Administración, a su ulterior impugnación ante el orden jurisdiccional contencioso-administrativo, que será quien declarará, en sentencia, si la licencia era o no ajustada a derecho.

El plazo para la declaración de lesividad (que también puede ser hecha por la Generalitat ejerciendo sus competencias), es de cuatro años a contar desde que se otorgó la licencia u orden de ejecución, y exige la previa audiencia a los interesados y, en particular, a los beneficiarios de la autorización.

Finalmente, es necesario señalar que la anulación de la licencia en ambos procedimientos puede poner en marcha el mecanismo de responsabilidad patrimonial de la Administración por daños, dado que en estos casos el particular actuaba amparado por un acto de la propia Administración y, en consecuencia, debe ser indemnizado siguiendo los trámites previstos en la LPACAP. Este deber de indemnización tiene un límite: «*En ningún caso habrá lugar a indemnización si existe dolo, culpa o negligencia graves imputables al perjudicado*» (art. 48 d) TRLS 2015). En ese sentido, STS de 24 de julio de 1989. Ar. 1989/ 6078 (Demolición edificio. Ponente: F. González Navarro).

6. Las obras en zonas verdes o espacios libres

Si se realizan actos de parcelación, de urbanización, de edificación y de uso del suelo y del subsuelo sin licencia u orden de ejecución en terrenos calificados por el planeamiento como zonas verdes públicas o espacios libres de carácter público y también aquellos que se lleven a cabo en terrenos clasificados como suelo no urbanizable de especial protección, el ordenamiento refuerza los mecanismos de control antes descritos y añade dos: Por un lado, la reacción administrativa no tiene límite temporal alguno, una actuación de este tipo puede ser siempre perseguida (art. 207.3 TRLUC). Por otro lado, y en segundo lugar, estas actuaciones normalmente están tipificadas como delito por el Código Penal de 1995 (arts. 319 y 320).

7. El derecho urbanístico sancionador

a) Cuestiones generales. Los principios de la potestad sancionadora de la Administración

Bajo el capítulo titulado «disciplina urbanística. Infracciones urbanísticas y sanciones», se recogen los preceptos específicos en base a los cuales la Administración urbanística ejerce su potestad sancionadora (arts. 211 a 227 TRLUC y 134 a 150 RPLU). Al respecto, señalar el incorrecto uso del término «disciplina urbanística» que induce a error, pues se esta refiriendo al uso de la potestad sancionadora de la Administración y nada más.

La Ley catalana, en su art. 211.1, define las infracciones urbanísticas como «*las acciones o las omisiones tipificadas como tales por esta Ley*» puntualizando en el art. 212 que «*la vulneración del ordenamiento jurídico urbanístico se produce tanto mediante actuaciones sin licencia o sin orden de ejecución como mediante actuaciones que no se ajusten a las condiciones de estos actos administrativos*». También castiga la realización de actos que requieren una comunicación previa en substitución de la licencia si se realizan sin haberla presentado o sin respetar el contenido de la comunicación.

De ese modo, la infracción puede producirse tanto en el otorgamiento de la licencia o título administrativo habilitante (circunstancia compleja pues la administración es responsable como veremos), como en el hecho de actuar sin licencia o autorización exigida o sin comunicación previa (con independencia de que posteriormente sea o no legalizable la actuación llevada a cabo) o bien contraviniendo las condiciones señaladas en la propia licencia o en el contenido de la comunicación previa. Al respecto, debe tenerse en cuenta que contar con un título habilitante para llevar a cabo la actividad no sirve para exonerar sin más de toda responsabilidad a su titular.

Hay que señalar que una vez acotado el concepto de infracción urbanística en aquellas conductas antijurídicas, típicas y culpables, y como tales sancionables en los términos previstos en la legislación urbanística aplicable, todas las demás actuaciones que incidan en la vulneración del ordenamiento urbanístico de signo diferente constituirán, desde luego, una ilegalidad que arrastrará, entre otras consecuencias, la obligación de restaurar el orden alterado, pero no llevarán aparejada sanción alguna propiamente dicha (T.R. FERNÁNDEZ).

En el ámbito de la potestad sancionadora de la Administración, de la que forma parte la Administración urbanística, se ha producido, después de la Constitución, una regeneración del sistema, dando cabida a los grandes principios que rigen el derecho punitivo del Estado y expulsando de su seno técnicas incompatibles con el Estado de Derecho (como la ausencia de tipificación de infracciones y sanciones, la *reformatio in peius* o posibilidad de agravar la sanción en vía de recurso, la independencia y consiguiente duplicidad de sanciones administrativas y penales por la comisión de unos mismos hechos y las denominadas sanciones de plano, es decir, aquellas impuestas sin observar procedimiento alguno). Todo ello ha quedado felizmente superado. De ese modo, en el ámbito urbanístico resulta de aplicación: a) Respecto al procedimiento, los derechos que derivan del art. 24 CE, tal y como fue señalado por la STC 18/1981, de 8 de junio (necesidad de seguir un procedimiento para imponer una sanción, derecho de audiencia, de defensa, derecho a la prueba); b) en cuanto a los principios sustantivos deben ser siempre respetados los recogidos en el art. 25 CE y que también se encuentran plasmados en los art. 25 y siguientes de la Ley 40/2015, de 1 de octubre, de Régimen Jurídico del Sector Público (LRJSP). Estos principios son:

1) *Principio de reserva de Ley* (STC 42/87, de 7 de abril). A su amparo, el conjunto de infracciones y sanciones han de estar tipificadas en la Ley (art. 25 LRJSP), circunstancia que hace que las infracciones se recojan en los arts. 213 a 215 TRLUC y las sanciones en el art. 219 TRLUC.

La flexibilización de este principio operada en el mundo local por la STC 132/2001, de 8 de junio y por el Título IX de la Ley 57/2003, de 16 de diciembre, de modificación de la LBRL, tiene un impacto limitado en nuestro ámbito. En síntesis, a partir de ahora se permite la tipificación de infracciones y sanciones en el marco de las reglas de la Ley, pudiendo las ordenanzas tipificar ciertos comportamientos como ilícitos administrativos. Sin embargo, en el ámbito urbanístico esta previsión no afecta a la situación actual pues el TRLUC lo deja bien claro. Puede ocurrir, en cambio, que en materias conexas como el medioambiente, las ordenanzas sí que, a partir de ahora, lleven a cabo esa labor.

2) *Principio de tipicidad*. Supone la necesidad de predeterminación normativa de las infracciones y las sanciones mediante preceptos jurídicos que permitan predecir, con suficiente grado de certeza, las conductas que constituyen infracción y las sanciones aplicables (SSTC 42/87, de 7 de abril y 69/89, de 20 de abril).

La vigencia de este principio en el ámbito del derecho administrativo sancionador, recogido expresamente en el art. 27 LRJSP, conlleva un doble mandato: por un lado, exige al legislador que, a la hora de tipificar las infracciones, describa minuciosamente cada uno de los elementos de la conducta ilícita y sus correspondientes sanciones (principio de tipicidad en la Ley). Por otro, como mandato a la Administración competente, reclama la absoluta adecuación entre el hecho realizado y el tipo descrito en la norma (principio de tipicidad en aplicación de la Ley).

3) *Principio de irretroactividad en la aplicación de las normas sancionadoras* (art. 26 LRJSP). Se trata de un principio que en palabras del Tribunal Constitucional (STC 8/1981, de 30 de marzo) deriva del art. 25.1 de la Constitución. En virtud del mismo, ningún ciudadano puede ser sancionado por acciones u omisiones que en el momento de producirse no sean constitutivas de infracción administrativa.

4) *Principio de Proporcionalidad*. Se incluye dentro del principio más general de prohibición de exceso. Su principal finalidad es la de constituir un límite a la discrecionalidad de la Administración en el ejercicio de su potestad sancionadora imponiendo que la configuración legislativa, la aplicación administrativa y judicial de cualquier clase de acción restrictiva de derechos se adecue al fin previsto por el ordenamiento jurídico, constituya una medida estrictamente necesaria en relación a la perturbación social provocada por la conducta y observe una adecuada relación entre la gravedad del comportamiento y el castigo impuesto.

Este principio, como el principio de tipicidad, también ejerce su influencia de dos formas distintas: En primer lugar, exige que las normas punitivas observen una congruencia entre la acción u omisión considerada ilícita y las sanciones que éstas lleven aparejadas (principio de proporcionalidad en la ley). En segundo lugar, impone al órgano sancionador la observancia de una relación causa efecto, de forma que la medida de policía elegida sea la más adecuada al fin que se persigue (principio de proporcionalidad en aplicación de la ley). Hoy encuentra su plasmación positiva en el art. 31 LRJSP.

5) *Principio non bis in ídem o principio de interdicción de duplicidad de sanciones por la comisión de un mismo hecho* (art. 31.1 LRJSP), del que nos ocuparemos en el tema VIII.

Todo ello se encuentra regulado en los artículos 25 a 31 LRJSP, en la Ley de Urbanismo y en el RPLU. Así lo tiene declarado también el TSJC (Sentencia núm. 800 de 14 de octubre de 2008, infracción urbanística en Vilanant. Ponente: Manuel TÁBOAS BENTANACHS) que, además de los principios citados, añade el de culpabilidad.

b) Las infracciones urbanísticas

El TRLUC establece una triple clasificación de las infracciones urbanísticas. Su art. 211.2 dispone que «*las infracciones urbanísticas se clasifican en muy graves, graves y leves, de acuerdo con esta Ley y con las especificaciones reglamentarias pertinentes para identificarlas correctamente.*»

Las conductas constitutivas de *infracciones muy graves* se encuentran tipificadas en el art. 213 del TRLUC y son las siguientes:

> *a) Los actos de parcelación urbanística, de urbanización, de uso del suelo y el subsuelo y de edificación contrarios al ordenamiento jurídico urbanístico que se lleven a cabo en terrenos que el planeamiento urbanístico clasifica o tiene que clasificar como suelo no urbanizable en virtud de lo que dispone el artículo 32.a, o en terrenos situados en cualquier clase de suelo que el planeamiento urbanístico reserva para sistemas urbanísticos generales o bien para sistemas urbanísticos locales de espacios libres, viales o de equipamientos comunitarios deportivos públicos.*
>
> *b) La tala o el abatimiento de árboles que comporte la desaparición de espacios boscosos o de arboledas protegidos por el planeamiento urbanístico.*
>
> *c) La vulneración, en más de un 30%, en suelo urbano o urbanizable delimitado, de los parámetros imperativos establecidos por el planeamiento urbanístico relativos a densidad de viviendas, número de establecimientos, techo, altura, volumen, situación de las edificaciones y ocupación permitida de la superficie de las fincas o parcelas.*
>
> *d) La división o la segregación de terrenos en suelo no urbanizable objeto de algún régimen de protección especial, en contra de las determinaciones de esta Ley.*
>
> *e) La vulneración del régimen de usos y obras de los bienes que el planeamiento urbanístico incluye en los catálogos de bienes protegidos.*

Las conductas constitutivas de *infracciones graves* se encuentran recogidas en el art. 214 del TRLUC y son las siguientes:

> *a) Los actos tipificados por el artículo 213.a que se lleven a cabo en suelo no urbanizable distinto al que el planeamiento urbanístico clasifica o debe clasificar como suelo no urbanizable en virtud de lo que dispone el artículo 32 a, o en suelo urbanizable no delimitado, o en terrenos que el planeamiento urbanístico reserva para sistemas urbanísticos locales distintos de los espacios libres, viales o de equipamientos comunitarios deportivos públicos.*

b) El incumplimiento, en suelo urbano y en suelo urbanizable delimitado, de las determinaciones urbanísticas sobre urbanización, usos del suelo y del subsuelo y parcelación urbanística.

c) La vulneración, en más de un 10% y hasta un 30%, en suelo urbano o urbanizable delimitado de los parámetros imperativos a que hace referencia el artículo 213.c.

d) El incumplimiento del deber de conservación de terrenos, urbanizaciones, edificaciones, rótulos e instalaciones en general, en condiciones de seguridad.

e) La tala o el abatimiento de árboles integrantes de espacios boscosos o de arboledas protegidos por el planeamiento urbanístico que no comporte la desaparición de estos espacios o arboledas.

f) La división o la segregación de terrenos en suelo no urbanizable que no sea objeto de ningún régimen de protección especial, o bien en suelo urbanizable no delimitado, en contra de las determinaciones de esta Ley.

g) Los supuestos tipificados por el artículo 218.1.

Finalmente, las conductas constitutivas de *infracciones leves* se encuentran recogidas en el art. 215 del TRLUC y son las siguientes:

a) El incumplimiento, en suelo urbano y en suelo urbanizable delimitado, de las determinaciones urbanísticas sobre régimen de indivisibilidad de fincas y sobre edificación.

b) La vulneración del ordenamiento jurídico urbanístico en suelo no urbanizable no sujeto a protección especial y en suelo urbanizable sin planeamiento parcial definitivamente aprobado, en los siguientes supuestos:

Primero. En materia de uso del suelo y del subsuelo, si la actuación no comporta hacer edificaciones ni instalaciones fijas.

Segundo. En materia de edificación, si la actuación consiste en la construcción de elementos auxiliares o complementarios de un uso o una edificación preexistentes legalmente implantados.

c) La vulneración, hasta un 10%, en suelo urbano o urbanizable delimitado, de los parámetros imperativos a que se refiere el artículo 213.c.

d) El incumplimiento del deber de conservación de los terrenos, urbanizaciones, edificaciones, letreros e instalaciones en general en condiciones de salubridad y decoro público.

e) Los actos a que se refieren los artículos 213 y 214 que sean legalizables y se ajusten a lo establecido por el artículo 216.

f) Los actos de propaganda de urbanizaciones, por medio de anuncios, carteles, vallas publicitarias, folletos o cartas, por medios informáticos o por cualquier otro sistema de divulgación o difusión que no expresen los datos referentes a la aprobación del correspondiente instrumento de planeamiento o que incluyan indicaciones susceptibles de inducir a error a los consumidores.

g) La tala o abatimiento de árboles sin la correspondiente licencia urbanística, si lo exigen el planeamiento urbanístico o las ordenanzas municipales.

h) Los actos de parcelación, urbanización, edificación o uso del suelo conformes a la legislación y el planeamiento urbanísticos que se lleven a cabo sin el título administrativo habilitante pertinente, sin efectuar la comunicación previa en sustitución de la licencia urbanística requerida o sin ajustarse a su contenido.

La idea fundamental sobre la que pivota el sistema sancionador es que existen actuaciones ilegales (no haber solicitado una licencia o no adecuarse a su contenido, no haber presentado la comunicación previa o no adecuarse a la misma), pero que pueden resultar legalizables. En estos casos, la infracción es menor. En cambio, si las actuaciones que realice el particular van en contra de las determinaciones del plan (por ejemplo, construir en suelo no urbanizable de especial protección), resultarán ilegalizables. En este supuesto, la potestad sancionadora en materia urbanística castiga con una mayor contundencia dichas actuaciones.

Una vez establecido el cuadro de infracciones, el TRLUC prevé la posibilidad de configurar infracciones urbanísticas leves a través del instrumento de la legalización. De este modo, el art. 216.1 de la Ley dispone que los actos tipificados como infracciones graves o muy graves que sean susceptibles de ser legalizados constituirán una infracción urbanística leve si, antes de que recaiga la resolución sancionadora, los presuntos infractores hubieran instado en la debida forma, y ante la Administración competente, su legalización y esta se hubiere aprobado o autorizado.

Por último, el art. 217.1 TRLUC prevé una reducción del 80% de la cuantía de la sanción pertinente en el caso de los responsables de la comisión de una infracción urbanística que, antes que la resolución por la cual finaliza el procedimiento de protección de la legalidad urbanística pertinente sea firme en vía administrativa, restauren voluntariamente la realidad física o jurídica al estado anterior a la alteración, mediante las operaciones materiales y jurídicas pertinentes. En el caso que la restauración sea sólo parcial, se modula la reducción en proporción al grado de restauración conseguido (art. 217 TRLUC).

c) Personas responsables y graduación de la responsabilidad

La Ley se encarga de establecer un amplio abanico de responsabilidades que va más allá de la del propio autor de la infracción, abarcando las conductas de todos aquellos que cooperen o faciliten la comisión de la misma.

De este modo, el art. 221 TRLUC señala que son *«responsables todas las personas físicas o jurídicas que incurran en infracción urbanística con sus respectivas conductas, obras y actuaciones o mediante el incumplimiento de las obligaciones u órdenes de las que sean destinatarias.»*

Asimismo, en los supuestos en que las obras se ejecuten sin licencia o sin observar los términos en que ésta se otorgó, se tendrán que sancionar con las multas determinadas en la propia Ley urbanística a los propietarios, promotores, constructores o empresarios de las obras y las personas técnicas directoras de la ejecución de éstas, considerándose como *promotores*, según el art. 221.2 TRLUC, los agentes, gestores o impulsores de la promoción en el suelo sobre el que se hubiera llevado a cabo la infracción, si no son las personas propietarias (art. 135.2 RPLU). La interpretación de ese precepto debe completarse con las definiciones contenidas en el art. 8 y siguientes de la Ley 38/1999, de 5 de noviembre, de Ordenación de la Edificación.

El artículo 136 RPLU regula las cuestiones que pueden agravar o atenuar la responsabilidad de las personas infractoras y que se verán concretadas con el régimen establecido para las sanciones urbanísticas.

Como veremos, la entidad material de la realidad física alterada por la infracción será el concepto clave la para determinación final del importe de la multa.

Finalmente, para el caso de que el beneficio obtenido por el infractor sea superior al de la sanción que le sea impuesta, la cuantía de ésta deberá incrementarse hasta alcanzar la cuantía de aquél. Se deberá descontar de dicho beneficio el coste estimado de las actuaciones pertinentes de reposición de los bienes y la restauración a su estado primitivo.

d) Prescripción de las infracciones

El TRLUC dedica su art. 227 a regular la prescripción de las infracciones. Y establece que las infracciones urbanísticas muy graves prescriben a los 6 años, las graves a los 4 años y las leves a los 2 años.

El plazo de prescripción empezará a contar desde la fecha en que se produzca la infracción o, en los casos en los que el hecho constitutivo del ilícito se prolongue en el tiempo, a partir del momento de su finalización.

De igual modo, en los supuestos de infracciones leves por legalización efectiva y restauración voluntaria de la realidad física o jurídica alterada, los plazos de prescripción de la infracción son los correspondientes a la gravedad de la infracción originaria.

Para finalizar, y según la reforma del art. 227.4 TRLUC, la infracción cometida en espacios libres públicos, zonas verdes o en los terrenos que el plan califica de no urbanizable de especial protección, no prescriben, como tampoco prescriben las sanciones impuestas por esa actuación. A nuestro juicio, la ley hubiera podido ser más escrupulosa técnicamente hablando, y declarar que si el uso de esa ilegalidad se mantiene (ejemplo, una construcción ilegal en zona verde hace muchos años pero que se sigue utilizando), es ese uso el que evita la prescripción. Así lo entiende la STSJ, Sección 3ª, de 3 de mayo de 2011, núm. 338, Lliçà d'Amunt (Ponente: Manuel TÁBOAS BENTANACHS).

e) La sanción administrativa: La multa

La sanción urbanística por excelencia es la multa.

Las diferentes escalas en torno a las que se ha de calcular la cuantía de las multas se fijan en el art. 219 TRLUC y son las siguientes:

> *a) Las infracciones leves, con una multa de hasta 3.000 euros.*
> *b) Las infracciones urbanísticas graves, con una multa de hasta 150.000 euros.*
> *c) Las infracciones urbanísticas muy graves, con una multa de hasta 1.500.000 euros.*
> *2. En cualquier caso, las multas señaladas en el apartado primero se tienen que incrementar hasta la cuantía del beneficio obtenido por las personas infractoras, si este es superior.*

Con la finalidad de reducir la discrecionalidad de la administración en la concreción de la cuantía de la multa, el reglamento de protección de la legalidad urbanística ha establecido una serie de reglas o criterios basados en la entidad material de la realidad física alterada por la infracción, según se haya producido por actos de ejecución de obras o de mera utilización del suelo. En el primer caso, dependerá del volumen de las obras; y en el segundo, de la superficie de suelo destinada al uso ilegal. Con ese propósito, el reglamento establece una compleja fórmula basada en una multiplicación de factores que intenta concretar las anteriores reglas, teniendo siempre presente el principio de proporcionalidad (arts. 137 a 141 RPLU).

También se prevé el supuesto de reducción de la multa hasta del 80%, según los casos, por restauración voluntaria de la realidad física alterada y por la indemnización de los daños y perjuicios causados.

Los órganos competentes para resolver el procedimiento sancionador, según establece el art. 222.1 TRLUC son:

a) El Alcalde del municipio en el caso de infracciones leves y graves
b) El Pleno del Ayuntamiento en el caso de infracciones muy graves.

En los supuestos que la potestad de protección de la legalidad urbanística sea ejercida por la Administración autonómica, cuando la propuesta de sanciones sea inferior a 600.000 euros, será competente el órgano correspondiente del Departamento competente en materia de urbanismo. Para el caso que el importe sea igual o superior a 600.000 euros, el Consejero o Consejera del Departamento competente en materia de urbanismo (art. 222.2 TRLUC).

Los órganos competentes para resolver los procedimientos sancionadores también lo son para, en el mismo u otro procedimiento, adoptar las medidas de restauración de la realidad física alterada y el orden jurídico vulnerado.

Para finalizar este apartado, se ha de hacer referencia a la imposición de sanciones en lo que parte de la doctrina ha denominado supuestos especiales. Nos estamos refiriendo a las infracciones conexas y a los supuestos de actuaciones constitutivas de infracción al amparo de una licencia u orden de ejecución. Veamos por separado cada uno de estos casos:

a) La posibilidad de imponer sanciones en el supuesto de infracciones conexas se encuentra recogido en el art. 224 TRLUC, que establece que cuando *«sobre un mismo sujeto se instruya un expediente sancionador por más de una infracción entre las que haya una relación de causa y efecto, se le tiene que imponer la sanción más grave, para la graduación de la cual se ha de tener en cuenta el resultado final perseguido y el daño causado»*. Este precepto asume la doctrina del TS, entre otras de la STS de 1 de junio de 1988 (Ar. 4517) Parcelación en suelo no urbanizable. Ponente: Mariano DE ORO PULIDO. Este tema volverá a ser tratado en el tema VIII.
b) En el caso que las actividades constitutivas de infracción se realicen al amparo de una licencia u orden de ejecución y de conformidad con los términos de ésta, según establece el art. 226.1 TRLUC, no se podrá imponer sanción alguna hasta que no se declare la nulidad del acto administrativo que las autoriza.

Asimismo, el apartado 2 del referido artículo señala que si la anulación de la licencia es fruto de la anulación del correspondiente instrumento de planeamiento, no procederá la imposición de sanción alguna a las personas que actuaron al amparo de dicha licencia, lo que también resulta bastante obvio puesto que dichas personas cuando actuaron lo hicieron dentro de la legalidad.

8. EL PROCEDIMIENTO SANCIONADOR EN MATERIA URBANÍSTICA. LA RESOLUCIÓN

El art. 200.1 TRLUC establece que, la tramitación de los expedientes de protección de la legalidad urbanística debe ajustarse a lo establecido en la LPACAP, con las especialidades previstas en la legislación urbanística (TRLUC y arts. 144 a 150 RPLU).

Se preven una dualidad de procedimientos sancionadores cuya tramitación viene determinada por la naturaleza de la infracción. Nos estamos refiriendo al procedimiento ordinario y al procedimiento abreviado. Todo ello respetando los principios que derivan de la LPACAP y que hemos ya analizado.

a) El procedimiento ordinario

El procedimiento ordinario siempre se inicia de oficio, como consecuencia de la iniciativa del órgano competente, por orden de un superior, por petición razonada de otros órganos a partir de las actas extendidas por los servicios de inspección (art. 201 TRLUC) o por denuncia presentada por cualquier persona. En este sentido, el denunciante no es parte en el procedimiento y en cambio tiene derecho a que se le notifique su incoación (o no) y la resolución final del mismo (REBOLLO PUIG), a efectos de interposición de los correspondientes recursos. Además, debemos recordar que la Administración carece por completo de facultades discrecionales a la hora de incoar o no el procedimiento, debiendo hacerlo si existen indicios de la comisión de un ilícito administrativo.

La *incoación* del expediente comportará el *nombramiento de un instructor* y, en su caso, de un *secretario*, así como la incorporación a este expediente de todas las actuaciones previas realizadas y la ordenación de oficio de las actuaciones necesarias para identificar a las personas responsables y su grado de participación en los hechos. Esta formulará un pliego de cargos en el que debe incluirse la determinación de los hechos imputados al presunto infractor, su participación en los mismos, la calificación de las posibles infracciones, las sanciones aplicables y, en su caso, la determinación de los daños y perjuicios que la conducta infractora hubiera podido ocasionar. También formarán parte del pliego de cargos o hechos que se le imputan las posibles medidas de reposición de la realidad física alterada.

El pliego se notificará el interesado para que en un plazo mínimo de 15 días pueda formular *alegaciones y proponer prueba*. Es el denominado también pliego de descargos.

Una vez substanciado el trámite anterior y *practicadas las pruebas* pertinentes, el instructor dictará *la propuesta de resolución* que se deberá notificar a los presuntos infractores para que puedan realizar alegaciones. Esta propuesta de resolución *debe manifestar*:

a) La normativa aplicable al procedimiento instruido.
b) El órgano competente para resolverlo.
c) Los hechos imputados.
d) Las personas responsables de los hechos y las circunstancias modificativas de su responsabilidad.
e) La tipificación de la infracción urbanística cometida.
f) La determinación de la multa que les corresponde.
g) Si procede, las medidas de restauración de la realidad física alterada y del orden jurídico vulnerado que haya que adoptar y la determinación de los daños y perjuicios causados.

Una vez finalizada la instrucción debe notificarse a los interesados para que un plazo de 10 días formulen *alegaciones*. En este trámite se les dará también *vista del expediente*.

Finalmente, la *resolución* del procedimiento sancionador urbanístico debe decidir todas las cuestiones que se hayan planteado durante su instrucción, y tiene que pronunciarse expresamente sobre la imposición de las sanciones.

De igual forma, en la resolución que ponga fin al procedimiento no se podrán aceptar hechos diferentes de los determinados en la fase de instrucción del procedimiento, con independencia de su diferente valoración jurídica y, además de cumplir con los requisitos legalmente exigidos para este tipo de actos, deberá de incluir los hechos, la persona o personas responsables, la infracción o infracciones cometidas, la sanción impuesta, el órgano competente para imponerla y la normativa aplicable al caso. Asimismo, también contendrá los pronunciamientos necesarios sobre la reposición de la situación alterada a su estado primitivo y sobre la eventual indemnización por los daños y perjuicios causados.

b) El procedimiento abreviado

El RPLU prevé en su art. 150 un procedimiento abreviado para los supuestos de infracciones tipificadas como leves, que se encuentren recogidas en la correspondiente acta de inspección o bien en la denuncia de la autoridad competente. En estos casos, el órgano municipal competente *podrá* aplicar las especialidades del procedimiento abreviado, regulado en la actualidad en el art. 96 LPACAP bajo el nombre de procedimiento simplificado, caracterizado por una reducción de los trámites y de los plazos.

c) La prescripción de las sanciones

Según el art. 227 TRLUC, las sanciones impuestas por infracciones muy graves prescriben a los 3 años, las impuestas por sanciones graves prescriben a los 2 años y las impuestas por sanciones leves prescriben al cabo de 1 año. Las órdenes de restauración de la realidad física alterada y las obligaciones derivadas de la declaración de indemnización por daños y perjuicios prescriben a los 6 años (art. 207 TRLUC). De ese modo, si la Administración en dicho plazo no ejecuta la sanción, esta prescribe, no debiendo ser cumplida por el administrado, con excepción de las sanciones impuestas en el suelo urbanizable de especial protección que no prescriben.

d) La resolución sancionadora: Recursos administrativos. Ejecutividad y ejecución forzosa

Contra la resolución sancionadora de los alcaldes, plenos de ayuntamientos o del órgano correspondiente del Departamento competente en materia de Urbanismo, si agotan o ponen fin a la vía administrativa, cabe recurso potestativo de reposición en el plazo de un mes a contar desde la notificación de la sanción o se puede interponer directamente recurso contencioso administrativo en el plazo de dos meses. Si, por el contrario, la resolución no agota la vía administrativa, es susceptible de recurso de alzada, todo ello de conformidad con el régimen general de los recursos administrativos, que prevé la suspensión automática de la sanción con motivo de la interposición del recurso (arts. 112 a 126 LPACAP).

La resolución es ejecutiva, es decir, debe de ser cumplida por el destinatario cuando no quepa contra ella ningún recurso ordinario en vía administrativa (art. 20.3 LPACAP). Esta expresión no recoge del todo correctamente la interpretación que sobre la ejecutividad de las sanciones han hecho nuestros tribunales a partir de la STC 66/84, de 6 de junio a la luz del art. 24 CE. En realidad, la ejecución de las sanciones se inicia una vez que estas son firmes en vía administrativa (art. 151 RPLU), circunstancia que se produce bien cuando se desestima expresamente el recurso administrativo interpuesto contra la resolución sancionadora o cuando ha expirado el plazo para su interposición. En estos supuestos, queda abierta la posibilidad del recurso contencioso-administrativo y es cuando puede ser ejecutada la sanción urbanística en el plazo de un mes.

Tanto en la multa como en la desestimación del recurso deben constar los plazos para efectuar el pago de la sanción en un periodo voluntario. Si este no se realiza, se pondrá en marcha el mecanismo de la ejecución forzosa de los actos y, en concreto, si se trata del impago de multa, el apremio sobre el patrimonio y el posterior embargo de bienes.

Bibliografía y jurisprudencia. Para ir más lejos

Respecto a la protección de la legalidad urbanística, además de las obras generales ya citadas, véase M. Bassols Coma, «El control de la legalidad urbanística en la nueva Ley del suelo», REDA nº 6, 1975, págs. 308 y ss.; R. Gómez Ferrer Morant, Algunos problemas en materia de licencias de edificación, RDU nº 30, 1972; A. Carceller Fernández, «Manual de disciplina urbanística», Madrid 1983. Del mismo autor «Justicia administrativa y suspensión de licencias urbanísticas» en el libro homenaje a Rafael Entrena Cuesta, «Justicia Administrativa» (Mª Jesús Montoro, Coord), Ed. Atelier, 2006, pp. 555 y ss.; J. González Pérez, «La suspensión de obras efectuadas sin licencia» RDU nº 44, 1975; J. L. Rivero Ysern, «Los supuestos de actuación sin licencia en el TRLS 1992», Revista Andaluza de Administración Pública nº 15, pp. 11 y ss.

Respecto a las cuestiones registrales y de protección de la legalidad urbanística puede verse; Mercedes Fuertes, *Urbanismo y publicidad registral.* Estudios jurídicos, 2 ed. Marcial Pons. Madrid, 2001.

Acerca del ejercicio de la potestad sancionadora después de la Constitución, la actual regeneración del mundo de lo sancionatorio se debe fundamentalmente a la inestimable labor que en este campo desarrolló la doctrina en el sistema jurídico anterior a la Constitución. Entre los trabajos más destacados señalaremos los de E. GARCÍA DE ENTERRÍA, «El problema jurídico de las sanciones administrativas, REDA, nº 10, 1976; J. R PARADA VÁZQUEZ, «El poder sancionador de la Administración y la crisis del sistema judicial penal», RAP, nº 67, 1972; L. MARTÍN RETORTILLO, «Las sanciones de orden público en el Derecho español», Ed. Técnos, Madrid, 1973.

Estas ideas fueron aprovechadas por el TC que, en las primeras sentencias, elaboró una doctrina jurisprudencial importante. Al respecto, E. GARCÍA DE ENTERRÍA, «La incidencia de la Constitución sobre la potestad sancionadora de la Administración: dos importantes sentencias del Tribunal Constitucional, REDA, 1981. Entre los estudios monográficos dedicados a las sanciones administrativas también destacaríamos los de J. SUAY RINCÓN, «Sanciones Administrativas», Ed. Colegio de España, Bolonia, 1989; M. REBOLLO PUIG, «Potestad sancionadora, alimentación y salud pública», MAP, Madrid 1989; B. LOZANO CUTANDA, «Extinción de las sanciones administrativas y tributarias», Ed. Marcial Pons, Madrid 1990; J. GARBERÍ LLOBREGAT, «La aplicación de los derecho y garantías constitucionales a la potestad y al procedimiento administrativo sancionador», Ed. Trivium, 1989; F. SANZ GANDASEGUI, «La potestad sancionadora de la Administración. La Constitución Española y el Tribunal Constitucional», Edersa, Madrid 1985.

Más recientemente, ALARCÓN SOTOMAYOR, El procedimiento administrativo sancionador y los derechos fundamentales, Ed. Thomson-Civitas, Madrid 2007. REBOLLO PUIG, M.; IZQUIERDO CARRASCO, M.; ALARCÓN SOTOMAYOR, L.; BUENO ARMIJO, A. Mª. «Derecho administrativo sancionador». Ed. Lexnova, Valladolid 2009.

Asimismo, véase el libro del profesor A. NIETO, «Derecho administrativo sancionador, 2ª ed. Ampliada, Ed. Técnos, Madrid 1994.

J. M. TRAYTER, «El procedimiento administrativo sancionador», en *Justicia Administrativa*, núm. extraordinario, 2001, pp. 75-92; «Sanción penal o sanción administrativa: El principio «non bis in idem» en la jurisprudencia», *Poder Judicial*, nº 22, 1991, pp.

113-136; *Manual de Derecho Disciplinario de los funcionarios públicos*, Marcial Pons, Madrid; *Protección del medio ambiente: sanciones administrativas y competencias locales*, AAVV, José Esteve Pardo (coord.), Civitas.

En referencia específica al ámbito urbanístico puede verse A. CARCELLER, «protección de la legalidad urbanística» en Comentarios a la Ley de Urbanismo de Cataluña (J. M Trayter. Dir.). Op. Cit, pp. 465 a 530; JOSE MANUEL SALA ARQUER, «La prescripción de la acción sancionadora en las infracciones urbanísticas», RDU nº 50 1976, pp. 67 y ss.; J. M. ARREONDO GUTIERREZ, «Las infracciones urbanísticas» Granada 1995; J. A. CHINCHILLA PEINADO, «El derecho administrativo sancionador en la práctica urbanística. Especial referencia al procedimiento sancionador», RDU nº 168, 1999; I. PEMÁN GAVÍN, «La demolición en las infracciones urbanísticas»: una mirada retrospectiva, RDU nº 187.

Sobre el Derecho administrativo sancionador en general, con normativa y jurisprudencia, véase J. M TRAYTER-VICENÇ AGUADO I CUDOLA. «Derecho administrativo sancionador. Materiales». Ed. Cedecs, Barcelona 1995. De igual forma el trabajo de M. REBOLLO PUIG. «Interesados y denunciantes en el procedimiento administrativo sancionador, en BARNES VÁZQUEZ, J. (Dir.). «El procedimiento administrativo en el Derecho comparado», Ed. Civitas-Consejeria de la Presidencia de Andalucía, Madrid 1993, pp. 227-256.

Respecto a la jurisprudencia destacaríamos la STSJC de 24 de enero de 2007 nº 66, sanción vivienda ilegal en Girona. Ponente: Manuel TÁBOAS BENTANACHS que recoge la doctrina general y los límites de la potestad sancionadora. Sobre los límites y requisitos de la revisión de oficio, en particular en suelo no urbanizable véase STSJC de 21 de octubre de 2008, nº 821, Ayuntamiento de Albatàrrec. Ponente: Manuel TÁBOAS BENTANCHS.

TEMA VIII
EL CONTROL JUDICIAL DEL URBANISMO: EL CONTENCIOSO-URBANÍSTICO. LA RESPONSABILIDAD PATRIMONIAL DE LA ADMINISTRACIÓN URBANÍSTICA. LA RESPONSABILIDAD AMBIENTAL

SUMARIO:
1. Planteamiento. 2. Vías de control ante la propia administración urbanística. 3. El control ejercido por la jurisdicción contencioso-administrativa. Reglas generales. La acción pública. Medidas cautelares. La ejecución de sentencias. 4. El control del contenido de los planes urbanísticos: hacia la reducción de la discrecionalidad. A) Planteamiento. B) La competencia y el respeto al procedimiento legalmente establecido. C) El Control del fin: La desviación de poder. D) El control de los hechos determinantes: El control de su existencia y su calificación jurídica. E) El control del núcleo de la discrecionalidad del plan: los principios generales de racionalidad, proporcionalidad, coherencia. El principio de interdicción de la arbitrariedad de los poderes públicos. F) Los denominados poderes de sustitución del Juez: La STS de 15 de marzo de 1993 (Ar. 2523. Plan General de Granollers. Ponente: Francisco Javier Delgado Barrio). G) Otros límites a la libre configuración de los planes urbanísticos. En particular, el principio de jerarquía, los estándares urbanísticos y las normas de directa aplicación. 5. El control penal. A) Cuestiones generales. Los delitos medioambientales, urbanísticos y

contra la ordenación del territorio. B) Las relaciones entre la responsabilidad administrativa y responsabilidad penal. El principio non bis in ídem. 6. La competencia del orden jurisdiccional civil. 7. El control que ejerce el Tribunal Constitucional. El papel del Tribunal Europeo de Derechos Humanos. El Tribunal de Justicia de la Unión Europea. 8. La responsabilidad patrimonial de la administración pública por actos urbanísticos. 9. La responsabilidad ambiental. Bibliografía y jurisprudencia. Para ir más lejos.

1. Planteamiento

El urbanismo en Cataluña ha gozado de buenas leyes (en ocasiones excesivamente complejas) pero que, a veces, han adolecido de una mala aplicación y un mejorable control. Esta circunstancia ha propiciado ciertos desmanes que es necesario frenar revitalizando las vías de control, en especial el que ejerce la jurisdicción contencioso administrativa que es el medio natural de vigilancia y anulación de las ilegalidades urbanísticas, una vez fracasada la vía administrativa. Pero obviamente, y como ocurre en otros países, las reglas que presiden el proceso contencioso-administrativo deben adaptarse al ámbito del urbanismo, potenciando mecanismos como las medidas cautelares o la ejecución de sentencias pues, en otro caso, la ejecutoriedad de los actos y planes, unido a la lentitud del proceso, llevarán al traste las técnicas explicadas en los apartados anteriores (de ahí que en Francia se le denomine contencioso-urbanístico). En caso contrario, se obliga a intervenir a la jurisdicción penal, que no es la vía prevista en nuestro ordenamiento de manera habitual, regida siempre por el principio de intervención mínima, que es la regla que debe presidir el Estado de Derecho.

Así y al denominado control político (llevado a cabo por la Corporación Municipal o por la Comunidad Autónoma en distintos momentos, como por ejemplo, la aprobación definitiva de los planes) existe el control social. Este se materializa en la participación de los ciudadanos en la elaboración de los planes, o en las consultas populares. También el control de la sociedad se ejerce a través de medios no institucionalizados como las asociaciones de vecinos, grupos ecologistas y los medios de comunicación, fundamentalmente, la prensa (vid. Tema II). Junto a ellos está el control que ejerce la Administración (revisión de oficio, recursos) y el control judicial (contencioso-administrativo, penal, civil, ante el TC, el TEDH y el TJUE).

Además, analizaremos la responsabilidad patrimonial de las Administraciones públicas urbanísticas y la responsabilidad medioambiental como una nueva vía de protección y restauración de los recursos naturales, que se añade a las ya tradicionales.

2. Vías de control ante la propia Administración urbanística

El derecho urbanístico, como parte del derecho administrativo que es, está sometido a las reglas y principios que derivan de éste, en cuanto al control y fiscalización de sus actuaciones. De ese modo, y además de la legislación urbanística, resulta aplicable la LPACAP y la Ley de Procedimiento catalana, que únicamente reproduce, en muchos casos, la anterior. En este sentido conviene recordar que resultan impugnables autónomamente los actos definitivos o resolutorios, esto es, los que ponen fin al procedimiento administrativo (por ejemplo, la concesión o denegación de una licencia) pero no los actos que integran dicho procedimiento (así, las aprobaciones iniciales o provisionales del planeamiento), excepto si son actos de trámite cualificados, es decir, aquellos que deciden directa o indirectamente sobre el fondo del asunto, determinan la imposibilidad de continuar el procedimiento, producen indefensión o perjuicios irreparables a derechos e intereses legítimos (art. 112 LPACAP). Entre ellos podríamos incluir desde los acuerdos de suspensión de tramitación de licencias (art. 73 y 74 TRLUC) a las medidas provisionales adoptadas en los procedimientos de protección de la legalidad urbanística (arts. 203 y 205.4 TRLUC).

Por otro lado, también se aplica el régimen general de invalidez de los actos administrativos de la LPACAP (art. 47 actos nulos, art. 48 actos anulables), añadiendo una serie de causas de nulidad de pleno derecho específicas del derecho urbanístico (arts. 11 y 210 TRLUC). Tanto la aprobación definitiva de los planes, como el otorgamiento de licencias y otros actos urbanísticos gozan, como regla, del principio de ejecutividad inmediata por lo que, una vez notificados (o publicados) han de ser cumplidos (art. 106 TRLUC), privilegio que alcanza incluso al momento en que se interpone el correspondiente recurso.

Así, en primer lugar, una vía procedimental para el control de las actuaciones es el *Recurso administrativo de Alzada o el Recurso Potestativo de Reposición* (arts. 112 y ss. LPACAP) según el órgano administrativo tenga, o no, superior jerárquico teniendo en cuenta que, contra los actos de la Administración local, que agotan por definición la vía administrativa cabe, como regla general, recurso de reposición con carácter previo a la interposición del recurso contencioso-administrativo, aunque también se puede acudir directamente a la jurisdicción contenciosa-administrativa. Así ocurre, por ejemplo, con los acuerdos de ocupación directa (art. 156 TRLUC), la declaración de ruina (art. 198 TRLUC), la orden de restauración de la realidad física alterada (art. 217 TRLUC), o ciertas multas (art. 222 TRLUC).

Todos ellos son actos administrativos urbanísticos que pueden ser controlados por la propia Administración urbanística, de acuerdo con las reglas generales previstas en la LPACAP.

Respecto a los instrumentos de planeamiento, que son normas de rango reglamentario, poseen un sistema de impugnación peculiar provocado porque el acto de aprobación definitiva es un acto administrativo.

Después de una serie de resoluciones judiciales vacilantes, en aplicación del art. 112.3 LPACAP («contra las disposiciones administrativa de carácter general no cabrá recurso en vía administrativa») se entiende que contra los planes urbanísticos, al ser normas jurídicas de carácter general no cabe recurso administrativo, siendo directamente impugnables ante la jurisdicción contenciosa (STS de 11 de mayo de 2011, Ar. 2012/410, Ponente: Jesús Ernesto PECES MORATE), una vez han sido aprobados y publicados en el diario oficial correspondiente.

En segundo lugar, las decisiones urbanísticas pueden ser objeto de control por parte de la propia Administración a través de la figura de la *revisión de oficio*. Esta es una técnica que permite a la Administración (y al ciudadano) expulsar del ordenamiento, por razones de estricta legalidad, los actos urbanísticos o planes que sean contrarios al ordenamiento jurídico, incluso cuando hayan transcurrido los plazos previstos para el recurso.

Como decimos, la revisión de oficio ha de estar motivada por cuestiones de legalidad. No cabe, a priori, utilizar otras vías procedimentales por cuestiones de mera oportunidad o cambio de parecer de la Administración, pues el derecho urbanístico está basado en la máxima *«venire contra factum propium non potest»*, es decir, que la Administración no puede ir en contra de sus propios actos y menos si estos son declarativos de derechos para los ciudadanos.

La Ley urbanística se remite a las reglas generales del procedimiento administrativo, donde se distingue, en primer lugar, la revisión de oficio de actos o reglamentos nulos (art. 106 LPACAP, art. 71 LPAC). En estos supuestos la Administración urbanística, en cualquier momento y por iniciativa propia o a solicitud del interesado y previo dictamen preceptivo y vinculante de la Comisión Jurídica Asesora de la Generalitat, declarará de oficio la nulidad de los actos urbanísticos que incurran en causa de nulidad recogida en los artículos 47 LPACAP y 210 TRLUC. Con la iniciación de este procedimiento puede suspenderse la ejecutividad del acto objeto de revisión, pudiéndose ordenar la paralización inmediata de las obras en curso de ejecución amparadas en este acto (art. 208.3 TRLUC).

Si la Administración considera que la licencia de obras u orden de ejecución es contraria a la legislación urbanística, a los planes o las ordenanzas y además nos encontramos ante una causa de nulidad de pleno derecho, en la misma resolución ha de ordenar la restauración de la realidad física alterada y el derribo de las obras llevadas a cabo. Todo ello, sin perjuicio de las responsabilidades que sean exigibles a la Administración, tal y como veremos posteriormente.

Lo mismo ocurre con los planes urbanísticos o sus instrumentos de gestión, incursos en una posible causa de nulidad del art. 47.2 LPACAP (causas que, a diferencia de los actos administrativos, se configuran de manera amplia, como cualquier infracción del ordenamiento jurídico. Así STS de 22 de diciembre de 1992. Ar. 9775, licencia edificación calle Lérida. Ponente: Jaime BARRIO IGLESIAS).

Por todo ello, de estimarse la revisión de oficio, se declarará «la nulidad de pleno derecho del acto aprobatorio del plan» (STS de 2 de enero de 1989. Ar. 373. Nulidad Plan Parcial Premià de Mar. Ponente: José Ma. REYES MONTERREAL).

Si por el contrario nos encontramos ante actos ilegales pero incursos en un vicio de anulabilidad, no de nulidad (art. 48 LPACAP), se pondrá en marcha la declaración de lesividad (art. 107 LPACAP).

El procedimiento consiste en que la propia administración autora del acto administrativo, en un plazo de 4 años desde que lo dictó, puede declararlo lesivo para el interés general e impugnarlo ella misma ante la jurisdicción contencioso-administrativa. Así y con el fin de dar mayor seguridad jurídica, serán los tribunales los encargados de anular el acto y acordar los efectos de esa declaración. El procedimiento tiene su razón de ser en que estos supuestos pueden no ser tan claros como los actos o planes nulos de peno derecho y por tanto, el ordenamiento otorga un plus de garantías trasladando la competencia para la declaración de la existencia de una causa de anulabilidad de la licencia u orden de ejecución a la jurisdicción contencioso-administrativa.

3. EL CONTROL EJERCIDO POR LA JURISDISCCIÓN CONTENCIOSO-ADMINISTRATIVA. REGLAS GENERALES. LA ACCIÓN PÚBLICA. MEDIDAS CAUTELARES. LA EJECUCIÓN DE SENTENCIAS

El medio por excelencia de control de la legalidad de las decisiones de la Administración urbanística es el recurso contencioso-administrativo, substanciado y resuelto por los tribunales de este orden jurisdiccional.

Ante los mismos se pueden impugnar los *actos urbanísticos* (concesión o denegación de licencias, sanciones urbanísticas, derribo de obras, órdenes de ejecución, etc.) en el plazo de dos meses desde la notificación del acto o de la desestimación expresa del recurso administrativo (seis meses si es desestimado por silencio). También, como dijimos, pueden ser impugnados los actos trámite cualificados e incluso la inactividad administrativa o las actuaciones de la Administración que constituyan vía de hecho, es decir, adoptadas de espaldas al Derecho, despreciando las reglas de procedimiento o competencia (art. 105 LPACAP). Sobre este tema también volveremos posteriormente.

También pueden ser objeto de impugnación los *instrumentos normativos* (planes, proyectos de reparcelación, etc.). Contra ellos existen dos tipos de recursos (art. 26 LRJCA). En primer lugar, el *recurso directo* contra la aprobación definitiva de los planes. Una vez publicado el plan, este resulta inmediatamente ejecutivo (art. 106 TRLUC) y se abre un plazo de dos meses, a contar a partir del día siguiente a su publicación completa (con las normas urbanísticas) o a la notificación (si esta es preceptiva) para interponer el recurso. Puede ocurrir también que el plan sea aprobado por silencio administrativo y entonces se abre el plazo de seis meses para recurrir a contar desde el día en que el plan entró en vigor. Estos supuestos no excusan a la Administración de dictar el acto de aprobación definitiva y publicarlo.

Únicamente señalar que se puede solicitar la medida cautelar de suspensión del plan durante la substanciación del recurso (art. 130 LRJCA) incluso antes de su presentación y que la sentencia que declare la ilegalidad del plan tendrá efectos *erga omnes*, es decir, anulara con carácter general el plan o la parte de él que haya sido impugnada (así STS de 25 de septiembre de 1989. Ar. 6694. Plan General Vilafranca del Penedès. Ponente: Francisco GONZÁLEZ NAVARRO).

La ilegalidad del plan comporta su nulidad, al ser una norma de carácter reglamentario. El TS ha acabado diciendo que los vicios de procedimiento esenciales en la elaboración de los planes urbanísticos implican la nulidad de pleno derecho de todo el plan impugnado, sin posibilidad de subsanación. Ello no impide, no obstante, la posibilidad de declarar la nulidad parcial en aquellos supuestos en que el vicio apreciado pueda individualizarse respecto a un determinado ámbito territorial del plan o respecto a concretas determinaciones, y no tenga incidencia respecto al resto del plan (STS de 27 de mayo de 2020, Ar. 169843; Ponente: Wenceslao Francisco OLEA GODOY). El tema dará que hablar en los próximos meses ya que el Tribunal Supremo ha vuelto a reafirmarse en la sanción de nulidad de los planes, que comporta la nulidad en cascada de los planes derivados y actos de aplicación con efectos ex tunc (STS de 29 de abril de 2021, núm. 584/2021, Ponente: M. Jesús PERA BAJO. Matizando esta jurisprudencia, STS de 17 de enero de 2024).

Una segunda vía de impugnación la constituye la denominada *cuestión de ilegalidad* (arts. 123 a 126 LRJCA antes llamada recurso indirecto contra reglamentos). Se trata de depurar del ordenamiento urbanístico los actos de aplicación del planeamiento cuando no se haya impugnado directamente el plan que se presume ilegal. De ese modo y con ocasión de la anulación de un acto de aplicación (licencia o plan) que el Juez considere ilegal por traer causa de un plan ilegal, se facilita la anulación de este último si el órgano que conoció del recurso indirecto no es competente para conocer del recurso directo. La sentencia que resolverá la cuestión de ilegalidad no afectará a la situación jurídica resuelta por la resolución judicial inicial (art. 126.5 LRJCA). Así, la jurisprudencia ha aceptado que esta vía es utilizable no sólo contra cualquier acto aplicativo, sino también con motivo de la dicción de otros planes más específicos o, incluso, con ocasión de los actos de ejecución y gestión del plan y la aprobación definitiva de las bases de actuación y estatutos de una junta de compensación (así STS de 7 de julio de 1987. Ar. 6859 Plan Parcial barrio Fatjó de Cornellà de Llobregat. Ponente: Francisco GONZÁLEZ NAVARRO; STS de 7 de febrero de 1987. Ar. 2750 licencia obras Tarragona. Ponente: Francisco Javier DELGADO BARRIO).

Por último también podrá accederse, en determinados casos, al procedimiento de protección jurisdiccional de los derechos fundamentales de la persona (arts. 114 a 122 LRJCA). Sobre este tema volveremos inmediatamente.

Respecto a los *órganos judiciales y las competencias* para controlar la aplicación del derecho urbanístico en Cataluña, únicamente señalar que contra los actos administrativos que emanan de los ayuntamientos corresponde su conocimiento a los Juzgados unipersonales de lo contencioso (art. 8 LRJCA), mientras que corresponde a la Sala del TSJC el conocimiento de los instrumentos normativos que emanan de la Comunidad Autónoma o de los entes locales, los recursos de apelación contra las sentencias de los juzgados unipersonales, y los recursos para unificación de normas de la propia Comunidad Autónoma. El Tribunal Supremo mediante el Recurso de Casación conocerá únicamente de los recursos contra las Sentencias del TSJC que pretendan fundarse en la infracción de normas de Derecho estatal o comunitario europeo que sean relevantes y determinantes para el fallo, siempre y cuando hayan sido oportunamente invocadas en el proceso previo y con los requisitos establecidos en el artículo 89 LRJCA. Así, por ejemplo, STSJC de 13 de enero de 2009, nº 17 (Plan director urbanístico sistema costero, ya citada. Ponente: Manuel TÁBOAS BENTANACHS).

Por otra parte, tanto la legislación del suelo como otras normas que afectan a esta y futuras generaciones ha establecido la *acción pública* como sistema de legitimación para impugnar ante los tribunales las decisiones de la Administración (así el art. 19.1 LRJCA y el art. 12.1 TRLUC). De ese modo, cualquier ciudadano o ciudadana, en ejercicio de la acción pública en materia de urbanismo, puede exigir ante los órganos administrativos y ante la jurisdicción contencioso-administrativa el cumplimiento de la legislación y del planeamiento urbanísticos, ejercicio que se ha de ajustar a lo establecido por la legislación aplicable (es decir, el art. 62 TRLS y el art. 12 TRLUC ya citado). Gracias a la acción pública el demandante no necesita invocar la lesión de un derecho subjetivo ni de un interés legítimo. Le bastará invocar la cualidad de ciudadano, sin restricciones, para asumir la defensa de la legalidad, precisamente por la importancia de los bienes jurídicos en juego. Asimismo, se permite que los concejales de un ayuntamiento que hayan votado en contra de un acuerdo municipal utilicen esta vía (STS de 24 de mayo de 1980. Ar. 2833 acción pública de concejal. Ponente: José GARRALDO VALCÁRCEL).

Por último, unas breves reflexiones sobre la necesidad de potenciar la aplicación de las medidas cautelares y mejorar el sistema de ejecución de sentencias. Sin ello, el sistema de control de la aplicación del Derecho urbanístico no tendrá virtualidad alguna.

En lo referente a las *medidas cautelares,* tanto jueces como tribunales todavía se muestran reticentes a otorgar la suspensión de planes, licencias o instrumentos de gestión (GARCÍA DE ENTERRÍA). Olvidan que el sistema de control cautelar del urbanismo viene presidido por el art. 24.1 CE y este precepto les impone que «deben adoptar cuantas medidas aseguren la efectividad de la sentencia» (art. 129.1 LRJCA). Por tanto, en el ámbito urbanístico esa debe de ser la regla. Ha de suspenderse la decisión administrativa «cuando la ejecución del acto o la aplicación de la disposición pudiera hacer perder su legítima finalidad al recurso» (art. 130 LRJCA). Y esto es así por que no está en juego, únicamente, el interés del particular que recurre. Están en juego valores fundamentales de nuestro ordenamiento como el medioambiente o los valores paisajísticos (STS de 10 de junio de 2003. Ar. 2003/5373. Ponente: Jesús Ernesto PECES MÓRATE). Por ello no tiene sentido denegar la suspensión de un plan y, una vez que se esté ejecutando, sea anulado por sentencia. Ningún sentido. Es una incorrecta aplicación del sistema de medidas cautelares. El interés general reclama otra aplicación e interpretación del sistema previsto en los artículos 129 a 136 LRJCA, especialmente en el denominado contencioso-urbanístico. La irreparabilidad de las consecuencias de la no suspensión así lo exigen (STS de 12 de abril de 2003. Ar. 2003/4174, Ponente: Ricardo ENRÍQUEZ SANCHO).

Respecto al *sistema de ejecución de las sentencias urbanísticas*, previsto en los artículos 103 a 113 LRJCA, no podemos más que mostrar nuestro profundo desacuerdo con la aplicación que hasta hace pocas fechas se hacia de dichos preceptos. La inejecución de la sentencias es un lacra a la que debemos poner freno sino queremos que todo el sistema de Derecho urbanístico, es más, el conjunto de reglas que presiden el Estado de Derecho sean pisoteadas. El punto de partida es que las resoluciones judiciales han de ejecutarse en sus propios términos (art. 18.2 LOPJ), correspondiendo esta tarea al Poder Judicial (art. 117.3 CE). Ese es un derecho fundamental del ciudadano y una consecuencia de la debida protección del interés público (art. 24 CE), cuyo incumplimiento sólo en casos excepcionales y justificados puede ser substituido por una compensación económica.

Por otro lado, han de reputarse nulos de pleno Derecho los actos y disposiciones (por ejemplo las revisiones o modificaciones de planes urbanísticos) contrarios a los pronunciamientos de las sentencias, que se dicten con la finalidad de eludir su cumplimiento. Corresponde al órgano jurisdiccional encargado de ejecutar la sentencia la declaración de nulidad de los actos y disposiciones así viciadas y, en todo caso, la competencia para la declaración de nulidad de un plan u otra actuación urbanística, no exige las reglas generales de atribución de competencias entre juzgados y tribunales que se recoge en la LRJCA sino, por el contrario, se rigen por las previsiones de los artículos 103 y ss. de la propia LRJCA. La consecuencia es clara: el órgano jurisdiccional competente para ejecutar la sentencia lo es también para declarar la nulidad de cualquier actuación tendente a obstaculizar su ejecución. Así, y solo así, es como debe interpretarse el art. 103 párrafos 3º y 4º LRJCA. Otra opción sólo estaría legitimando una burla más al Estado de Derecho.

Cuando la sentencia condena a la Administración a realizar una determinada actividad, el Juez o Tribunal ejecutará la sentencia a través de sus propios medios (art. 108.1ª LRJCA). Es necesario que los tribunales sean conscientes de esta poderosa arma puesta a su disposición por la Ley jurisdiccional. Al respecto se dirá que los medios con los que cuentan los tribunales son escasos o inexistentes. Pues bien, debe ponerse en marcha este procedimiento recabando la colaboración de otras autoridades de las distintas administraciones públicas imputando los gastos a la Administración incumplidora, tal y como ocurre en los procedimientos de ejecución forzosa previstos en la LPACAP. Aquí de lo que se trata es de dar contenido a las previsiones del art. 108. 1 LJCA y, en todo caso, superar las posibles dificultades con una interpretación arropada por los principios generales del Derecho Administrativo. La actual situación de inaplicación de este precepto, basada en que los tribunales carecen de medios, es una opción cómoda y simplista. Hace falta una voluntad decidida de ponerlo en marcha. Con la literalidad del mismo se pueden derribar edificios, restaurar la realidad física alterada, incluso «dictar un acto». La voluntad de la Ley es que las sentencias se cumplan ya que para eso están.

Es necesario señalar que las causas de imposibilidad material o legal de ejecutar una sentencia son excepcionalísimas y, como tales, merecen una interpretación restrictiva. No basta alegar una imposibilidad material o legal para que ésta concurra, sino que hay que probarla de manera fehaciente. En esta línea, la modificación de planes con el fin de legalizar situaciones declaradas por sentencia ilegales, además de poder constituir un delito de desobediencia, no tienen cabida en esta excepción del artículo 105 LJCA. Así lo ha declarado el Tribunal Supremo en las SSTS de 5 de abril de 2001 (Ar. 2001/3030. Ponente: Pedro José YAGÜE GIL) y de 18 de febrero de 2004 (Ar. 2004/3160. Ponente: Segundo MENÉNDEZ PÉREZ) en el tema del Fortín de la Reina de Tarragona. Tampoco la aparición de terceros adquirentes de buena fe es un obstáculo para que la sentencia se ejecute (Auto TS de 9 de julio de 1992, Ar. 1992/6256. Ponente: Mariano BAENA DE ALCÁZAR).

Por otro lado, el TS (STS de 23 de abril de 2010, Ar. 2010/152986 Ponente FERNÁNDEZ VALVERDE) ha reconocido la acción pública urbanística en la fase de ejecución de la sentencia, dando un paso más en la concepción del urbanismo ambiental como un bien a proteger por la colectividad.

Por último, la reforma de la LRJCA de 2009 (art. 107) obliga a inscribir las sentencias anulatorias en un registro y a dar publicidad en diarios públicos y privados.

En definitiva, las sentencias en nuestro sistema están para ser cumplidas, no eludidas. Esa regla deberían de tenerla en cuenta tanto las Administraciones Públicas como los ciudadanos. De ella depende la salud del sistema urbanístico.

4. El control del contenido de los planes urbanísticos: hacia la reducción de la discrecionalidad

A) Planteamiento

La discrecionalidad administrativa como potestad otorgada por la Ley para optar entre distintas soluciones, todas ellas justas, tiene una manifestación de máxima intensidad en el planeamiento urbanístico, de donde deriva que, siendo ésta imprescindible, debe ser controlada en aras a la correcta protección tanto del interés público como de los administrados. Así las cosas, resulta claro que las técnicas generales de fiscalización de la discrecionalidad van a tener un reflejo capital en el ámbito urbanístico. Ello necesariamente ha de ser así pues, la Administración urbanística en virtud de esa discrecionalidad puede decidir donde dibuja el campo de futbol, el mercado municipal, la anchura de las calles y la altura de los edificios. Tiene por tanto una amplia libertad que, sin embargo, debe ser controlada por los jueces, como cualquier actuación de los poderes públicos en el Estado de Derecho. Para ello se han desarrollado unas técnicas de control de la discrecionalidad en el planeamiento urbanístico que alcanzan tanto a la clasificación del suelo como, sobre todo, a la calificación del mismo.

Obviamente, junto a los límites de la discrecionalidad se encuentran otros elementos de carácter reglado sobre los que la Administración no puede disponer y que también ha asumido la jurisprudencia, gracias en buena parte al debate abierto, hacia los años 90, por un sector de la doctrina sobre la necesidad de profundizar ese control y limitar, por tanto, el poder de la Administración. El tiempo, felizmente, les ha dado la razón. Un paso más hacia la reducción de las inmunidades del poder.

B) La competencia y el respeto al procedimiento legalmente establecido

La primera reducción del ejercicio de la potestad de planeamiento reside en los límites externos que derivan del respeto a las reglas de atribución de competencias y la necesidad de observar el procedimiento legalmente establecido. Ambas cuestiones constituyen elementos reglados del plan y por tanto, permiten un primer control de los tribunales.

De ese modo, existe incompetencia cuando una autoridad administrativa toma una decisión sin tener cualidad para hacerlo (sin tenerla atribuida como propia, es decir, sin estar habilitada por el ordenamiento a comportarse como lo ha hecho).

En el concreto campo del planeamiento urbanístico, la legislación del suelo, como sabemos, determina la competencia de los distintos órganos para iniciar, elaborar y aprobar los planes. La infracción de cualquiera de esas reglas da lugar a la nulidad del plan (así, STS de 31 de octubre de 1994. Ar. 7823. Modificación PGO comarca de Sabadell. Ponente: Jaime BARRIO IGLESIAS).

Por otro lado, la infracción de las reglas de procedimiento, de todos y cada uno de los actos de elaboración y aprobación de los planes debe ser castigada severamente y, en especial, la inobservancia de los trámites de audiencia e información pública. Al respecto, el Tribunal Supremo mantiene la invalidez del plan cuando: a) no se ha respetado ningún procedimiento; b) se olvida alguno de los trámites esenciales del procedimiento (aprobación inicial, provisional o definitiva) sin los cuales, el procedimiento se hace irreconocible (así por ejemplo, la no reiteración del trámite de información pública si se introducen modificaciones substanciales); c) Debía seguirse un procedimiento legalmente establecido y, en cambio, se observa otro, más sencillo, previsto para un plan distinto u otra actuación.

C) El control del fin: La desviación de poder

La desviación de poder es definida en el art. 70.2 LRJCA como el ejercicio de potestades administrativas para fines distintos de los fijados por el ordenamiento. Esta técnica de control de la legalidad de los planes (y también de los actos administrativos urbanísticos) se encuentra constitucionalizada en el art. 106. 1 CE. Bajo la misma denominación se incluyen tres tipos o clases de desviación de poder:

a) Desviación de poder absoluta o grosera: se produce cuando de la Administración dicta un plan separándose de la persecución del interés público e inspirándose en móviles particulares de la más variada gama (lucro personal, preferencias políticas, represalias; Así, STS de 16 de junio de 1986. Ar. 6771. PERI calle Pau Casals, Ripollet. Ponente: Aurelio BOTELLA TAZA).
b) En otras ocasiones, el ejercicio de la potestad de planeamiento persigue un interés público pero distinto a aquel para el cual se atribuyo esa potestad a la Administración. En estos casos, concurre la desviación de poder sutil o relativa pues la Administración ejercita una potestad concreta persiguiendo finalidades de interés general pero distintas a las encomendadas por la Ley (STS 8 de mayo de 1986. Ar. 4392. Modificación Plan General. Ponente: Antonio BRUGUERA MANTÉ).
c) Por último, puede producirse la desviación de procedimiento, es decir, la utilización por la Administración urbanística de un *procedimiento distinto al legalmente establecido*, con el fin de salvar ciertos trámites o controles que pueden resultar molestos. Así ocurre, por ejemplo, cuando se aprueba un plan siguiendo los trámites previstos para los actos administrativos o cuando se modifica una zona verde sin seguir el procedimiento específico establecido en la Ley urbanística o cuando se revisa un plan y se utiliza el procedimiento de modificación puntual, mucho más sencillo (STS de 27 de abril de 1983. Ar. 2279. Plan general. Barcelona. Ponente: Eugenio DÍAZ EIMIL).

Finalmente, señalar que la prueba de los hechos que forman el soporte de la desviación de poder corresponde a quien ejercita la pretensión anulatoria del plan. Y es suficiente una prueba por indicios, no siendo necesario para ello aportar en el pleito una prueba directa ni plena (STS de 1 de octubre de 1982. 6308 obras sin licencia. Ponente: Angel MARTÍN DEL BURGO Y MARCHÁN; STS de 29 de octubre de 1985. Ar.5325. Revisión Plan General Celrà. Ponente: Aurelio BOTELLA TAZA).

D) El control de los hechos determinantes: El control de su existencia y su calificación jurídica

La potestad de planeamiento, como toda potestad discrecional, se apoya en la existencia previa de unos hechos que actúan como presupuesto fáctico de la norma cuya aplicación se trata. De ese modo, si bien en este campo la Administración es libre para tomar la decisión que en cada caso estime más conveniente, teniendo en cuenta la realidad que en aquel momento afronta, no puede fundar nunca el ejercicio de ese poder discrecional sobre hechos que no existen o que, por las razones que fueren, han sido deformados o desfigurados. Como afirman E. GARCÍA DE ENTERRÍA y T. R. FERNÁNDEZ, la realidad es siempre una y sólo una: no puede ser y no ser al mismo tiempo o ser simultáneamente de una manera y otra. El milagro, podemos decir, no tiene cabida en el campo del Derecho Administrativo ni, por tanto, en el planeamiento urbanístico.

Una vez constatada la exactitud material de los hechos, el Juez debe comprobar si la calificación jurídica que de los mismos ha realizado la Administración es correcta. Esta labor, que en principio corresponde a la Administración, no es ya una cuestión de hecho, sino de derecho, sobre la que, finalmente, los tribunales van a ejercer su control. De ese modo, cada vez que un plan urbanístico subordina el ejercicio del poder discrecional de la Administración a la concurrencia de unos hechos y una determinada calificación jurídica, el Juez verifica si esas condiciones, impuestas por la norma, efectivamente se cumplen y, en especial, comprueba si los hechos presentan unas características concretas que justifiquen la decisión tomada.

Utilizando la técnica del control de los hechos determinantes en el campo del planeamiento, el Tribunal Supremo ha anulado la inclusión de una construcción en la lista de edificios objeto de protección especial prevista en las normas urbanísticas, tras comprobar que no cumplían las exigencias impuestas por el propio plan, *«pues ni databa del siglo XIX, ni de principios del XX como exigían las normas urbanísticas (se construyó en 1954-1955 y fue ampliado en 1980), ni tiene una significación histórica reseñable, ni los materiales empleados son destacables, ni, en definitiva, tiene una relevancia específica que pudiera erigirlo en elemento significativo de algún dato de cierta importancia»* (STS de 24 de octubre de 1990. Ar. 8331. Plan General. Barcelona. Ponente: Pedro ESTEBAN ÁLAMO). También ha declarado ilegal la decisión administrativa consistente en calificar una finca como suelo no urbanizable al *«no corresponderse, en modo alguno, con la realidad»* pues *«dispone de agua»*, existe *«un supermercado en funcionamiento, está delimitada por dos urbanizaciones», tiene «accesos rodados»* y *«existen todos los servicios que definen el suelo urbano»* (STS de 5 de diciembre de 1990. Ar. 9730. Normas subsidiarias de planeamiento de Bigues i Riells. Ponente: Pedro ESTEBAN ÁLAMO).

E) El control del núcleo de la discrecionalidad del plan: los principios generales de racionalidad, proporcionalidad, coherencia. El principio de interdicción de la arbitrariedad de los poderes públicos

La amplia discrecionalidad que posee la Administración urbanística cuando elabora un plan es controlada por una serie de técnicas que permiten al Juez declarar la invalidez de ciertas determinaciones de los planes. En todos los países de nuestro entorno se controla el núcleo de la discrecionalidad bien por incurrir en un error manifiesto de apreciación («erreur manifeste d'appréciation» según el Conseil d'Etat francés), en irracionalidad, contradictoriedad o incoherencia (de acuerdo con la jurisprudencia del Consiglio di Stato italiano), bien por vulnerar el mandato de ponderación (en palabras del Bundesverwalgusgeritcht alemán, BVerwG) o, en nuestro caso, de acuerdo con la doctrina jurisprudencial del Tribunal Supremo por infringir los principios generales de coherencia, racionalidad y proporcionalidad, dejando entonces de ser una opción discrecional y pasando a constituir una apreciación arbitraria, prohibida por el art. 9.3 CE.

La Administración se encuentra sometida a la Ley y al Derecho sin fisuras ni cortapisas (art. 9.1, 103.1 y 106 CE). En este sentido y partiendo de la concreción de la realidad de los hechos que determina la puesta en marcha de la potestad de planeamiento, la Administración debe proceder a motivar la opción discrecional elegida, explicando, en la memoria, las razones de hecho y de Derecho que la han llevado a adoptar una concreta decisión. De ese modo, y sin negar en absoluto que la Administración pueda optar entre las diversas soluciones, la que encuentre más acertada desde el punto de vista del interés público, se va a permitir al Juez que controle ese núcleo de la discrecionalidad mediante los principios generales del Derecho, y entre ellos, los de racionalidad de la actuación administrativa, proporcionalidad y congruencia en el desarrollo de los criterios de planificación. Si las razones que da la Administración para fundamentar su decisión son incongruentes con los hechos, insusceptibles de ser comprendidas por los ciudadanos o irracionales, probablemente ya deje de ser una opción discrecional y pase a incurrir de lleno en la arbitrariedad.

Tal comportamiento está vedado a los poderes públicos en virtud del art. 9.3 CE. De la razón a la que el Derecho no puede, en ningún caso, renunciar (dice T.R FERNÁNDEZ resumiendo esa doctrina), sólo puede escaparse con razones.

Veamos algunas resoluciones del Tribunal Supremo que aplican esta doctrina:

—STS de 18 de julio de 1988 (Ar. 5914. Revisión Plan General de Banyoles. Ponente: Paulino MARTÍN MARTÍN).

Con ocasión de la revisión del PGOU de Banyoles, se decidió prolongar la calle Divina Pastora, calle que en el tramo ya existente tenía una anchura de 10 metros pero que en la prolongación prevista se reducía a 5 metros. Este trazado no encuentra, a lo largo del proceso contencioso, explicación alguna. El perito señala que «no existe razón alguna que justifique la extraña configuración que en la Revisión del Plan se da a la vía mencionada, que queda estrangulada en su parte central, creándose con ello un autentico cuello de botella, causante de dificultades circulatorias en el sector».

La sentencia de instancia anula la determinación indicada por ser *«contraria a las más elementales reglas de racionalidad y del buen sentido»*.

El Tribunal Supremo confirma la sentencia, pues la discrecionalidad *«no supone una permisividad para actuar en contra las más elementales reglas de racionalidad y el buen sentido, sino que está limitada por ellas»*.

—STS de 15 de diciembre de 1986 (Ar. 1987-1139. Revisión Plan General de Terrassa. Ponente: Francisco Javier DELGADO BARRIO).

La cuestión litigiosa planteada por diversas empresas, con ocasión de la aprobación definitiva del PGOU de Terrassa, era la atribución de dos calificaciones distintas y contrapuestas para una determinada manzana: A-8, para la parte sur, referida a suelos del núcleo urbano, donde predomina la edificación industrial y de almacenamiento y en ellas se admiten industrias hasta de la 4ª categoría existiendo una que, según la parte demandante, es molesta por el intenso ruido, nociva por la emanación de polvo y peligrosa por la combustión de las materias primas y productos intermedios o acabados. Junto a esa calificación, se establece la E-2 que corresponde a equipamientos de nueva creación y para el supuesto litigioso se prevé una guardería y otro destino sociocultural. *«Así las cosas —dirá la Sentencia— y aun guardando la distancia de catorce metros prevista en el art. 271 de la normativa del plan, no resulta racional el establecimiento de una guardería infantil en la misma manzana en la que figura una industria como la descrita. Por muy severas y eficaces que sean las medidas correctoras aplicadas para hacer subsumible la industria litigiosa en el supuesto del art. 129 de la normativa del plan, resulta por lo menos inquietante la estancia habitual de niños en las proximidades de la mencionada industria y lo propio puede sostenerse respecto de un destino socio-cultural.»*

La sentencia concluye anulando la calificación y ordenando que el ayuntamiento realice otra, pues son posibles diversas soluciones y, por tanto, corresponde a la Administración determinar la nueva.

F) Los denominados poderes de sustitución del Juez: la STS de 15 de marzo de 1993 (Ar. 2523. Plan General de Granollers. Ponente: Francisco Javier Delgado Barrio)

Una vez anulada la decisión por exceder los límites de la potestad de planeamiento, el Juez de lo contencioso, en virtud de las reglas de la división de poderes (art. 9. 1, 103.1 y 106.1 CE) debe contentarse con esa decisión, dejando que sea la Administración urbanística la que señale su nuevo contenido (art. 71 LRJCA). Sin embargo, si de la anulación se deriva una única solución justa, el Juez de lo contencioso, en virtud de la tutela judicial efectiva (art. 24.1 CE), deberá fijar el nuevo contenido del plan.

La doctrina del Tribunal Supremo sobre la materia abordada queda pedagógicamente recogida en la STS de 15 de marzo de 1993 (Ar. 2523, Ponente: Fco. Javier Delgado Barrio). En ella se plantea el siguiente supuesto litigioso:

Aprobado definitivamente por la Comisión de Urbanismo de Barcelona el PGOU de Granollers, es impugnada la calificación de terreno sito en el núm. 47 de la calle Bisbe Grivé de esa localidad. El plan lo calificaba como «verde privado de interés especial», en tanto la parte demandante solicitaba la anulación de dicha calificación y la substitución por otra que debía ser «zona residencial en manzana cerrada».

El Tribunal, tras recordar su conocida doctrina sobre la necesaria racionalidad de la actuación administrativa y la consecuente coherencia que debe presidir el desarrollo de la planificación, entra a analizar si la calificación de verde privado de interés especial venía justificada por las características del suelo y por la reglas establecidas por el propio plan. Así, observa que existen dos criterios esenciales para realizar dicha calificación: la existencia de una vegetación a proteger y su integración en el entorno.

Por lo que se refiere al primero de los criterios —dirá el FJ 4º— se deducen de la prueba pericial practicada los siguientes datos:

> *«A) Se trata de «los restos de antiguos huertos desaparecidos, así como algún elemento como árbol de jardín, de forma aislada y de escaso interés, entremezclados de forma desordenada»*
>
> *B) No existe ningún árbol «destacable y vigoroso», ni siquiera «sano».*
>
> *C) Se aprecian en ellos distintas enfermedades, plagas, anomalías y alteraciones no parasitarias, así como mutilaciones y podredumbres.*
>
> *D) El suelo tiene un valor agronómico «mediano bajo», con una fertilidad pobrísima, estando más próximo a la calificación de «suelo malo».*
>
> *E) La finca presenta un alto grado de contaminación por su colindancia con una vía de intenso tráfico rodado, adolece de insuficiencia de luz «las plantas existente en dicho jardín carecen de los mínimos necesarios de iluminación», y el agua no es idónea para el riego del jardín, factores todos ello que inciden negativamente sobre sus plantas, desencadenando «un proceso irreversible de consecuencias letales a corto o largo plazo»*
>
> *En definitiva, el perito procesal, Jefe del Departamento de Jardines Históricos del Ayuntamiento de Barcelona, concluye indicando que el planificador no ha tenido en cuenta las circunstancias y factores que acaban de señalarse y que «condicionan de manera absoluta el huerto jardín de autos».*

Sobre la base de este dictamen pericial, el Tribunal Supremo entiende que no existía en el terreno litigioso una vegetación apta para provocar la subsunción en el art. 119 de las normas del plan impugnado.

Respecto al segundo de los parámetros previsto en la norma urbanística —su integración en el entorno— para otorgar la calificación de verde privado de interés especial, la Sala, apoyándose de nuevo en el informe pericial, considera que el solar de autos:

> *«está rodeado de grandes edificaciones, más concretamente de edificios entre medianeras vistas, lo que origina un resultado antiestético de intoxicación visual. En definitiva y como señalaba la propia Generalitat en otro momento, a su alrededor ha surgido un horizonte de cemento»*
>
> *«Y así las cosas —dice el TS—, ha de entenderse que ese horizonte de cemento circundante, integrado por las medianeras vistas, impide la integración del terreno litigioso en su entorno a título de jardín».*

De ese modo, concluye el Tribunal, *«debe anularse la calificación impugnada al no ajustarse a las exigencias de racionalidad que derivan del principio de interdicción de la arbitrariedad de los poderes públicos»*. Un segundo problema que se plantea la Sala es, una vez anulada la decisión administrativa, si puede calificar el terreno de acuerdo con el *petitum* de la demanda como «zona residencial en manzana cerrada». Al respecto el Tribunal dice:

> *«a) Si son posibles diversas soluciones, toda ellas lícitas y razonables, únicamente la Administración utilizando su potestad discrecional del planeamiento podrá decidir al respecto*
>
> *b) Por el contrario, los tribunales habrán de señalar la nueva calificación siempre si las líneas del planeamiento conducen a una única solución que se imponen ya por razones de coherencia —así sentencias de 22 de septiembre y de 15 de diciembre de 1986—. Así lo reclama el principio de efectividad de la tutela judicial —art. 24.1 CE— que quedaría claramente burlado si los Tribunales, contando con datos suficientes, no resolvieran todo lo necesario en relación con las cuestiones planteadas en el proceso.*
>
> *Y, en el caso de autos se comprueba que:*
>
> *a) El terreno litigioso se encuentra inmerso en un suelo que el planeamiento califica como zona I "residencial, en manzana cerrada", calificación esta que no sólo va referida a la manzana en la que se halla aquél sino también al suelo circundante.*
>
> *b) Dicho terreno aparece rodeado, como ya así se ha dicho, de edificios entre medianeras vistas que dan lugar a un «horizonte de cemento» que provoca una "intoxicación visual"*

Ocurre así, que los datos de hecho reclaman una solución urbanística que elimine la situación necesariamente provisional de las medianeras vistas para que queden ocultas, resultado este al que se llega precisamente manteniendo la coherencia del planeamiento, es decir, atribuyendo al terreno litigioso la calificación de los suelos circundantes —clave I— "residencial en manzana cerrada"»

G) Otros límites a la libre configuración de los planes urbanísticos. En particular, el principio de jerarquía, los estándares urbanísticos y las normas de directa aplicación

Entre los límites que deben respetar los planes urbanísticos y que derivan de su naturaleza normativa se encuentra, como decimos, en primer lugar el principio de jerarquía normativa (art. 9.3 CE y art. 13 TRLUC), según el cual el plan de rango inferior no puede modificar, contravenir o derogar el plan de rango superior, so pena de incurrir en nulidad de pleno derecho (art. 47.2 LPACAP). De igual modo, todos los planes han de respetar la legislación del suelo y sus reglamentos. Esta técnica de control alcanza su máxima relevancia en la relación plan general-plan parcial y ciertos planes especiales (Así, STS de 23 de abril de 1990. Ar. 3622. Plan Parcial Sant Domenech-Colomer, Sant Cugat. Ponente: Pedro ESTEBAN ÁLAMO). La jurisprudencia ha destacado la imposibilidad de modificar mediante un plan de rango inferior la estructura general y orgánica del plan general (STS de 17 de octubre de 1990. Ar. 8137. Plan Torreblanca de Sant Cugat. Ponente: Mariano DE ORO PULIDO), siendo especialmente importante en las relaciones plan general-plan especial, donde el principio de jerarquía se flexibiliza sin poder modificar, sin embargo, la estructura fundamental del plan general (STSJC, Sala de casación nº 8 de 22 de mayo de 2002. Ar. 2002,259165. Planes Especiales región metropolitana. Ponente: Emilio ARAGONÉS BELTRÁN).

Una segunda técnica de control es el respeto a los estándares urbanísticos, es decir, a aquel índice numérico mínimo establecido por la legislación del suelo cuya aplicación implica reservas de suelo óptimas para ciertos fines urbanísticos. El estándar urbanístico implica un mínimo de calidad de vida, un límite a la discrecionalidad del planeador y un parámetro de control y fiscalización del plan, siendo nulo aquel que no lo respete (así STSJC nº 478, de 11 de junio de 2008. Ar. 434, 317067 Plan General Metropolitano de Barcelona. Ponente: Manuel TÁBOAS BENTANACHS. Al respecto véase Tema III).

Por último, la legislación establece un conjunto de normas de directa aplicación, esté o no el planeamiento aprobado (así por ejemplo las servidumbres previstas en la Ley 22/1988, de 28 de 22 de junio, de Costas; las recogidas en Ley de Carreteras de 29 de julio de 1988; las normas relativas a la adaptación de las construcciones al ambiente donde se sitúan, art. 51 TRLUC. Al respecto, STSJC nº 269, de 1 de abril de 2005, Ar. 173817. Proyecto de Obras Sant Hilari Sacalm. [Ponente: Manuel TÁBOAS BENTANACHS]).

5. EL CONTROL PENAL

A) Cuestiones generales. Los delitos medioambientales, urbanísticos y contra la ordenación del territorio

Las decisiones de la Administración sobre el urbanismo, como toda actuación de los poderes públicos, puede ser contemplada bajo el prisma del Derecho penal, siempre y cuando incurran en algunos de los tipos previstos en el Código Penal, reformado por la Ley Orgánica 5/2010, de 22 de julio.

En él se tipifican los delitos relativos a la ordenación del territorio y el urbanismo, la protección del patrimonio histórico y el medio ambiente. Así, respecto a los delitos sobre la ordenación del territorio y el urbanismo, pueden ser cometidos por promotores, constructores o técnicos directores. La nueva regulación legal, agrava las penas y amplia los supuestos de estos delitos, que ya incluyen expresamente el concepto «urbanismo» en su redacción.

De ese modo castiga (art. 319.1) las obras de urbanización, construcción o edificación no autorizables (es decir ilegales e ilegalizables por ir contra el plan) en suelos destinados a viales, zonas verdes, bienes de dominio público o lugares que tengan legal o administrativamente reconocido su valor paisajístico, ecológico, artístico, histórico o cultural, o por los mismos motivos hayan sido considerados de especial protección.

En segundo lugar, esas mismas personas pueden ser castigadas si las actuaciones no autorizables se realizan en suelo no urbanizable (art. 319.2). Las penas en estos casos son inferiores, pues ya se trata de suelo no urbanizable por decisión del planeador y en el primer supuesto es suelo que el ordenamiento declara no urbanizable de especial protección.

La regulación legal supera felizmente la confusión en que incurría anteriormente con los conceptos «no autorizado» (es decir sin licencia) y «no autorizable» (sin licencia pero sin posibilidad de obtenerla por ser contrario al plan o las normas urbanísticas), castigando como delito sólo este último.

En cuanto a las penas, la nueva regulación aumenta las penas de prisión (como máximo cuatro años) y habilita al juez a adoptar otro tipo de medidas como son la demolición de la obra y la reposición a su estado originario de la realidad física alterada (que deberá adoptarse excepto que concurran causas que imposibiliten su adopción, debidamente motivadas).

Asimismo, se prevé el comiso de las ganancias provinentes del delito, multas que si son inferiores al beneficio obtenido serán aumentadas al «triplo del montante de dicho beneficio». También se recoge la posibilidad de concretar los daños y perjuicios a terceros.

El nuevo código penal incluye la posibilidad de que sean responsables de todo ello las personas jurídicas.

Por otro lado, se tipifica también el delito de prevaricación urbanística que puede cometer «la autoridad o funcionarios que, a sabiendas de su injusticia, hayan informado favorablemente instrumentos de planeamiento, proyectos de urbanización, parcelación, reparcelación, construcción o edificación o la concesión de licencias contrarias a las normas de ordenación territorial o urbanística vigente» o que con motivo de inspecciones se haya silenciado la infracción (olvidando que en el urbanismo catalán, por desgracia, no hay un cuerpo de inspectores urbanísticos) (Art. 320.1 CP). También puede cometerlo el miembro del órgano colegiado (por ejemplo, el integrante del pleno del ayuntamiento) que haya resuelto o votado a favor de la aprobación de planes, proyectos de urbanización, parcelación, reparcelación, construcción o edificación o concesión de licencias, a sabiendas de su injusticia (art. 320.2).

Asimismo y por otro lado, se regulan los delitos contra los recursos naturales y el medioambiente (arts. 325 a 331). La nueva regulación se traduce en la creación de nuevos tipos penales y en el aumento de las penas. El tipo básico castiga al que provoque o realice, de forma directa (por ejemplo, verter a un río agua contaminada) o indirecta (efectuar dicha conducta en un desague) emisiones (lanzar materiales al aire), vertidos (derramamiento o vaciado de líquidos) y otro tipo de conductas (radiaciones, extracciones o excavaciones, aterramientos, ruidos, vibraciones, inyecciones o depósitos, en la atmósfera, el suelo, el subsuelo o las aguas terrestres, subterráneas o marítimas, incluido el alta mar, así como las captaciones de aguas que puedan perjudicar gravemente el equilibrio de los sistemas naturales).

Evidentemente, para saber si dichas conductas son o no constitutivas de delito, habrá que acudir a la legislación administrativa y a la regulación efectuada por los distintos instrumentos de planeamiento, dado que nos encontramos ante leyes penales en blanco.

Como el delito ecológico es una modalidad de los delitos de peligro concreto, cuya consumación se produce por la creación del riesgo mediante la realización de algunas de las actuaciones previstas en el tipo penal, el actual código agrava la pena si ese riesgo de grave perjuicio lo fuese para la salud de las personas.

También se ven agravadas las penas, entre otras circunstancias, cuando la industria o actividad funciona sin la preceptiva autorización administrativa o contra la misma, habiendo falseado u ocultado información a la Administración sobre sus aspectos ambientales. Todas esas conductas únicamente pueden quedar delimitadas acudiendo a la regulación efectuada por los planes.

La nueva regulación, que recoge expresamente la responsabilidad penal de las personas jurídicas, amplia las referencias a los delitos de establecimiento de depósitos o vertederos de residuos tóxicos, incluyendo, entre otros, la gestión ilegal de residuos o la prevaricación ambiental. También se prevé la obligación de reparar los daños causados como consecuencia de la acción u omisión delectiva (art. 109 CP).

B) Las relaciones entre la responsabilidad administrativa y la responsabilidad penal. El principio «non bis in ídem»

En determinadas ocasiones, ciertas conductas, además de ser constitutivas de una infracción urbanística, también pueden generar responsabilidades en el orden penal. Concretamente, pueden ser incardinadas en alguno de los tipos penales previstos en los artículos dedicados a la ordenación del territorio y el urbanismo, a los delitos contra los recursos naturales y el medio ambiente o los relativos a la protección de la flora y fauna, todos ellos recogidos en la reforma del código penal hecha por la Ley Orgánica 5/2010.

Por este motivo, según establece el art. 273.1 del RLUC, cuando con ocasión de la tramitación de expedientes de protección de la legalidad urbanística se considerara que los hechos que motivaron su incoación pudieran ser constitutivos de un ilícito penal, el órgano competente para su resolución deberá comunicar tal circunstancia tanto a la autoridad judicial como al Ministerio Fiscal. Así, en los casos en los que por parte de la autoridad judicial se haya incoado un proceso penal y el instructor constate la identidad de los hechos, sujetos y fundamentos, este suspenderá la tramitación del procedimiento de protección de la legalidad urbanística (en cuanto al procedimiento sancionador), en los términos señalados por el Decreto 278/1993, en tanto en cuanto no recaiga una resolución en el proceso penal (art. 273.2 RLUC).

No obstante, el apartado 3 del art. 273 RLUC, señala que la substanciación del proceso penal no impedirá el mantenimiento de las medidas provisionales adoptadas, la adopción de otras medidas provisionales, ni la adopción y ejecución de las medidas de restauración de la realidad física alterada o del orden jurídico vulnerado que procedan puesto que, como ya se ha señalado, estas medidas no tienen carácter sancionador.

Todo lo anterior nos conduce necesariamente a hablar del principio *non bis in ídem* que presenta una doble vertiente o si se prefiere un doble significado:

1) Por un lado, su aplicación impide que una misma persona sea sancionada dos veces por una misma infracción, cuando exista una identidad entre sujeto hecho y fundamento (*non bis in ídem material*; STC 2/81, de 30 de enero y art. 131.1 LRJSP).
2) Por otro lado, se trata de un principio procesal en cuya virtud un mismo hecho no puede ser objeto de dos procesos distintos (*non bis in ídem procesal*; STC de 77/83 de 3 de octubre; STC 177/99, de 11 de octubre).

De ese modo, existe una subordinación de los procedimientos administrativos sancionadores al proceso penal. Así, cuando un mismo hecho puede ser objeto de ambas actuaciones, la Administración urbanística debe poner en conocimiento del Juez penal esos hechos y paralizar la actuación. La resolución penal vincula en dos momentos, a saber: a) Si los hechos no han existido, esa declaración con vistas a no resucitar la doctrina de las dos verdades, no puede ser contradicha por la Administración; b) Aún existiendo los hechos, si no queda acreditado que el expedientado sea el autor de los mismos, la Administración no podrá sostener lo contrario.

Esta lógica doctrina sufrió un cambio radical (del que discrepamos profundamente) a partir de la STC 2/2003, de 16 de enero, que reinterpreta el *principio non bis in ídem*, en el sentido que, cuando por la comisión de una misma infracción por parte de un mismo sujeto se producía una dualidad de enjuiciamientos (al no suspender la Administración la tramitación del procedimiento Administrativo mientras se substanciara el proceso penal), este principio no se vulnera si por parte del órgano judicial penal se descuenta la sanción administrativa a la pena impuesta. Tal doctrina es la seguida en la actualidad por el Tribunal Constitucional y la podemos ver reflejada en sentencias más recientes como la STC 48/2007, de 12 de marzo o la STC 91/2008, de 21 de julio.

Asimismo, y para finalizar, la legislación urbanística catalana ha dado entrada a la teoría de los concursos de infracciones elaborada en el ámbito penal (art. 224 TRLUC, STS de 28 de febrero de 1983. Ar. 1062, licencia de obras. Ponente: José María SÁNCHEZ DE ANDRADE Y SAL; STS de 9 de marzo de 1987. Ar. 3516, tala de árboles y movimiento de tierras sin licencia. Ponente: Paulino MARTÍN MARTÍN), modulando la responsabilidad sancionatoria en determinados supuestos. Así, cuando una misma persona comete varias infracciones entre las que hay una relación causa-efecto (por ejemplo, una tala de árboles, parcelación y construcción ilegal) o un mismo hecho es constitutivo de varias infracciones (un residuo daña a distintos animales protegidos, un único disparo mata a dos animales), debe ser aplicada esta doctrina.

6. LA COMPETENCIA DEL ORDEN JURISDICCIONAL CIVIL

Si bien la jurisdicción contencioso-administrativa es, en general, la encargada de controlar la aplicación de la legislación urbanística, el art. 9.2 LOPJ atribuye a los jueces civiles el conocimiento de las materias que les son propias y de todas aquellas que no estén atribuidas a otro orden jurisdiccional. Así, en primer término, el Juez civil es competente para conocer todas aquellas cuestiones de propiedad, incluso aquellas que estén amparadas en previa licencia. Según el art. 73.1 ROAS, la licencia se otorga «*salvo el derecho de propiedad y sin perjuicio del derecho de terceros*». La licencia (en particular la de obras) no es título administrativo que cree nuevos derechos, sino que es un acto administrativo que permite a su destinatario ejercitar aquellos derechos que ya tuviere en su patrimonio, de los que ya era titular. En el orden civil, la Administración ni ampara ni deja de amparar al titular de la licencia frente a terceras personas.

De ese modo, y en segundo lugar, los Tribunales de la jurisdicción civil son los competentes para examinar los conflictos entre particulares provocados por las relaciones de vecindad recogidas en el Libro V del Código Civil de Cataluña de 2006 (Cap. VI, art. 546). Así, pueden surgir conflictos, a modo de ejemplo, con vallas medianeras, no medianeras, distancias de árboles, balcones, piscinas, excavaciones, pozos, pasos de agua, luces, vistas, ventanas, edificios en mal estado o inmisiones.

Estas relaciones de vecindad continuarán siendo competencia del Juez civil aunque, algunas de ellas, también han sido administrativizadas, particularmente por la Ley de protección integral de la Administración ambiental.

La responsabilidad por daños (ambientales, urbanísticos) en el ámbito civil viene regulada, fundamentalmente, en el art. 1902 Cc. Los requisitos son la existencia probada de una acción u omisión culposa o negligente (es decir, subjetiva), una prueba del daño efectivo y una relación de causalidad entre la acción u omisión culposa o negligente y el daño.

En nuestro ámbito, este sistema no ha sido efectivo, pues basta la mera vigencia de una licencia o autorización para evitar la responsabilidad subjetiva e, incluso, para romper la relación de causalidad.

Además, es un sistema que defiende los derechos subjetivos de los particulares y no el medio ambiente o los recursos naturales en sí mismos considerados. Así, las restricciones a la legitimación (circunscrita a la titularidad de un bien o derecho), unido a la falta de efecto preventivo y al contenido de las sentencias que hacen primar la indemnización sobre la reparación del daño, provoca que sea una regulación muy insuficiente.

Otra cuestión que tradicionalmente era competencia de la jurisdicción civil se refería a la actuación administrativa llevada a cabo a través de la vía de hecho, es decir, de espaldas al Derecho. En los casos groseros y evidentes en que la Administración actuaba sin competencia alguna para hacerlo o despreciando el procedimiento a seguir, el ordenamiento entendía que la Administración actuaba desposeída de sus prerrogativas y privilegios (era un particular más) y el control de su actuación se atribuía a la jurisdicción civil mediante los procesos interdictales (art. 125 LEF, art. 105 LPACAP) (Al respecto, SSTS de 10 de febrero de 1987. Ar. 2926. Orden derribo valla. Ponente: Antonio BRUGUERA MANTÉ; de 20 de diciembre de 2002. Ar. 209 normas subsidiarias de planeamiento. Ponente: Ricardo ENRÍQUEZ SANCHO).

En la actualidad, sin embargo, y desde la regulación del recurso contencioso administrativo admitiendo la impugnación de la vía de hecho (art. 30 LRJCA), algunos tribunales civiles se declaran incompetentes para examinar las actuaciones anteriormente apuntadas (así SAP Tarragona, sección 1ª, de 1 de julio de 2003. JUR 2003/256108; STS, Sala de lo contencioso, de 22 de septiembre de 2003. Ar. 6433. Vía de hecho expropiatoria. Ponente: Rafael FERNÁNDEZ MONTALVO). Otros, en cambio, son partidarios de la compatibilidad de ambas vías, civil y contencioso-administrativa (así AP Barcelona, sentencias de 11 y 25 de Junio de 2004). Ello ocurrirá cuando, por ejemplo, la obra no tenga plan que le de cobertura, o invada terrenos sin seguir procedimiento alguno. Ahora bien, a nuestro juicio, los argumentos para mantener la competencia de la jurisdicción en estos casos no han desaparecido, y, por tanto, son vías compatibles que el interesado debería poder elegir (en este sentido STC 160/91, de 18 de julio) dando de esa forma una mayor potencialidad a la tutela judicial efectiva recogida en el art. 24.1 CE.

7. El control que ejerce el Tribunal Constitucional. El papel del Tribunal Europeo de Derechos Humanos. El tribunal de Justicia de la Unión Europea

Frente a las violaciones de los derechos fundamentales y las libertades públicas incluidas en los artículos 14 a 29 y 30.2 CE, originados por disposiciones, actos jurídicos o simples vías de hecho de los poderes públicos, podrá accionarse ante los órganos judiciales del orden contencioso-administrativo el proceso especial de protección de los derechos fundamentales (arts. 114 a 122 LRJCA). Una vez agotada la vía jurisdiccional previa, puede acudirse al Tribunal Constitucional.

En el ámbito urbanístico de Cataluña, la posibilidad de utilizar esta vía procesal viene limitada ya que el derecho urbanístico incide fundamentalmente en el derecho de propiedad (art. 33 CE) que queda al margen de la protección por este proceso (art. 53º 1 CE). Lo mismo ocurre con la aplicación del derecho de igualdad y no discriminación recogido en el artículo 14 CE pues, por definición, el urbanismo, el plan y su contenido es desigual. Sin embargo, sí se aplica en la gestión urbanística, como fruto del principio de equidistribución de beneficios y cargas. (Así STS de 24 de abril de 1989. Ar. 3226, delimitación unidad de actuación. Ponente: J. García Estartús). Alguna resolución también lo aplica a la calificación y clasificación del suelo (STS de 27 de abril de 1983. Ar. 2279, Plan General Metropolitano de Barcelona. Ponente: E. Díaz Eimil).

Respecto a la no apertura del trámite de información pública en el procedimiento de elaboración de planes, en la STC 119/95, de 17 de julio (Ar. RTC 1995\119) el TC ha considerado que queda al margen de la protección del art. 23.1 CE, que reconoce el derecho de los ciudadanos a participar en los asuntos públicos. El mismo recogería las distintas formas de democracia directa y por medio de representantes. En consecuencia, la actuación administrativa en el planeamiento urbanístico no supone, según el TC, una participación política en sentido estricto, sino un derecho de participación funcional o procedimental *«que garantiza tanto la corrección del procedimiento como los derechos e intereses legítimos de los ciudadanos»* pero que queda al margen de la protección reforzada que proporciona el artículo 23.1 CE.

Por el contrario, puede ocurrir que la inactividad de la Administración Pública permita actuaciones sin licencia que vulneren la normativa de protección integral de medioambiente (ruidos, humos, obras). También que una planificación urbanística incorrecta provoque una intromisión ilegítima en el domicilio de los ciudadanos a través del ruido u otra actividad molesta insaluble o nociva produciéndose así una vulneración del derecho a un medio ambiente digno (art. 45 CE) y, por conexión, una infracción del derecho a la inviolabilidad del domicilio (art. 18 CE) y una vulneración del art. 8 CEDH que protege el derecho a la vida privada y familiar de la que el derecho a la tranquilidad en el domicilio propio es un claro exponente. Aquí, aunque el particular provoque la actividad, se condena al «Reino de España», a los poderes públicos por daños y perjuicios (Así STEDH de 9 de diciembre de 1994, caso López Ostra; STEDH de 16 de noviembre de 2004, caso Moreno Gómez).

Por último, el TEDH en la Sentencia de 9 de noviembre de 2005, Saliba contra Malta, ha declarado que los daños y perjuicios que puedan ocasionarse a terceros de buena fe no afectan a la orden de demolición, siempre onerosa. Por ello, esta circunstancia no debe ser un obstáculo para su cumplimiento.

Por otro lado el TJUE, órgano judicial encargado del control del cumplimiento del Derecho europeo (con sede en Luxemburgo), es competente para vigilar el cumplimiento de la normativa con incidencia urbanística, en especial de la normativa ambiental, por lo que resulta factible acudir a este órgano vía recurso por incumplimiento o a través del planteamiento de una cuestión prejudicial, en los supuestos en que la normativa interna o las decisiones concretas de los poderes públicos vulneran el derecho europeo, en particular, las directivas. En este sentido, es importante la STJUE de 16 de febrero de 2012 (Aeropuerto de Lieja - Bierset y Charleroi - Bruselas Sur). En ella se declara que la jurisdicción contenciosa-administrativa es competente para conocer y aplicar el derecho europeo (en este caso, la Directiva Hábitats), inaplicando los actos legislativos emanados de los parlamentos estatales (o autonómicos) que puedan vulnerarlo (en el caso de autos se trataba de la ampliación de aeropuertos hecha por ley, que no habían realizado debidamente la evaluación de impacto ambiental del proyecto).

8. La responsabilidad patrimonial de la Administración pública por actos urbanísticos

La responsabilidad patrimonial de la Administración Pública es un sistema constitucionalizado por el artículo 106.2 CE, según el cual *«los particulares, en los términos establecidos por la ley, tendrán derecho a ser indemnizados por toda lesión que sufran en cualquiera de sus bienes y derechos, salvo en los casos de fuerza mayor, siempre que la lesión sea consecuencia del funcionamiento de los servicios públicos»*; y cuya regulación compete fundamentalmente al Estado, en base el artículo 149.1.18ª CE. Así, su régimen general lo encontramos en los artículos 32 a 37 LRJSP y respecto al procedimiento en la LPACAP.

Consecuentemente la responsabilidad patrimonial concurrirá cuando se den los requisitos exigidos por la LRJSP, que cómo establece la doctrina jurisprudencial son:

a) La efectiva realidad del daño o perjuicio, evaluable económicamente e individualizado en relación a una persona o grupo de personas.
b) Que el daño o lesión patrimonial sufrida por el reclamante sea consecuencia del funcionamiento normal o anormal de los servicios públicos en una relación directa e inmediata y exclusiva de causa a efecto, sin intervención de elementos extraños que pudieran influir, alterando el nexo causal.

c) Ausencia de fuerza mayor.
d) Que el perjudicado no tenga el deber jurídico de soportar el daño causado por la Administración.

En el ámbito urbanístico la responsabilidad patrimonial se encuentra recogida, además, en el Real Decreto Legislativo 7/2015, de 30 de octubre, que aprueba el Texto Refundido de la Ley de Suelo y Rehabilitación Urbana (TRLS), concretamente en su artículo 48. Esta específica previsión es consecuencia de la función social y del régimen estatutario del derecho de propiedad, lo que ha llevado al conocido principio de no indemnizabilidad por el ejercicio del *ius variandi*. Es decir, la Administración Pública puede alterar la ordenación territorial y urbanística cuando lo considere necesario para adaptar su configuración a la realidad vigente en cada momento, en base al interés general, restando sujeto a ella el contenido del derecho de propiedad. Por consiguiente, los propietarios sólo pueden exigir una indemnización en los supuestos legalmente tipificados, tal como dispone el artículo 4 TRLS:

> *«la ordenación territorial y urbanística son funciones públicas no susceptibles de transacción que organizan y definen el uso del territorio y del suelo de acuerdo con el interés general, determinando las facultades y deberes del derecho de propiedad del suelo conforme al destino de éste. Esta determinación no confiere derecho a exigir indemnización, salvo en los casos expresamente establecidos en las Leyes».*

Así, el derecho a ser indemnizado en el ámbito urbanístico es una excepción al referido principio general, lo que ha obligado al legislador estatal a concretar, desde la primera Ley del Suelo de 1956, los supuestos en que la Administración Pública debe de responder, supuestos que se añaden a los previstos con carácter general por la LRJSP.

Además, la ordenación del territorio y el urbanismo es competencia autonómica y, por ello, el Tribunal Constitucional en su sentencia 61/1997, de 20 de marzo reconoció el derecho de las

Comunidades Autónomas a establecer nuevos supuestos indemnizatorios:

> «el art. 149.1.18º CE no puede excluir que, además de esa normativa común que representa el sistema de responsabilidad para todo el territorio, las Comunidades Autónomas puedan establecer otros supuestos indemnizatorios en concepto de responsabilidad administrativa, siempre que, naturalmente, respeten aquellas normas estatales con las que en todo caso habrán de cohonestarse y sirvan de desarrollo de una política sectorial determinada. En ese sentido, la eventual regulación de nuevos supuestos indemnizatorios en el ámbito de las competencias exclusivas autonómicas constituye una garantía —indemnizatoria— que se superpone a la garantía indemnizatoria general que al Estado compete establecer».

Por ello, la Ley de Urbanismo de Catalunya (TRLUC) en su artículo 115 regula los supuestos indemnizatorios, aunque sólo concreta determinadas especialidades de la normativa estatal, sin incorporar nuevas situaciones indemnizables. Consecuentemente, en Catalunya, la regulación de la responsabilidad patrimonial de la Administración por actos urbanísticos no puede regirse simplemente por el mencionado precepto, sino que debemos remitirnos a lo establecido por la normativa estatal, tanto al TRLS como a la LPACAP. Así lo establece el apartado 2 del artículo 115 TRLUC cuando dice que *«los supuestos de indemnización por razones urbanísticas se regulan por la legislación que les sea aplicable y por esta Ley»*. (MONTORO CHINER-DOMENEC SIBINA).

Según el artículo 48 TRLS, la Administración Pública debe responder en los siguientes supuestos:

a) Cuando se alteren las condiciones de ejercicio de la ejecución de la urbanización, o de las condiciones de participación de los propietarios en ella, por cambio anticipado de la ordenación territorial o urbanística o del acto de adjudicación de dicha actividad (arts. 48.a) TRLS).

Con el nuevo redactado, no es únicamente el cambio del plan urbanístico el susceptible de indemnización, sino también la alteración anticipada de los planes de ordenación territorial (así STS de 27 de Junio 2006, ar 4752, Ponente: Margarita ROBLES FERNÁNDEZ). Pero además ya no se exige que la lesión sea una reducción del aprovechamiento urbanístico, sino que es suficiente la simple alteración de las condiciones de ejercicio de la ejecución de la urbanización o de la participación de los propietarios en ella.

Para este último supuesto también debemos dirigirnos al artículo 38 TRLS, que trata expresamente cómo valorar y qué requisitos deben concurrir para la indemnización de la facultad de participar en actuaciones de nueva urbanización. En este sentido, el artículo 115.3 TRLUC exige que los terrenos cuenten con *«el planeamiento derivado definitivamente aprobado, cuando este sea necesario, y en todo caso, con la aprobación definitiva de los proyectos de urbanización y de reparcelación, cuando sea de aplicación dicho sistema de actuación»* reduciendo de forma más que discutible el derecho de indemnización de los particulares.

Uno de los rasgos característicos de dicha regulación es que el artículo 38 TRLS será aplicable siempre que no se hubiera iniciado la actuación de urbanización. En caso contrario será de aplicación el precepto siguiente, el 39 TRLS, sobre la *«indemnización de la iniciativa y la promoción de actuaciones de urbanización o de edificación»*.

b) Las situaciones fuera de ordenación producidas por los cambios en la ordenación territorial o urbanística serán susceptibles de indemnización cuando se impida usar y disfrutar lícitamente de la construcción o edificación durante su vida útil (art. 48.a) TRLS).

c) Cuando concurran vinculaciones o limitaciones singulares impuestas por la ordenación urbanística que excedan de los deberes legalmente establecidos respecto de construcciones y edificaciones, o lleven consigo unas restricciones de la edificabilidad o al menos que no sean susceptibles de distribución equitativa (arts. 48.b) TRLS 2015). Su fundamento recae en la quiebra del principio constitucional de igualdad ante las cargas públicas (art. 31 CE), imponiendo de esta forma un sacrificio especial al propietario por la existencia de un interés general, como puede ser la preservación de valores históricos, culturales, etc. Sin embargo esta limitación o vinculación singular debe de ser compensada.

Hay dos tipos de vinculaciones o limitaciones singulares indemnizables:

— Las que excedan de los derechos legalmente establecidos respecto de construcciones y edificaciones.
— Las que lleven consigo una restricción de la edificabilidad o el uso (o lo que es lo mismo, una restricción del aprovechamiento urbanístico del suelo) que no sea susceptible de distribución equitativa.

El legislador catalán ha especificado que en ningún caso tendrá esta consideración «*el reconocimiento por un instrumento de planeamiento urbanístico de usos y edificabilidades preexistentes*» (art. 115.6 TRLUC).

d) Cuando se produzca la modificación o extinción de la eficacia de los títulos habilitantes de obras y actividades por el cambio sobrevenido de la ordenación territorial o urbanística (arts. 48.c) TRLS 2015).

A diferencia del régimen anterior, ya no se habla de licencias urbanísticas, sino de títulos habilitantes de obras y actividades, con lo cual se amplía su regulación no sólo a las licencias o autorizaciones, sino también a las órdenes de ejecución, proyectos de obras, comunicaciones, etc. Además, dichos títulos pueden ser referidos a obras y actividades, en cambio la legislación anterior sólo regulaba la indemnización cuando se afectaban las licencias de construcción o edificación. Otro rasgo diferente es que ahora no se distingue entre si la edificación se ha iniciado o no, resultando su ámbito mucho más amplio, comprendiendo todas las posibles situaciones desde el momento del otorgamiento del título administrativo habilitante hasta la finalización de las obras de construcción o edificación.

e) Cuando tenga lugar la anulación de los títulos administrativos habilitantes de obras y actividades, la demora injustificada en su otorgamiento, o bien su denegación improcedente (art. 48.d) TRLS 2015). Con ello se regula la indemnización por el funcionamiento anormal de la Administración Pública en las concesiones de dichos títulos, a menos que exista dolo, culpa o negligencia graves imputables al perjudicado. De ese modo, resultan indemnizables las obras y edificaciones hechas al amparo de una licencia otorgada por el ayuntamiento que luego es declarada ilegal (STS de 20 de Enero 2005, recurso número 4644/2001).

f) Cuando se ocupen terrenos destinados por la ordenación territorial y urbanística a dotaciones públicas, desde la ocupación hasta la aprobación definitiva del instrumento por el que se adjudiquen al propietario otros de valor equivalente (art. 35.e) TRLS 2015). Esta es la primera vez que el legislador estatal incluye dicho supuesto indemnizatorio.

Los propietarios también tienen derecho a ser indemnizados por todos aquellos gastos y costes realizados durante el proceso urbanizador que resulten inservibles, a causa de la alteración de la ordenación territorial o urbanística (art. 39.1 TRLS 2015).

A lo largo de su articulado, el TRLS 2015 contiene dos supuestos indemnizatorios más:

1) La iniciativa privada a la ejecución de la urbanización da derecho a sus titulares a consultar a la Administración competente todo aquello relacionado con dicha actividad. Ahora bien, si se alteran los criterios y previsiones facilitados en la contestación, los propietarios o terceros urbanizadores tendrán derecho a recibir una indemnización por los gastos realizados en la elaboración de los proyectos necesarios que resulten inútiles (art. 9.2 TRLS 2016).
2) Cuando los particulares tengan la iniciativa de los procedimientos de aprobación de instrumentos de ordenación o de ejecución urbanística y sus solicitudes no sean resueltas dentro del plazo máximo establecido, tendrán derecho a ser indemnizados por los gastos incurridos para la presentación de

dichas solicitudes, a menos que deban entenderse aprobados por silencio administrativo (art. 25.5 TRLS).

Ahora bien, la posible responsabilidad de la Administración no se limita únicamente a estos supuestos. Como hemos dicho, cuando concurran otras situaciones que no estén tipificadas expresamente por la legislación urbanística, los ciudadanos lesionados también tendrán derecho a ser indemnizados siempre que se den los requisitos exigidos por el sistema general de responsabilidad patrimonial de la Administración, esto es, la LRJSP y LPACAP.

9. La responsabilidad ambiental

Junto a la visión tradicional de la responsabilidad que hemos visto hasta ahora, y que se basa, fundamentalmente, en la reclamación por daños urbanísticos o ambientales cuando se lesionan bienes y derechos privados de las personas, existe otra, más moderna, basada en la reparación de los recursos naturales dañados, cuya lesión no es necesario individualizar. Es, por tanto, un sistema que complementa al anterior y que previene o repara los daños significativos a los recursos naturales sin necesidad que exista lesión de derecho subjetivo alguno. Proteger al medio ambiente de manera pura, objetiva. El punto de partida, fuera del marco jurídico, está excelentemente relatado en la obra «La tragedia de los bienes comunales» (*The Tragedy of the Commons*, de Garret Hardin. Science, 1968, perfeccionado por Elinor Ostrom, Premio Nobel de Economía 2009), y se basa en demostrar que hay recursos naturales comunes a todos nosotros que a casi nadie importan, que por no existir mecanismos de defensa, preventivos y reparadores, están siendo gravemente perjudicados, pues las personas únicamente se preocupan de extraer sus frutos, explotarlos (pesca abusiva, caza incontrolada, deforestación). No existe el control que se atribuye a la propiedad privada.

Es la Directiva 2004/35 CE sobre responsabilidad en materia de prevención y restauración de los daños ambientales (Directiva ELD, *Environmental Liability Directive*), la que restablece el sistema y que ha sido transpuesta en nuestro ordenamiento por la Ley 26/2007, de 23 de octubre, de Responsabilidad Medioambiental (LRM modificado por Ley 11/2014 de 3 de julio) y el RD 2090/2008, de 22 de diciembre, que desarrolla la Ley respecto a ciertos criterios y valoración de daños.

Esa normativa parte del tradicional principio europeo de «quien contamina paga» y, una vez más, es el punto de conexión entre el medioambiente y el urbanismo.

En apretada síntesis, el nuevo sistema, siguiendo a BLANCA LOZANO, es el siguiente:

a) Es un sistema que complementa al anterior y que protege los daños significativos a los recursos naturales, previniendo y reprimiendo los que se produzcan en especies silvestres y hábitats; aguas; suelo; ribera del mar y las rías. Excluye los daños tradicionales a las personas o bienes privados.

b) Permite la reclamación en un plazo máximo de 30 años desde la cesación o el suceso causante del daño.

c) Aplica un sistema de responsabilidad objetiva para las empresas incluidas en el Anexo III de la Ley, que en síntesis son los sectores de más riesgo (empresas químicas, hidrocarburos). Aquí, por tanto, no incidirá pues si la empresa tenía o no autorización para actuar; lo importante es que se haya producido un daño que hay que reprimir.

d) Son las Administraciones Públicas las que deben actuar en la prevención y restauración de los daños ambientales. Son ellas, por tanto, las que deben actuar, y si no lo hacen es la jurisdicción contenciosa la encargada de controlar su inactividad.

e) Existe una amplia legitimación para accionar este sistema. No olvidemos que, cada vez más, en materia ambiental se están superando, como sucedió anteriormente en el ámbito urbanístico, las restricciones a la legitimación. En esta línea, no debemos olvidar los avances de la Ley 27/2006, de acceso a la información ambiental que otorga la legitimación activa a las asociaciones que reconocen en sus estatutos la protección ambiental como uno de sus fines, actúan en el territorio en el que el hecho se ha producido y haga más de dos años que se han constituido (evitando así constituciones de asociaciones *ad hoc*). Además, obviamente se reconoce la legitimación activa a cualquier interesado (art. 4 LPACAP) a los legitimados tradicionales en el contencioso administrativo (art. 19 LRJCA) y al ministerio fiscal, como una prueba más de la importancia de esta nueva vía de control.

f) Respecto a los objetivos del sistema, como hemos dicho, se concretan en la prevención y la reparación. Aquí no se indemniza, sino que se restaura. Para ello se obliga a las empresas a la constitución de un sistema de garantía financiera (seguro de responsabilidad medioambiental), sistema que obliga a adaptar el funcionamiento de la empresa a las exigencias medioambientales. Este es el punto más débil del sistema diseñado por la Directiva, dice BLANCA LOZANO, que debería haber adoptado un sistema armonizado a nivel de la UE de seguro obligatorio. Al no hacerlo así, se está dificultando su implantación. La modificación legislativa de 2014 intenta potenciar esta vía de resarcimiento de daños. Para ello, amplia el concepto de daño medioambiental, incluyendo el causado al estado ecológico de las aguas marinas no cubiertas por la Ley de Aguas; se incluyen los daños causados por obras públicas de interés general; y se perfecciona el cálculo para determinar la cantidad objeto de garantía financiera.. En definitiva, un sistema que completa las vías anteriores y que protege el medioambiental, el urbanismo en su estado más puro, abriendo las vías de control de los tribunales de lo contencioso-administrativo y del TJUE en caso de incumplimiento del derecho europeo en la materia. (Carles G. Rocasalva.)

Bibliografía y jurisprudencia. Para ir más lejos

El control en la aplicación de las leyes urbanísticas es la clave del respeto a las reglas del Estado de Derecho. Sobre los aspectos generales ver las actas, ponencias y comunicaciones del III Congreso de la Asociación Española de Profesores de Derecho Administrativo, celebrado en Granada y posteriormente publicado por el IAAP, Granada 2008. En concreto los trabajos de Rafael Gómez Ferrer Morant. «El control de la legalidad urbanística ¿que legalidad?» y, del mismo título el trabajo de Eva Desdentado Daroca.

Sobre la corrupción véase Blanca Lozano Cutanda. «Urbanismo y corrupción: algunas reflexiones desde el Derecho Administrativo, RAP, nº 172, 2007, pp. 339 y ss. Menéndez Rexach, A. (editor) «Urbanismo y corrupción». Universidad Autónoma de Madrid y Ministerio de la Presidencia, Madrid 2008.

En general, sobre las vías procesales para controlar los planes urbanísticos (contenciosa, civil, penal, TEDH) y el control de su contenido véase J. M. Trayter. «El control del planeamiento urbanístico», Ed. Civitas, Madrid 1996. Victor Manuel Escartin Escude y Carmen Guerrero Manso, La impugnación directa en vía administrativa de los planes urbanísticos a la ley de la reciente jurisprudencia del Tribunal Supremo, en AAVV, (E. García de Enterría - Ricardo Alonso [dir.]), *Administración y Justicia, libro amicorum a Tomás-Ramón Fernández*, Ed. Civitas, Madrid 2012, pp. 1036 y ss.

Fernández López, Ramón, «Tipología casacional de las vinculaciones del planeamiento urbanístico», Revista de Derecho Urbanístico y Medio Ambiente, núm. 339, 2020, pp. 19-52.

Fernández Torres, J.R., «Urge una reforma del contencioso urbanístico"», *Revista de Urbanismo y Edificación* núm. 43, 2019; Suay Rincón, José, «La "afectación" de la anulación de los Planes de Urbanismo a sus actos de ejecución: la perspectiva de la Ley Jurisdiccional», *Revista de Derecho Urbanístico y Medio Ambiente* núm. 324, 2018.

FERNÁNDEZ, Tomás - Ramón., «Dos nuevas sentencias del Tribunal Supremo sobre la nulidad de los planes de ordenación», *Revista de Urbanismo y Edificación*, núm. 45, 2020, pp. 251-262

Sobre las medidas cautelares, por todos, E. GARCÍA DE ENTERRÍA, La batalla por las medidas cautelares, Ed. Civitas, Madrid 2003.

Sobre el control de la discrecionalidad del urbanismo, en general, véase T. R. FERNÁNDEZ. «De la arbitrariedad de la Administración», Ed. Civitas, Madrid 1994. Este trabajo lo escogemos pues resume el contenido de otros del autor. También, y desde una visión distinta, M. SÁNCHEZ MORÓN. «Discrecionalidad administrativa y control judicial». Ed. Técnos Madrid 1994. J.M. TRAYTER, «La desviación de poder como técnica de control del ejercicio de la potestad reglamentaria», *CGPJ*, nº 34, 1994, pp. 339-350.

Respecto a la acción pública véase el pionero y clásico trabajo de LUIS COSCULLUELA MONTANER. «Acción pública en materia urbanística», RAP nº 71, mayo-agosto 1973, pp. 9 y ss.

Sobre la ejecución de las sentencias, véase FONT I LLOVET, T. «La ejecución de las sentencias contencioso-administrativas: aspectos constitucionales». Ed. Civitas, Madrid 1985; FERNÁNDEZ VALVERDE, R. Urbanismo y ejecución de las sentencias, en *La ejecución de las sentencias contencioso-administrativas*. Ed. Thomson-Aranzadi, Pamplona 2006.

GONZÁLEZ GARCÍA, Julio V., «Sigue el litigio sobre el Algarrobico: ahora en ejecución de sentencia. Comentario a la STS 1900/2017, de 4 de diciembre», *Revista de Urbanismo y Edificación* núm. 42, 2018.

Por lo que se refiere al control por el TEDH y el TC véase el trabajo de L. MARTÍN RETORTILLO. «Orden de derribo de lo edificado sin licencia y protección del medio ambiente, STEDH (saliba contra Malta), de 8 de noviembre de 2005, REDA nº 130, 2006, pp. 349 y ss.

Respecto a la responsabilidad patrimonial por actos administrativos véanse los trabajos de A. BLASCO ESTEVE. «Supuestos indemnizatorios en la Ley de suelo de 2007», Revista de Estudios de la Administración Local y Autonómica, nº 304, mayo-agosto, 2007; E. CARBONELL PORRAS. «La alteración del planeamiento urbanístico y el derecho a indemnización de los propietarios afectados», Revista de Estudios de la Administración Local y Autonómica, nº 245, enero-marzo, 1990; J.R FERNÁNDEZ TORRES. «Los supuestos indemnizatorios en la Ley 8/2007, de 28 de mayo, de suelo», Revista Aranzadi de Urbanismo y Edificación, nº 16, año 2007-2; J. JORDANO FRAGA. «La reforma del artículo 141, apartado 1, de la Ley 30/1992 de 26 de noviembre, o el inicio del fin del sistema de responsabilidad objetiva de las administraciones públicas», RAP, nº 149, mayo-agosto 1999; J. LEGUINA VILLA. «El fundamento de la responsabilidad de la Administración»; REDA, nº 23, octubre-diciembre 1979. J.M. TRAYTER, «La responsabilidad patrimonial de la Administración como consecuencia de la ordenación territorial o urbanística», *RUE*, nº 36, 2016, pp. 23-48 (también en el libro homenaje a Tomás de la Quadra); «La responsabilidad patrimonial de la Administración Pública como institución reconocida en la Constitución: Problemas que suscita», en *Memorial para la reforma del Estado*, libro homenaje a S. Muñoz Machado, ed. Iustel, Madrid, 2018; Mª FERNÁNDEZ GARCÍA y B. F. MACERA. «La responsabilidad de la Administración en el Derecho urbanístico», Ed. Marcial Pons, Madrid-Barcelona, 2005; L. MARTÍN REBOLLO. «Ayer y hoy de la responsabilidad patrimonial de la Administración: un balance y tres reflexiones», RAP, nº 150, septiembre-diciembre 1999; L. MARTÍNEZ DE PISÓN APARICIO. «Artículo 24. Indemnización de la facultad de participar en actuaciones de nueva urbanización», en J. GONZÁLEZ PÉREZ (Director), «Comentarios a la Ley del suelo. Ley 8/2007, de 28 de mayo», Vol. I y II, Ed. Thomson. Civitas, Navarra 2007; Mª J. MONTORO CHINER y D. SIBINA TOMÁS. «Valoraciones y supuestos indemnizatorios. Art. 109», en J. M. TRAYTER (Director) «Comentarios a la Ley de urbanismo de Cataluña. Adaptados al Decreto Ley 1/2007, de 16 de octubre, y a la Ley de suelo de 2008», Ed. Thomson-Aranzadi, 3ª Ed,

Navarra 2008. Este es el trabajo citado en el texto; J. SUAY RINCÓN. «Responsabilidad patrimonial de la Administración y urbanismo: determinación de los supuestos indemnizatorios y régimen jurídico aplicable (un intento de (re)interpretación de la normativa urbanística a la luz de la normativa general sobre responsabilidad patrimonial de la Administración» Revista de Derecho Urbanístico y Medio Ambiente, nº 232, marzo 2007. MARIONA LLEAL. «La responsabilidad patrimonial de la ordenación territorial y urbanística, RUE nº 19, 2009».

TRAYTER, J.M., «La responsabilidad patrimonial de la ordenación territorial o urbanística», *Revista de Urbanismo y edificación,* n. 36, 2016, pp. 23-48.

MEDIAVILLA CABO, José Vicente, «El artículo 108.3 de la Ley Reguladora de la Jurisdicción Contencioso-Administrativa a la luz de la reciente jurisprudencia del Tribunal Supremo. Innecesariedad de indemnizar con carácter previo o simultáneo a la demolición», *Revista de Derecho Urbanístico y Medio Ambiente* núm. 322, 2018.

Sobre el control de la jurisdicción civil véanse los trabajos de MERCEDES FUERTES. «Los tribunales civiles y la protección de la legalidad urbanística», REDA, nº 95, 1997, pp. 447 y ss.; J. A TORRES LANA. «La tutela de la legalidad urbanística ante la jurisdicción civil», Revista de Urbanismo y Edificación, nº 11,2005, pp. 15 y ss.; F. SAINZ MORENO. «La vía interdictal como medida cautelar contra las obras que se ejecutan con infracción manifiesta de las normas urbanísticas. La protección del medio ambiente (Sentencia de la Audiencia Provincial de Madrid de 12 de noviembre de 1974)», REDA, nº 5, abril-junio 1975. Este trabajo fue pionero en la materia clarificando las relaciones entre la existencia de licencia urbanística y el tema de la propiedad.

Sobre la jurisdicción penal existe abundante doctrina. Véase E. GORRIZ. «Protección penal de la ordenación del territorio. Los delitos contra la ordenación del territorio en sentido estricto del art. 319 CP, Ed. Tirant Lo Blanch, Valencia 2003; C. CON-

DE PUMPIDO. «Urbanismo, corrupción y delincuencia, en MACARA LOS RAMOS (Director) «El Estado de Derecho frente a la corrupción urbanística», Ed. La Ley, Madrid 2007, pp. 24 y ss. Sobre el principio non bis in ídem existen también numeroso estudios. Véase J. SUAY RINCÓN. «Sanciones administrativas», Publicaciones del Real Colegio de España en Bolonia, 1989; J. M. TRAYTER. «Sanción penal-sanción administrativa: el *principio non bis in ídem* en la jurisprudencia. Poder Judicial, nº 22, junio 1991, pp. 113 y ss. Incorporando por vez primera las técnicas penales de los concursos de leyes y de delitos véase M. REBOLLO PUIG. «Potestad sancionadora, alimentación y salud pública», MAP, Madrid 1989.

Acerca de la responsabilidad medioambiental véase, por todos Blanca LOZANO. «Administración y legislación ambiental». Dykinson, Madrid 2009. Cales G. ROCASALVA, *La responsabilidad medio ambiental*, Ed. Atelier, Barcelona, 2018.